KB120473

앵커맨의 삶과 꿈

NANAM
나남출판

봉두완 자서전

앵커맨의 삶과 꿈
안녕하십니까? 봉두완입니다!

2022년 11월 5일 발행
2022년 12월 25일 2쇄

지은이   봉두완
발행자   조완희
발행처   나남출판사
주소   10881 경기도 파주시 회동길 193, 4층(문발동)
전화   (031) 955-4601 (代)
FAX   (031) 955-4555
등록   제 406-2020-000055호 (2020.5.15)
홈페이지   http://www.nanam.net
전자우편   post@nanam.net

ISBN 979-11-92275-11-6
ISBN 979-11-971279-3-9 (세트)

앵커맨의 삶과 꿈

봉두완 자서전

안녕하십니까?
봉두완입니다.

NANAM
나남출판

서문

내 나이 올해 88세 미수(米壽)라니 정말 믿기지 않는다. 정말 말도 안 된다.

내가 1970년대 TBC(동양방송)-TV 앵커맨 때, 우리 집 영감님(아버지 봉석연) 회갑 잔치를 해드렸다. 우리 딸은 "그때 '와, 우리 할아버지 굉장히 늙으셨다'고 생각했었는데 이제 아빠가 88세 미수라고? 이건 정말 말도 안 된다"는 것이다. 그러니 이를 어찌하면 좋단 말인가?

그냥 그러려니 하고 지나온 옛이야기나 책으로 엮어서 세상에 남기면 도움이 좀 되지 않을까 해서 이렇게 일기 같은 걸 썼다. 글을 쓰다 보니 내가 그때 꽤나 부지런히 돌아다녔고 온통 나라가 어려운 속에서도 열심히 살았구나 하는 생각을 다시금 하게 된다.

8·15 광복 후 한반도 남쪽에 자유 민주 정부가 들어서고 얼마 안 돼서 6·25 전쟁이 일어났다. 나라가 온통 쑥밭이 되어 먹을 것도 입을 것도 없어서 한 사람도 예외 없이 초근목피로 하루하루 버텼던 게 엊그제의 일 같은데, 와! 이제 우리나라가 세계 10대 경제강국이 되었다고? 말도 안 돼!

내가 글만 잘 쓴다면 이걸 장편소설로 만들어 후대에 남기고 싶기도 하다. 그래서 좀 단편적이긴 하지만 내가 겪고 아는 이야기를 책으로 만들어 놓고 이 세상을 떠나면 어떨까 하는 결심을 하게 된 것이다. 내가 1950년대 자유당 말기에 대학을 졸업하고서 맨 처음 한 일이 신문기자였다. 그래서 나의 이야기, 남의 이야기 등을 아는 대로, 본 대로 남기면 후학들에게도 좀 도움이 되지 않을까 하는 심정이다.

세상에 하고많은 직업 중에서 하필 욕만 먹는다는 기자를 했냐고 다그친다면 할 말은 없다. 하지만 어쩐 일인지 우리 집 큰아이가 내 뒤를 이어 돈 못 버는 기자가 된 걸 보면 그리 나쁘진 않았구나 하는 생각도 든다.

1970년대 TBC 앵커맨 때 언제나 마이크 앞에서 내가 아는 대로 본 대로, 느낀 대로, 그리고 무엇보다도 내가 믿는 대로 떠들며, 신들린 사람처럼 하루하루를 보냈던 때를 나는 지금도 자랑스럽게 생각하고 있다. 더욱이 그때는 언론이 결코 독존(獨存)하는 게 아니라 국가와 민족의 장래에 밀접하게 관련되어 있다고 믿었기 때문에 민주주의를 성서(聖書)처럼 귀하게 여기며 열심히 뛰었다. 지금도 몹시 그리운 시절이었다.

그러고 보니 인생 90을 참 잘 살았다. 이제 남은 며칠, 몇 달, 몇 년을 어떻게 하면 잘 보낼까 궁리하면서 독백(獨白)한다. 열심히 살아야지! 하늘나라를 궁금해 하면서….

2022년 10월 가을 하늘 밑에서

봉두완(奉斗玩) 多爲

차례

1장

대한민국 앵커맨 1호

이건희 회장과의 인연

50여 년 전 내가 삼성의 이건희 회장과 처음 만난 것은 나의 인생에 전환점을 마련하는 계기가 됐다. 이 회장은 고인이 됐지만 아직도 그 인연의 소중함을 잊을 수 없다. 하느님은 내 일생의 방향을 정말 좋은 곳으로 인도해 주셨다.

나는 1968년 여름 조세형(趙世衡) 선배한테 한국일보 워싱턴 특파원 자리를 넘기고 돌아와 본사 외신부 차장으로 근무됐다. 꼭 1년이 지나 나는 서소문에 있는 중앙일보 논설위원 겸 TBC 논평위원으로 자리를 옮겼다. 물론 이건희의 끈질긴 회유와 우리 집사람의 강력한 권유 때문이었다.

이보다 앞서 내가 1960년대 후반 한국일보 워싱턴 특파원이었을 때 이건희가 일본 와세다(早稻田) 대를 졸업하고 조지워싱턴대 대학원에 다녔다. 하루는 느닷없이 전화를 걸어와 "할 이야기가 있으니 좀 만나자"고 했다. 우리는 서울의 동작동에 해당되는 알링턴의 국립묘지 부근 동네 홀리데이인 커피숍에서 마주 앉았다. 하루 종일가야 말 한 마디 안 하는 이건희는 다짜고짜 말문을 열었다.

"저희가 이번에 신문을 한 번 해 볼 생각인데 봉 기자님은 어떻게 생각하는지 … 해서 … ."

나는 이건희 말이 채 끝나기도 전에 목소리를 높이며 말했다.

"이것 봐! 재벌이 신문하는 거 아니야!"

이건희는 어안이 벙벙하여 나를 빤히 쳐다보면서 담배 한 대를 꼬나물었다.

나는 나대로 왜 재벌이 신문을 하면 안 되는지를 별로 설득력도 없이 떠들어 댔지만, 이건희 학생의 표정은 담담했다. '너 지껄여라, 나 듣는다'는 자세였다. 말하자면 6·25 때 남북 간에 판문점 휴전회담 때 서로 자기 할 소리만 하다가 헤어질 때와 같은 분위기였다.

당시 한국일보에서 받는 쥐꼬리만 한 봉급 가지고는 아이 셋을 양육하기엔 턱도 없다면서 우리 집사람은 여차하면 다시 워싱턴으로 돌아가 세계은행(IBRD)에 복직이라도 해야겠다는 것이었다. 나는 정신이 바짝 들었다. 우리 부부가 떨어져 살게 되면 앞으로 어떻게 될지도 모르고, 또 한편으로는 새로 창간되어 월급도 많이 주는 중앙일보로 옮기는 것도 그리 나쁘지 않겠구나 하는 생각을 하게 되었다. 솔직히 말하면 마음속에는 슬며시 유혹을 느끼기도 했지만 왠지 선뜻 나서고 싶지는 않았다. 나를 알아주는구나 하는 자만감이 들기도 했다.

미국 생활을 마치고 귀국한 이건희 내외는 장충동의 이병철(李秉喆) 회장 댁에서 함께 살았는데, 우리를 그 집에 초대도 하고 가끔 따로 만나기도 했다. 이건희 어머니 박두을(朴斗乙) 여사는 꽤나 너그럽고 친절한 한국적 모성애의 소유자였다. 마치 6·25 때 막냇동생을 낳고 열흘 만에 돌아가신 나의 어머니를 연상케 하는 참 푸근한 분이었다. 특히 박 여사는 평소에 가톨릭 세례를 받겠다며 어느 은행장 부인을 영세대모(代母)로 정해 놓았지만 막판에 뜻을 이루진 못했다. 그러나 누구보다도 남을 이해하고 너그럽게 대하는 모습을 볼 때마다 나를 낳아주신 어머니를 머리에 떠올리게 했다.

그러던 어느 날, 이건희는 서대문구 역촌동 우리 집으로 자신이 직접 운전해서 찾아왔다. 한참 후에 그 무거운 입을 열고 단도직입적으로 날더러 중앙일보로 와 달라고 다시 부탁하는 것이었다. 중앙일보는 삼성의 이병철 회장이 이른바 '사카린 밀수사건'의 파동을 겪으면서 언론의 영향력을 뼈저리게 느낀 나머지 신문을 만들어야겠다는 생각으로 창간됐다. 그래서 박무승 비서에게 창간을 서두르게 했다.

내가 외무부 출입기자 때 박무승은 외무부 정무차관 비서관이었다. 장면(張勉) 민주당 정부 때는 각 부처에 정무차관과 사무차관제를 도입하여 집권당의 국회의원들에게 정무차관을 겸직토록 했다.

그 당시 외무부에는 미국의 저명한 컬럼비아대 대학원을 나온 인재가 별로 없었다. 그런데 5·16 쿠데타가 나자 정부 각 부처마다 장관 밑에 '보좌관'이라는 직책을 두어 현역 육군 중령(주로 육사 8기)이 실질적인 장관 역할을 했다.

하루는 느닷없이 모든 병역 미필자들을 태평로 외무부 청사 옥상에 집합시켰다. 그런 다음에 보좌관 이창희(李昌熙, 중령)는 한 사람씩 귀뺨을 때리기 시작했다. 그런데 미국에서 유학하고 돌아온 박무승 비서는 자기 차례가 되자 자기 뺨을 때리려는 그 보좌관의 손을 꽉 잡고 놓지 않았다. 그리고는 그 길로 짐을 싸들고 외무부를 떠났다.

공교롭게도 그때 혁명 주체들은 부정부패 혐의로 거의 모든 기업인들을 무조건 연행하여 구금했다. 언론인도 국방부나 경제부처 출입기자들은 모두 연행하여 일단 구금하는 등 긴급조치를 시행했다. 나 같은 올챙이 기자들은 국가재건최고회의에서 발행하는 출입증이 나왔지만, 청사를 마음대로 돌아다니는 것도 통제되었다.

박정희(朴正熙), 김종필(金鍾泌) 등 쿠데타 세력들이 무력으로 정권을 잡고 보니 국가 재정이 맹탕 아무것도 없었다. 박정희 국가재건최고회의 의장은 당시 전경련(全經聯, 전국경제인연합회) 회장이었던 삼성 이병철 회장을 불러서 도움을 요청했다. 이병철은 단도직입적으로 말했다.

"우선 구속 중인 기업인들을 풀어줘야 합니다."

박 의장은 즉각 '우선 미국으로 가서 경제협력 방안을 모색해 달라'고 화답했다. 이병철 회장은 즉각 이를 받아들였다. 그리고는 깊은 고민에 빠졌다. 일본이라면 몰라도 미국이라고는 생전 가 본 적도 없는데 누구한테 가서 어떻게 돈을 얻어 올 것인가 고민이었다. 잠이 오지 않았다.

그때 삼성그룹의 박태서 비서실장은 미국을 아는 젊은 인재를 구하라는 특명을 받고 여기저기 수소문 끝에 미국 명문대인 컬럼비아대 대학원을 나온 박무승을 발탁했다. 박무승은 서울대 정치학과를 나온 수재였는데 인품이 강직하고 정직한 데다가 양반 동네인 경북 안동 출신이라는 점에 호감이 가서 이병철 회장은 미국 순방은 물론 중앙일보 창간까지 거의 모든 사업에 전적인 신뢰를 보내면서 일을 맡기기 시작했다.

오늘의 장충동 신라호텔도 박무승의 작품이다. 이건희가 일본 와세다대를 졸업하고 미국 워싱턴에 있는 조지워싱턴대 대학원에 진학하고 결혼생활까지 하는 데에는 박무승의 철저한 비밀주의가 작용했고, 그런 일처리를 일사천리로 해나가는 박무승 비서에 대해 이병철 회장은 무한한 신뢰를 보내기도 했다. 어쨌든 내가 1969년 9월 1일 자로 중앙일보 9층 논설위원실로 자리를 옮겼을 때, 박무승은 막 기획조정실장에서 TBC 상무로 자리를 옮긴 때였다. 원래는 내 친구 김규(金圭) 상무가 방송업무 전체를 관장하고 있었는데 약간의 불미한 사건으로 장인(이병철)의 노여움을 사는 바람에 하루아침에 그 자리에서 물러나고, 박무승 상무가 관여하기 시작했다.

내기합시다

내가 중앙일보로 옮긴 것은 어떻게 보면 이건희와의 내기 골프가 명분을 만든 셈이 됐다. 이건희는 끈질겼다. 중앙일보에 오라고 해도 내가 선뜻 나서지 않고 우물쭈물하자 어느 날 만난 자리에서 그는 나를 빤히 쳐다보며 한마디 했다.

"그러면 이레 하입시다."

이건희는 안양골프장 5번 홀(240야드)에서 장타내기를 해서 이기는 사람 뜻대로 결정하자는 희한한 제안을 했다. 그렇지 않아도 이건희 학생은 워싱턴에서 장타자로 알려졌었는데 그렇다고 내가 그 제의를 거절할 수도 없는 노릇이었다.

안양골프장의 5번 홀 코스는 오른쪽으로 휘어 돌아가는 파4(par 4) 홀이었는데 중간쯤에 숲이 우거져 있었다. 그래서 마지막 퍼팅하는 그린은 보이지 않았다.

"먼저 치이소!"

이건희가 말했다.

"아니야, 잘 치는 놈이 먼저 쳐!"

"빨리 치이소!"

나는 정신 똑바로 차리고 온 힘을 다하여 풀스윙으로 공을 내려쳤다. 아주 멋지게 날아가던 공이 그 숲 끝자락에 있는 나무 잎을 살짝 건드리다 풀 속으로 그냥 힘없이 떨어지고 말았다.

가운데 페어웨이(fairway, 티와 그린 사이 잔디구역)에 떨어진 공만 유효로 치기 때문에 나는 이미 실패한 셈이었다. 곧이어 이건희가 후려친 공은 곧장 날아가 그린 앞 근방까지 가서 떨어졌다.

"내 공 어디 떨어졌는지 잘 보셨죠?"

이건희는 신나서 말했다.

"이봐, 나는 본래 눈이 근시 난시라 그 먼데까지 잘 못 봐….."

이건희는 속으로 쾌재를 불렀을 것이다.

"에그… 엉터리 봉가(奉家)야 쯧쯧쯧…."

그래서 나는 결국 백기를 들고 항복하다시피 하며 그해(1969년) 9월 1일 자로 중앙일보로 자리를 옮긴 것이다. 직위도 희한하게 중앙일보 논설위원 겸 TBC 논평위원이었다. 9층 논설위원실 주필 바로 옆방에 똑같은 규모의 방을 특별히 마련해 주었다.

이건희는 내 입장을 헤아려 "신문이 아니라 TV로 간다고 하이소. 그러면 장기영(張基榮) 사장님도 이해하실 겁니다!"라면서 기업가다운 조언도 덧붙였다. 총무부에서 자동차 한 대를 내주면서 현역 부장들을 함께 출근시키며 같이 사용하라는 것이었다.

그래서 같은 방향에 사는 TV편성부장 홍두표(洪斗杓, 나중에 TBC 사장), 문화부장 최종률(崔鐘律, 나중에 경향신문 사장) 등을 태우고 우리 집에 오면 일단 커피 한잔하면서 전화번호 책을 넘겨 페이지의 숫자 더한 것이 '갑오'(9)로 나오면 1만 원을 먹는 게임도 했다.

반세기가 지난 지금 조용히 돌이켜보면, 당시 '대한민국 초대 앵커맨'을 자처하게 됐을 때 느낀 일이지만, 이건희는 그때부터 남다른 판단력과 저돌적인 추진력을 고루 갖춘 '시대를 앞서가는 경영인'이었다. 이병철 선대 회장의 뒤를 이어 저 거대한 '삼성'을 이끌어가는 걸 보고 나는 '아하, 역시 다르구나!' 하고 그의 남다른 추진력과 경영능력에 감동한 적이 한두 번이 아니다. 어떻게 하다가 내가 나이만 8살 위였을 뿐.

아버지 이병철 회장이 1938년에 설립한 삼성을 그동안 80가지나 다른 종류의 사업을 일으켜 세운 이건희. 삼성이 대한민국 GDP의 17%를 차지하는 세계적 기업으로 성장할 수 있었던 배경에는 이건희 회장의 판단력과 추진력 그리고 무엇보다 결단력 등이 함축되어 있었다.

1979년 1월 어느 날 삼성 사장단회의는 삼성 계열사 사장 20여 명과 장남 맹희, 차남 창희 그리고 3남 건희 등 세 아들이 '신년 인사회' 끝에 모여 '반도체'를 삼성에서 할 것인가 말 것인가를 토론하는 자리였는데 이때 모든 사장들은 반도체 진출을 비관적으로 보고 반대했다.

맹희와 창희, 두 아들이 모두 "잘 모르겠습니다"고 답하자 이병철 회장은 3남 건희(당시 이사)를 향해 "니는 우예 생각하노?" 하고 물었다. 그러자 건희는 "저는 지금 열심히 공부하고 있습니다. … 곧 다음번에 말씀드리겠습니더"라고 대답했다.

그러자 이병철 회장은 "대충 반대하는 의견들인데 내가 좀 더 고민해 보고 결정하겠다. 오늘은 그만하자. … " 하면서 회의를 끝냈다. 그 후 알고 보니 이건희는 5년 전부터 자신의 사재를 털어서 '한국반도체'란 파산 직전의 회사를 인수하여 열심히 공부하고 있었다.

워싱턴에 오기 전, 일본 유학시절에도 새로 나온 전자제품들을 사다가 뜯어보는 것이 이건희 학생의 취미였다. 수많은 전자제품을 만져보면서 그는 자원이 없는 우리나라가 선진국 틈에 끼어 경쟁하려면 머리를 쓰는 수밖에 없다고 생각했다.

특히 1973년 오일쇼크에 큰 충격을 받은 이건희는 한국도 부가가치가 높은 하이테크 산업에 지출해야 한다는 확신을 갖게 되었다. 1974년 마침 '한국반도체'라는 회사가 파산에 직면했다는 소식을 들었을 때 이건희는 무엇보다도 '반도체'라는 이름에 끌렸다. 시대조류가 산업사회에서 정보사회로 넘어가는 조짐을 보이고 있었고, 그 중 핵심인 반도체 사업이 우리 민족의 재주와 특성에 딱 들어맞는 업종이라고 생각하고 있었다. 우리는 '젓가락 문화권'이어서 손재주가 좋고, 주거공간에서 신발을 벗고 생활하는 등 청결을 중시한다. 이런 문화는 반도체 생산에 아주 적합하다고 판단했다.

그리고 일본 경험이 많은 자신이 나서서 반도체 공장과 일본을 오가며 기술 확보에 매달렸다. 거의 2주에 한 번은 일본으로 가서 반도체 기술자를 만나 그들로부터 조금이라도 도움이 될 만한 것을 배우려고 노력했다.

지금 와서 얘기지만 그때 일본 기술자를 소속 회사 몰래 토요일에 한국으로 데리고 와서 우리 기술자들에게 밤새워 기술을 가르치게 하고 일요일에 돌려보낸 적도 많았다. 일본이 6년이나 걸려 개발한 64K D램을 6개월 만에 개발하기도 했다. 이후로 미국과 일본의 반도체 업체를 따라잡기 위해 전력을 다했고, 마침내 반도체 사업을 시작한 지 20년 만인 1993년 메모리 반도체 분야에서 세계 정상에 올랐다.

이렇게 모든 분야에서 발상의 전환을 강조한 이건희는 일단 '변해야 한다' 그리고 '모든 것을 바꿔야 한다'는 생각을 가지고 저돌적으로 변화를 추구해 나갔다. 미국 유학에서 돌아와 처음 맡은 것이 방송업무였는데 이건희는 취임하자마자 당돌하게 무조건 새로운 변화, 시대를 앞서가는 방송을 요구하고 나섰다.

앵커맨 1호 탄생

나는 앞서 얘기한 이건희와의 내기 골프에서 항복하다시피 하여 그 해(1969년) 9월 1일 자로 중앙일보 쪽으로 자리를 옮겼다.

처음에는 밤 10시 라디오뉴스 끝에 나가는 〈뉴스와 논평〉 시간에 3분에서 5분 분량의 시사논평을 그냥 녹음방송 형식으로 내보냈고, 6개월 후부터는 본격적으로 앵커맨으로 TV 뉴스를 진행했다.

그때는 새로운 시도로 저녁 7시뉴스 〈TBC 석간〉(夕刊)으로 시작했다. 그리고 이건희의 아이디어로 그동안 보도국 기자들이 작성한 뉴스를 아나운서들이 읽어내려 갔던 것을 확 바꿔 5층 보도국 안에 스튜디오를 설치하고 기자 출신 앵커맨이 마이크를 잡고 취재기자들이 송고한 뉴스를 전하는 미국의 〈월터 크롱카이트 보도국장과 함께하는 7시 저녁 종합뉴스〉(CBS Evening News with Walter Cronkite) 같은 형식의 새로운 뉴스 전달방식을 처음으로 선보였다.

'앵커맨(Anchorman)이라고 처음부터 그러면 사람들이 어리둥절할 텐데 …' 나는 그게 걱정이었다.

그러나 이건희는 몇 수를 앞서 보았다. 모든 것을 새롭게 진취적으로 해야 한다는 믿음이 앞섰다.

"그냥 그렇게 하라면 하이소!"

나는 아무 말도 할 수 없었다. 미국서 돌아온 지 얼마 되지 않은

〈TBC 석간〉 앵커맨 시절의 나. 새로운 뉴스 전달방식을 처음으로 선보였다.

젊은이가 새로운 도전으로 새로운 방송분야를 개척하겠다는데 무슨 다른 소리를 할 여지가 없어 보였다. 게다가 이건희는 한 번 결심하거나 결정한 것은 고집스럽게 밀고 나가는 무서운 '카리스마'를 아무도 당해낼 재주가 없었다.

초창기 저녁 7시 TBC-TV 뉴스는 보도국 안에서 시작을 알리는 시그널 음향을 뒤로하면서 내가 오프닝 멘트(opening announcement)로 주요 뉴스를 짧게 던지고 나서 '잠시 후에 뵙겠습니다. 어디 가지 마십시오!'라고 명령하듯이 한마디 던진다. 그러고 나서 걸음아 날 살려라 하며 7층 메인 스튜디오(main studio)까지 헐레벌떡 뛰어올라가 광고가 끝나기 무섭게 다시 큐(Cue)가 들어올 때까지 숨고르기를 한다. 그리고 나서 곧이어 그날의 주요 소식부터 전하는 순서를 일사천리로 진행했다.

시청자들에게는 이 모든 게 새로운 모습으로 다가왔다. 그동안 취재기자들이 보낸 기사를 아나운서들이 그냥 줄줄이 읽어가는 스타일에서 탈피하여 앵커맨이 여기저기 자리를 옮겨가면서 뉴스를 전하는 모습이 좀 새로워 보일 수밖에 없었다.

그 당시 저녁 7시에 집에 앉아 TV뉴스를 보는 사람이 몇이나 됐을까? 그러나 미국에서 돌아온 이건희 이사는 저녁 7시 종합뉴스를 고집했다. 왜? 저녁 7시는 가정에서 주부들이 저녁식사를 준비하며 남편이 직장에서 돌아오기를 기다리는 시간이었다. 주부들에게 그날의 주요 뉴스를 전달하고 그 내용을 나중에 남편과 공유하도록 해야겠다는 깊은 뜻이 있었던 것이다. 그 시대의 젊은이들이 상상도 못하던 사각지대를 눈여겨보고 밀어붙였던 것이다. 역시 보통사람과는 보는 눈이 달랐다.

저녁 7시 종합뉴스 진행을 맡기로 했을 때 보도국장 전응덕(全應德)은 날더러 "아무래도 이 중요한 뉴스 프로그램은 강용식 기자 같은 능력 있고 똑똑한 기자에게 한번 맡기는 게 좋을 것 같다"면서, 담당 PD(Producer)로 정치부에서 편집제작부로 가 있는 강용식(康容植) 기자를 쓰는 게 어떠냐고 했다.

TBC 정규 1기생들〔임응식(林應植), 이희준(李熙俊) 등〕은 당시 정경부(政經部)에서 정당이나 국회를 출입하고 있기 때문에 좀 그러하기도 했다. 물론 나중에 〈TBC 석간〉 프로그램이 밤 10시로 옮겨지면서 5기, 6기 출신 민완기자들〔오홍근(吳弘根), 유균(柳均), 김벽수(金闢洙), 성창기(成彰基) 등〕이 돌아가면서 제작을 담당하기도 했다.

우리는 의기투합하여 저녁 7시 뉴스를 시청자들의 가정에 새로운 형식으로 전달하기 시작했다. 그때부터 경쟁하던 KBS, MBC도 뒤따라왔다. 7시 뉴스는 현장 취재기자들과 앵커맨이 마주 앉아 대담 형식으로 뉴스를 전달하고 해설하는 새로운 형식의 방송 뉴스로 굳어졌다. 획기적인 시도였다.

나는 자유당 말기 때부터 펜으로 써서 기사를 전달하던 '쓰는 기자'에서 어느덧 마이크를 통해 '말하는 기자'로 변신하여 하루하루 진땀을 흘리며 긴장해야 하는 엄청난 시간의 흐름 속에 정신없이 표류하고 있었다.

또한 나는 매일 아침 8시 "안녕하십니까? 봉두완입니다!" 하고 시작하는 30분짜리 라디오 시사종합뉴스 〈뉴스전망대〉를 진행했다. 박정희 정권에서는 삼성 이병철 회장 소유의 방송(TBC)을 못마땅하게 여긴 나머지 〈뉴스전망대〉를 서울, 중부 일원과 호남 지역에서만 청취할 수 있도록 제한하였다.

전라북도의 서해방송(西海放送)은 5·16 쿠데타에 참여한 장경순(張坰淳) 전 국회부의장이, 전라남도의 전일방송(全日放送)은 이병철 회장과 가까운 전남일보의 김남중(金南中) 회장이 각각 TBC와의 제휴하에 방송프로그램을 중계했다. 따라서 영남 지역(대구·경북, 부산·경남)에는 인기가 높았던 〈뉴스전망대〉가 중계되지 않았다.

전국적으로 중계되는 방송 중에는 MBC 프로그램의 인기가 높았다. 형식이 민영방송인 MBC는 그래도 공영방송인 KBS보다 내용이 다양했기 때문에, 특히 라디오 부문에서는 MBC가 단연 고속 질주했다.

　광주 전일방송 창립 3주년 때 나의 고교(경복고), 대학(연세대) 후배인 김종태(金宗太, 김남중 회장의 장남)의 초청으로 광주에 내려가서 〈뉴스전망대〉를 진행했다. 그런데 무등산 시민축제 행사에서 갑자기 로마교황 선출식(Conclave)처럼 무작위 인기투표를 했다. 그 결과 내가 호남 출신의 김대중 다음으로 2위로 나와 나는 소스라치게 놀랐다.

　'와 … 역시 방송의 힘은 대단하구나. 무시할 수 없구나!'

　이건희는 저녁 뉴스도 중요하지만 대한민국이 초고속 경제성장의 길목에서 이른바 '월급쟁이'들의 의식과 가치관을 바로 세워줄 아침 출근시간대의 방송도 꽤나 중요하다고 느꼈다. 그래서 시작한 것이 아침 8시 출근시간에 맞춰 시작하는 〈뉴스전망대〉라는 시사정보프로그램이었다. 매일 아침 8시 '땡' 치면 나는 라디오 마이크를 통해 "안녕하십니까? 봉두완입니다!" 하고 외치다시피 하며 30분짜리 라디오 시사종합뉴스 프로그램을 진행했다.

　내가 워싱턴에서 이리 뛰고 저리 뛰고 할 때, 이건희는 조지워싱턴대 대학원에 적을 두고 공부하면서 결혼도 하고 조용히 유학생활을 하고 있었다. 재벌아들답지 않게 자동차도 저렴한 독일제 폭스바

겐을 타고 다녔다. 나는 돈도 없으면서 우쭐거리느라고 새로 나온 무스탕이라는 승용차를 집사람이 다니는 세계은행의 신용조합에서 돈을 빌려 타고 다녔다.

그때부터 이건희 학생과 나는 엄청 다른 삶의 궤도를 달리고 있었다. 말하자면 나는 내용도 없는 삶을 부끄러운 줄도 모르고 갈지자(之) 걸음으로 종횡무진 달려왔는가 하면, 이건희 회장은 발걸음 하나하나에 세심한 신경을 쓰며 말없이 정진한 독특한 성격의 소유자였다. 서로 만나서 이야기하다 보면, 하루 종일 되지도 않는 소리를 지껄여도 이건희는 단 한 마디도 하지 않은 채 '너 지껄여라, 나 듣는다'는 식이었다.

몇 년 후 서울에 돌아와 내가 한국일보를 떠나 중앙일보로 자리를 옮겼을 때 하루는 이건희가 몇 마디 하다가 내 앞에 종이 한 장을 내밀며 보라고 했다. '聽'(들을 청)이라는 글자였다. 그동안 신문사 3층에서 근무하던 이건희는 아버지(이병철 회장)가 직접 붓글씨로 쓴 청(聽)이라는 서간(書簡)을 받아들고는 날더러 보라는 것이었다.

"아니, 그렇지 않아도 반벙어리처럼 구는 아들한테 청(聽) 자를 하사(下賜)하면 어쩌자는 겁니까?" 하고 나는 항의라도 하고 싶었다. 그런데 나중에 가만히 생각해 보니까 그것은 날더러 '밤낮 입만 열면 지껄이지 말고 남의 이야기를 좀 들으라'는 뜻이 담겨 있는 게 아닌가 하는 생각이 들기도 했지만, 나는 그까짓 것 개의치 않고 열심히 앵커맨 1호다운 말만 늘어놓았다.

이건희가 분노한 이유

내가 TBC 앵커맨 때도 이건희는 자주 만났지만 TBC 강제통폐합, 국회의원 선거 후에도 나는 그를 자주 만나 옛날이야기를 하며 변함없는 우정을 다짐하곤 했다. 국회의원에 당선된 후 얼마 안 되어 이건희 방에 들렀더니 갑자기 찬바람이 불고 주변 분위기가 뭔가 심상치 않은 느낌을 받았다.

방문을 열고 들어갔더니 평소와는 달리 그냥 자리에 앉은 채 말도 안 하고 손에 들고 먹던 일본 과자 '센베이'를 나를 향해 던지는 것이었다.

"이 사람아, 뭐하는 거야?"

이건희는 꽤나 화난 음성으로 역정을 냈다.

"무슨 정권이 아직도 기자들을 잡아다가 고문하는 거요···. 나쁜 놈들···."

"이봐, 무슨 뚱딴지같은 소리 하는 거야?"

내가 차분한 목소리로 말을 받자 그는 목소리를 더 높였다.

"뚱딴지? 무슨 뚱딴지같은 짓을 지금도 하는 거야? 새로 정권을 잡았으면 뭔가 좀 다른 점이 있어야지···. 기자들이나 잡아다가 고문하고···."

그 유명한 '한수산 필화사건'을 말하는 것이었다. 1981년 5월 중앙일보에 1년간 연재 중이던 장편소설 《욕망의 거리》로 인해 관련

자들이 보안사(사령관 노태우)에 연행되어 고초를 치른 사건이다.

《욕망의 거리》는 1970년대를 배경으로 남녀 간의 만남과 사랑을 통속적으로 묘사한 전형적인 대중소설이었다. 군데군데 등장하는 군인이나 베트남전쟁 참전 용사에 대한 묘사가 당시 제5공화국의 최고위층을 모독하고 신군부 정권에 대한 비판 의식을 담고 있다는 혐의를 씌워, 한수산 작가와 중앙일보 정규웅 문화부장 등 관계자들을 연행하여 고문한 사건이었다.

이 사건은 그 당시 언론통제로 인해 외부로 잘 알려지지 않았지만 신문을 직·간접적으로 운영하고 소유하고 있던 이건희로서는 하늘까지 치솟는 분노를 억제하지 못하고 있었다. 그래서 꿩 대신 닭이라도 좋았다. 어디에 분풀이할 수도 없는 처지여서 집권여당에 몸담고 있는 전 중앙일보 논설위원 봉두완이라도 잡아다가 천장이 무너져라 소리 지를 수밖에 없었던 것이다. 그때는 내가 이미 신군부의 국회의원으로 상당히 '빽'이 있을 때였다.

나는 이건희 앞에서 정말 할 말이 없었다. 어제까지 나의 동료들인 손기상 편집국장 대리, 권영빈 출판부장, 이근성 기자 등이 줄줄이 잡혀가 고문을 받았는데 무슨 할 말이 있단 말인가?

나는 이건희 부회장과의 만남을 통해 신군부와의 관계를 새로이 정리할 필요를 느꼈다. 당장 청와대 실세인 허화평(許和平) 보좌관을 만나 언론과 국민이 납득할 만한 조처를 취하지 않는 한 그냥 이대로 흘려버릴 수는 없다는 강경한 입장을 피력했다. 내가 직접 노태우

(盧泰遇) 사령관을 찾아가 항의할 수도 있었지만 나는 TBC 앵커맨 때부터도 가톨릭 신자인 허화평 보좌관과 만났던 관계로 중앙일보와 이건희 부회장이 납득할 수 있는 조치를 강력히 요구했고, 그대로 실행이 되었다. 그 이후로는 유사한 사태는 일어나지 않았다.

가만히 따져 보면 그 소설이 그렇게 당사자들의 분노를 자아낼 만한 내용도 아닌데 군부 실세들이 자가당착에 빠져 구시대의 작태를 그냥 저지른 사건이었다. 그 필화사건의 내용이래야 별것 아니었다. 인용하면 군부가 싫어한 내용은 대체로 이런 것들이었다.

"어쩌다 텔레비전 뉴스에서 만나게 되는 얼굴, 정부의 고위관리가 이상스레 촌스러운 모자를 쓰고 탄광촌 같은 델 찾아가서 그 지방의 아낙네들과 악수를 하는 경우, 그 관리는 돌아가는 차 속에서 잊을 게 뻔한데도….."

"하여튼 세상에 남자치고 시원치 않은 게 몇 종류가 있지. 그 첫째가 제복 좋아하는 자들이라니까…... 그런 자들 중에는 군대 갔다 온 얘기 빼놓으면 할 얘기가 없는 자들이 또 있게 마련이지."

후에 한수산 작가는 내가 라자로돕기회장이었던 나환자촌 성라자로마을 원장 이경재(李庚宰) 알렉산델 신부의 집전으로 백두산에 올라가 천지연에서 가톨릭 영세를 받았다. 그리고는 1988년 자기를 고문했던 노태우 보안사령관이 대통령이 되자 집을 정리하고 일본으로 떠났다.

나는 이건희와의 만남을 우연이라고 보지 않는다. 내 자랑 같지만, 이건희는 사람을 보는 눈이 뛰어났다. 회사의 경영책임자 자리에 오르자 그는 학력과 성별 직급에 따른 불합리한 인사차별을 철폐하라고 지시했다. 학력제한 폐지를 선언하고 서열식 인사 기조를 능력급제로 바꾸었다. 삼성 임직원들에게도 글로벌 MBA제도를 도입해 5천 명이 넘는 인재를 양성했다. 나도 일종의 언론계 인재로 아니면 '언론계 별종'으로 그의 눈에 들었고, 그래서 '이 사람은 꼭 데려와야겠다'고 마음먹은 게 아닌가 하는 생각이 든다.

내가 대한민국 유수의 재벌 아들을 1960년대에 워싱턴에서 우연히 만나, 그가 78살의 나이에 세상을 떠날 때까지 변함없는 우정을 나눌 수 있었다는 것은 나에게 특별한 행운이다. 내가 그냥 한국일보에 계속 근무하며 쓰는 기자로만 평생을 지냈다면 남들처럼 유명한 글이나 칼럼, 특집 같은 걸 쓰면서 시간을 보냈을 것이다.

나는 1970년대 엄혹한 시기에 TBC-TV 앵커맨으로 10년 동안 거침없이 활약할 수 있었던 것은 순전히 어쩌면 거의 100% 이건희와의 만남 그리고 변함없는 관계에서 비롯되었다고 말하고 싶다. 한마디로 모든 국민이 지켜보는 속에서 대(對)정부 비판을 이어간다거나, 3선 개헌과 같은 엄청난 역사적 변혁기에 비판적 방송을 한다는 것은 그 당시의 여건과 상황으로 보아 도저히 상상조차 할 수 없는 노릇이었다. 그게 가능했던 첫 번째 이유가 바로 방송의 소유권자인 이건희 회장의 뚜렷한 경영철학과 시대정신을 들지 않을 수 없다.

1970년대 당시의 3대 TV 방송사의 면모를 한번 보라. 국민의 방송이라고 하는 KBS-TV(한국방송공사)는 정부가 직접 관리하고 경영하는 방송사였고, MBC(문화방송)는 5·16 후 박정희 대통령이 새로 만든 민영방송으로 한동안 5·16 재단이 설립한 5·16 장학회(현 정수장학회)가 소유하고 있었다. 그 안에서 근무하는 방송인들과 여타 직원들이 인사권을 가진 정부 측 인사들의 눈치를 보지 않을 수도 없는 노릇이었다.

그러니 일반 국민들은 자연스럽게 비교적 비판적인 민영방송인 TBC(동양방송)에서 쏟아내는 몇 마디의 직설적인 방송내용에 일희일비(一喜一悲)한 것이 사실이다. 그 엄중한 유신 시절에서 방송이랍시고 몇 마디 비판적인 발언을 하는 TBC 라디오와 TV에 귀를 기울이지 않을 수가 없었고, 그 배후에 '결단력이 있는 경영인'이 있었다는 것을 나는 이 자리에서 증언하고 싶다.

수많은 안팎의 압력과 질시, 모함 속에서 내가 한국의 초대 '앵커맨'으로 10년 세월을 보낼 수 있었던 것은 한마디로 경영진의 굳건한 의지와 보살핌이 있었기 때문에 가능했다.

마음을 뚫어 보는 호암

그런 상황에서 무엇보다 가슴 아팠던 것은 밖에서 닥쳐오는 압력의 힘보다는 안에서 일어나고 있는 말 못 할 질시의 풍조였다. 온 국민이 환호하고 열광할 때 나는 오히려 머리를 숙이고 자숙해야 했다.

이를 모를 리 없는 경영진은 항상 내 편에 서서 응원하는데 최고경영자인 호암(湖巖) 이병철 회장은 회의 중에 뜬금없이 한마디 던지는 것이었다. 이 회장은 한때 용인 사저에 기거하면서 회사에 출근했다.

"이보레이, 나는 니 방송 〈뉴스전망대〉 시간 맞춰 출근한다", 아니면 "니가 방송해서 버는 돈으로 중앙일보 봉급 준다" 하는 식으로 많은 경영진들이 있는 자리에서 공공연하게 뜬금없는 발언을 하기도 했다. 다분히 나의 입장을 배려한 계산된 발언이었다. 이 회장이 한마디 할 때마다 나에게 불어오는 사내(社內)의 광풍은 조용해지곤 했다.

오늘의 삼성을 일으킨 그의 인생관이나 경영철학을 읽을 수 있는 결정적인 내용들이다. 그의 3남 이건희는 아버지를 가장 닮았다. 비바람이 몰아쳐도 끄떡없이 끌고 가는 뚝심이야말로 세 형제 중에 아버지 호암을 가장 빼닮은 것 같았다.

이병철 회장이 나를 평소에 좋아했던 많은 이유 가운데 하나는 어쩌면 3남 건희가 데려온 나를 '인재'나 '황금알'로 생각했던 것은 아

'어전식사'라고 부른 오찬장에서 삼성 이병철 회장은 "니가 방송
해서 버는 돈으로 중앙일보 봉급 준다" 하며 격려해 주었다.

닌지 혼자 자만해 본다.

하루는 어전(御前) 식사라고 부르는 이병철 회장과의 오찬장에서
홍두표 TV 편성국장에게 이 회장이 한마디 했다.

"이보레이, 그 아침 TV에 화초 가꾸고 뭐 그래쌓는 프로에 나오는
사람, 참 마음에 안 들게 하더니… 지금 하는 사람, 참 잘하더라 …
잘 바꿨다 …."

생각 이상으로 칭찬하는데, 나를 두고 한 말이 분명했다. 그러더
니 갑자기 나를 보며 화제를 돌렸다.

"니, 그 '성○○'라는 사람 아나?"

"아니오. … 잘 모르겠는데요."

"금마, 내 고향에서 자란 녀석인데, 하릴없이 술만 먹고 해서 내가 비서실에 갖다 놨더니 청와대 비서실에 뭐 좀 갖다 줘라 하면 밤낮 쨀라 먹고 … 못되게 굴더라. 그라고는 우리 제일모직 같은 방직회사 만든다 어쩌구 해서 금마 내가 조져 버렸다."

"아, 그랬군요. 잘 하셨습니다."

나는 무슨 소린지 내용도 모르면서 호암의 뜬금없는 말에 고개를 끄덕였다.

"봉두완이, 니는 여기 온 지도 한참 됐지?"

"아, 네. 1969년 가을에 한국일보에서 여기 왔는데 10년 다 돼갑니다."

"꽤 오래 됐구나. … 세월 참 빠르다. 니는 꾸준해서 좋다. 나는 꾸준히 열심히 하는 사람 좋아한다. 사람들이 니 방송 많이 듣는다고 하재?"

"네, 많이들 듣습니다."

그런데 호암이 느닷없이 "배신하는 사람 안 좋아한다"라면서 내가 배신하지 않을 사람으로 봤는지 분에 넘치게 칭찬을 했다.

나는 얼떨결에 오찬장에서 함께했던 이건희가 안 보인다며 한마디 했다.

"그나저나 이건희 이사는 어데 갔습니까?"

"그마 담배 푸우러 갔다."

호암이 아들 담배 피우는 것까지 챙기는 모습에 새삼 놀랐다. 나는 갑자기 화제를 돌렸다.

"회장님, 오늘 핑크색 셔츠 입고 계시니까 훨씬 젊어 보입니다."

"점마가 오세지 하는구나 … . 허허."

자리를 함께한 홍진기(洪進基, 이재용의 외할아버지) 중앙일보 회장이 물었다.

"이 사람아, 오세지(世辭)가 뭔지 아나?"

"아, 그럼요. … 요즘 말로 '따리 붙인다'는 말이죠."

"점마, 재밌다."

호암의 말 한마디에 한바탕 웃음바다가 됐다.

왜 그러는가

조 바이든 미국 대통령이 20일 한미 정상회담을 위해 2박 3일 일정으로 한국을 찾았다. 바이든 대통령은 작년 1월 취임 후 첫 아시아 국가 방문이다. 바이든 대통령은 이날 오후 5시 23분쯤 경기 오산 미 공군 기지에 도착해 곧바로 인근 삼성전자 반도체공장(삼성 평택캠퍼스)을 찾았다. 미국 대통령이 방한 첫 일정으로 한국기업을 방문한 것은 이례적이고 상징적이다. 윤석열 대통령과 바이든 대통령은 6시 11분쯤 공장 방문에서 이재용 삼성전자 부회장의 안내로 생산시설을 1시간여 함께 둘러보고 연설했다(조선일보, 2022. 5. 21.).

삼성 평택공장은 세계최대 반도체 생산시설이다. … 윤석열 대통령도 공장에서 바이든 대통령을 직접 맞이하는 등 한미(韓美)동맹을 군사 동맹을 넘어 기술동맹까지 망라한 '포괄적 기술동맹'으로 … (조선일보. 같은 날 3면).

바이든 대통령은 취임 후 첫 아시아 순방에서 왜 한국을 방문 첫 번째 나라로 선택했는가. 한국에 와서는 첫 발걸음으로 왜 삼성전자 공장을 찾았는가. 그만한 이유가 있다. 한국은 1992년 이후 줄곧 반도체 D램 세계시장의 점유율 1위다. 2021년에도 세계시장 점유율 12.3%로 인텔을 제치고 1위를 차지했다. 이 때문에 미국의 주정부들은 삼성에 손을 내밀고 공장을 세워 달라고 끊임없이 주문하고 있다. 바이든 대통령이 첫 순방국의 첫 방문 장소를 삼성전자 평택공장으로 정한 데는 그만큼의 정책적 이유가 있었던 것이다.

삼성은 누가 뭐라고 해도 세계 초일류 기업이다. 아프리카나 남미의 오지에 가서 물어 보라, 삼성을 아느냐고. 부엌마다 삼성 브랜드가 붙은 제품이 하나쯤은 있을 것이다.

삼성의 규모는 수치로만 따져도 엄청나다.

2021년도 삼성전자의 매출액은 약 280조 원이었는데 정부 예산의 거의 절반이 되는 수준이었다. 2021년 삼성그룹 전체의 매출액은 379조 원이었고 순이익은 41조 원이었다. 임직원 수는 52만 명이다. 한 명의 천재가 수십만 명을 먹여 살리는 일자리를 창출했다.

이 정도면 한 나라를 먹여 살리는 기업이라고 해도 과언이 아니다. 또 삼성전자는 미국 텍사스주에 앞으로 20년에 걸쳐 천문학적 금액인 약 2천억 달러(약 260조 원)를 투자해 반도체공장 11곳을 건설하겠다는 보도도 있다. 그야말로 삼성 없이는 어떻게 살까 할 정도로 대한민국을 대표하는 기업이다.

"한 사람의 죽음이 10조 원의 상속세를 남긴다면, 그 사람은 확실히 태어나서 죽을 때까지 나라에 보탬이 되는 장사를 하고 간 것이 아닌가?" 어떤 대학 교수가 한 말이다. 나는 그의 말에 전적으로 동감한다. 그런데 정작 한국에서는 왜 걸핏하면 삼성인가. 지은 죄가 그렇게 많은지 권력이 부를 때마다 불려갔고 마음대로 죽는 것도, 사는 것도, 돈을 쓰는 것도 쉽지 않았다. 사실 삼성의 상속세 등 세금문제, 내부거래 등에 대한 세간의 의혹을 부인할 수는 없다. 더 큰 문제는 돈이 많다고 미리 감정적으로 판단하고 비난을 퍼붓는 우리 사회의 풍조다.

특히 정치권력은 여러 가지 이유를 달며 삼성을 비난하는 세력에 부합하는 경향을 보였다. 자기들 특유의 경제정의를 내세우고 삼성을 재단하려고 했다. 독재국가처럼 대기업을 옭아매 지지기반을 다지려는 전근대적인 정책을 사용했다. 전두환 정권이 정치자금을 적게 낸다고 모 기업을 파산시킨 사례도 있지 않은가.

삼성을 비롯한 우리의 기업들은 남들이 부러워하는 성공을 하고 있는데 정치는 삼류 수준을 벗어나지 못했다. 국민들은 그러한 정치인들을 가장 혐오한다.

대기업의 일부 그늘은 어쩔 수 없는 일이고, 그 그늘을 들여다보는 일은 당연하다. 그러나 조병옥의 말대로 빈대 한 마리를 잡기 위해 초가삼간을 다 태울 수는 없는 일이다.

정부가 지난 8월 광복절 특사로 이재용 삼성회장을 사면한 것은 때늦은 감이 있지만 수출부진과 인플레 등 새로운 어려움에 직면한 한국경제의 발전을 위해서도 참 잘한 일이라고 생각한다.

2장

봉두완이 바라본 오늘의 세계

쓰는 기자에서 말하는 기자로 | 언론계의 거목 장기영

한국일보 사주였던 장기영 사장은 독특한 대인(大人)의 풍모를 지닌 분이다. 지금도 그분과의 일화를 생각하면 내가 참 철이 없었다는 생각이 든다. 정말 품이 넉넉한 분이었다.

장기영 사장이 기자를 대할 때는 격식과 권위가 전혀 없이 솔직하게 속내를 털어놓고 친근감을 표시했다. 그래서 '왕초'라는 별명이 붙었다. 내가 한국일보 미국 특파원으로 나갈 때 장기영 사장은 영어로 말했다.

"You know, David … You are Special Correspondent in Washington(데이비드, 자네는 워싱턴 특파원이야)!"이라면서 "거기 가면 말이야, 설국환(薛國煥) 씨가 있어. … 따라다니면서 열심히 일하고 공부하고 그래!"

그게 전부였다. 옆에 서 있던 내 연세대 영문과 동문 김중기(金重基) 비서도 그런 식으로 왕초 장기영 사장의 비서가 되었다.

대학 졸업반 때 김중기는 취직할 데가 변변치 않았다. 그런데 이야기 듣기로는 한국일보에서는 고등학교 졸업생도 기자로 뽑는다는 소문을 듣고 무조건 왕초 장기영 사장을 찾아갔다.

"너 누구야?"

"예, 저는 연세대 영문과 졸업을 앞둔 김중기입니다."

"여긴 어떻게 왔어?"

"네, 저는 평소에 사장님을 존경하고 … 그래서 사장님 모시고 일 좀 하고 싶어서요."

"그래? 자네 영어 좀 하나?"

"네, 잘합니다."

"그래? 그럼 여기서 당분간 일해 봐. 지금은 기자 뽑는 때가 아니니까."

"알겠습니다. 열심히 하겠습니다."

그게 다였다.

장기영 사장은 나이가 고작 32세인 홍승면에게 편집국장(후에 동아일보 편집국장) 일을 시켰다. 또 고등학교 졸업을 앞둔 김영희 학생(전 중앙일보 대기자)에게는 취직을 약속해 주기도 했다.

"이봐, 너 말이야, 대학 나온 사람보다 더 우수해. … 내가 기억하고 있을 테니까 고등학교 졸업하고 날 찾아와!"

그뿐만 아니라 세상을 떠들썩하게 필명을 날렸던 천관우(후에 동아일보 주필)에게는 무조건 "얼굴 한번 봅시다"라며 논설위원으로 위촉했다.

미국의 2대 통신사인 UPI 통신 서인석(徐仁錫) 특파원을 우연히 만나 대화를 나누던 왕초는 느닷없이 한마디 했다.

"우리 한국일보는 젊은이들의 신문입니다. 우리 신문사로 나오세요."

그게 다였다. 그리고는 회사 현관에 방을 써 붙였다.

'발령─서인석─정치부장대우에 임함'

이건 우리 몇몇만 아는 이야기지만 집 없는 서인석 기자에게 왕초는 아무도 모르게 삼선교에 있는 집 한 채를 줬다. 5·16 후 김종필 중앙정보부장의 밀봉교육을 받은 서인석 선배는 민주공화당 창당과 함께 초대 대변인이 되었다. 상대방 민주당 대변인은 5·16 며칠 전에 국회의원 보궐선거에서 당선된 김대중(金大中)이었다.

조용중(趙庸中) 선배는 이상하리만치 서인석 선배를 좋아했다. 물론 김성진(金聖鎭) 선배도 예외는 아니었지만 세 사람은 처음부터 끝까지 서로 좋아하고 서로 밀어주는 언론계 3인방 같은 존재였다. 이 3인방의 특징은 모두 독특한 판단력과 필력으로 권력층과 맞서 싸우는 3총사였다. 그 가운데 조용중 선배는 신문사를 7, 8번 옮기면서까지 정의를 위해, 언론의 정론을 위해 남달리 뛰어난 언변과 필력으로 많은 사람들에게 감동을 주었다. 이에 반해 서인석 선배는 하루 종일 따라다녀도 몇 마디 안 하는 위인이었지만 행동으로 모든 걸 표현하는 거인이었다.

서인석 선배가 유정회 소속 국회의원일 때, 여당에서 유일하게 베트남전쟁 파병에 반대했던 에피소드는 우리 후배들에게 아직도 엄청난 사건으로 기억되고 있다. 그때 모두들 전전긍긍할 뿐 박 대통령이 여기에 어떤 반응을 보일지 손에 땀을 쥐고 있었다. 박 대통령은 그 보고를 다 듣고 나서 "서인석이는 그런 사람이야… 반대하는 사람도 있어야지 뭐"라고 하는 바람에 모두 '아이구 살았다!'며 속으로 함성을 질렀다는 에피소드도 있었다. 이에 반해 조용중 선배는 오히려 마음이 여린 편이라고 말하는 후배도 있었다.

워싱턴 특파원을 마치고 본사로 돌아온 나에게 주어진 자리는 외신부 차장이었다. 내심 정치부 기자로 종횡무진 돌아다니고 싶었던 나로서는 외신부가 몹시 갑갑하고 못마땅했다. 되든 안 되든 현장을 누비면서 좌충우돌해야 직성이 풀리는 내 성미로는 본사의 푸대접(?)에 약간의 반발심마저 느끼지 않을 수가 없었다.

'나 같은 인재를 몰라주다니….'

나는 참을 수가 없었다. 결코 오만하거나 치기(稚氣) 때문이 아니었다. 봉두완이란 인간은 늘 자기방식대로 살지 않으면 못 견디는 성미에다, 돼먹지도 않은 '깡패' 기질 같은 게 있어서 좀 별종이랄까… 하여간 연구대상임엔 틀림없다. 어리석은 자신을 제대로 알지 못하는 '무뢰한'이라면 좀 심한 표현일까? 게다가 나는 맺힌 것을 그냥 가슴속에 담아두지 못하는 성격임에는 틀림없다. 그 '내심'을 대부분 말과 행동으로 옮기곤 한다. 촐랑거리는 성격은 어디 가져다 버리지도 못할 정도다. 아무도 못 말리는 특이한 성격이다.

하루는 퇴근길에 '가스라이트'라는 술집에 가서 밤늦게 통행금지 시간까지 술을 마셨다. 워낙은 홍유선(洪惟善) 편집국장이 내가 미국에서 돌아와 혼자 지내며 밥 먹듯 야근하는 데 대한 미안한 감도 있고, 또 일본에서 돌아온 이원홍 편집부국장이 도쿄 특파원으로 오랫동안 너무 많이 고생했다며, 오랜만에 위로주 한턱내겠다고 시작했다.

그런데 내 친구 계창호 부장이 '사상계'(잡지) 관련기사를 정치부장한테 부탁한 것을 정성관 부장이 깜빡 잊었다. 정치면에 싣지 못한 것을 이 기회에 잘 마무리 짓겠다는 생각에 양주 몇 병 코가 삐뚤어지게 마신 것까지는 좋았으나… 느닷없이 술잔이 날아들고 바(bar) 유리창이 깨지는 등 어수선한 분위기가 됐다.

갑자기 "야! 나 죽는다. … 사람 살려!" 하는 소리가 저쪽 구석 소파에서 들려왔다. 그 순간, 내 친구 계창호는 밑에 깔려 있고 덩치 큰 정성관 부장은 그 위에 올라타고 있고 있었다. 와! 일촉즉발의 긴급상황에 나는 어쩔 줄을 몰랐다. 홍 국장은 날더러, "내버려 둬! 어느 놈 하나 죽겠지 뭐…" 했지만 나는 벌떡 일어나 격투 현장에 달려가 두 사람을 떼어 놓으려 안간힘을 다했지만 타잔과 같은 몸뚱어리가 꿈쩍도 안 했다. 그래서 재빨리 똑같은 덩치의 이원홍 선배를 소리쳐 불렀다. 역시 이 선배는 덩칫값을 했다.

구사일생 살아난 계창호와 함께 경찰 출입기자 차를 불러 타고 충정로에 있는 장기영 사장 집으로 쳐들어갔다. 내가 먼저 차에서 내려 발길로 대문을 걷어차며 다짜고짜 고래고래 소리 질렀다.

"장 사장, 나와! 왕초, 나와! 사람 하나 제대로 쓸 줄도 모르는 왕초 좀 나오란 말이야!"

나는 워싱턴에서 돌아와 정치부로 발령이 안 나고, 외신부로 난 데 대한 분풀이를 하고 있었다. 초록색 대문짝에 붙어 있던 우편함, 신문지함을 다 떼어 땅바닥에 던져 버렸다. 한밤중에 만취한 나를 맞은 왕초 사모님은, "아이고, 너무 늦은 시간이니 내일 회사에서 얘기하면 안 되겠느냐"며, "내가 요즘 심장이 안 좋아 그러니 제발 좀 돌아가 달라"고 달랬다. 아주 정중하면서도 호소력 있는 설득에 나는 한참 있다가 별 도리 없이 돌아설 수밖에 없었다.

다음 날 아침, 화요회 시간 … 장기영 사장의 고함소리가 편집국을 흔들었다.

"누가 취재용 지프를 술 처먹는 놈들한테 내주라 그랬어!"

날벼락을 맞은 것은 양반 중의 양반인 홍유선 편집국장이었다.

"편집국장!"

"예."

"저 봉두완이라는 놈 말이야. 오늘 당장 파면이라고 써 붙여!"

그날 화요회의 편집국 안이 갑자기 찬물을 끼얹은 것처럼 조용했다. 편집국 한구석에 앉았던 내가 한마디 던졌다.

"누구 맘대로!"

그러자 '와아 …!' 하는 소리와 함께 주변에서 킬킬대는 소리가 터져 나왔다. 본인 스스로 '장 기자'라고 부르는 왕초는 연신 하바나 시가를 피워대며 마이크에다 대고 중얼거렸다.

"뭐라고? 저것이, 저것이 … . 흠 … ."

그리고는 잠시 후 아무 일도 없었다는 듯이 왕초는 항상 그랬듯이 마이크에다 대고 국회의원 후보 유세하듯 줄기차게 말을 이어갔다.

우리가 '왕초'라고 불렀던 장 사장은 뒤끝이 없는 사람이었다. 그리고 능력이 있는 사람이었다. 32세에 한국은행 부총재를 지낸 후, 나이 어린 방일영, 방우영 형제의 요청으로 조선일보 사장으로 영입되었다. 그리고 그들의 아버지(계초 방응모)가 납북된 후 경영상의 어려움을 겪고 있던 조선일보를 어느 정도 궤도에 올려놓고 나서 자의 반 타의 반으로 태평로를 뒤로하고, 1955년에 안국동로터리 근처에 새로 '한국일보'라는 간판을 걸고 신문을 찍기 시작했다.

육군사관학교를 빗대어 한국일보를 '대한민국 언론사관학교'라고 불렀다. 선린상업고등학교를 나온 왕초는 사상 유례 없이 견습기자 채용요건에 '대학 졸업' 대신 '고등학교 졸업'을 명시했고, 온 나라에서 가장 우수한 인재를 등용하는 과감한 용인술로 유명했다.

한 번 회사에서 퇴출했던 기자가 다시 돌아오겠다면 예외 없이 재임용하는 근래 보기 드문 용인술로도 유명하다. 그래서 얻은 것이 '왕초'라는 별명이었다. 사람을 품을 줄 아는, 가슴이 넓은 사람이었다. 당시 한국일보에 근무했던 사람 중에는 스스로 나갔다가 제 발로 다시 들어온 사람이 수두룩했다.

1969년 8월 31일 아침, 나도 왕초 앞에 섰다. 전날 밤새워 외신부 데스크 자리를 지키며 야근한 뒤였다.

"저 사장님, 말씀드릴게 있어서 … ."

"뭔데?"

"다름이 아니고 … 오늘부터 여길 떠나 중앙일보 쪽으로 가려고요."

"뭐라고? 어딜 가? 왜?"

나는 하는 수 없이 자초지종 늘어놓고 나서 눈물을 글썽이며 용서를 구했다. 그러자 왕초는 굳은 결심이라도 한 듯 나를 쳐다보며 영어로 내뱉듯이 말하는 것이었다.

"그래? 그럼 갔다 와! David, You have a round trip ticket, You know? (야, 너 왕복표 가지고 있으니까 갔다 와!)"

'갔다 와? 어딜 갔다 와? 돈도 몇 푼 안 주면서 … .'

나는 속으로 혼자 중얼거리며 정든 한국일보를 떠났다.

나의 전성시대

그 후 1980년 11월 30일, 신군부의 말도 안 되는 '억지 춘향'식 언론 통폐합 조치로 TBC가 KBS에 통폐합됨에 따라 나는 갑자기 실업자가 되었다. 나는 타의에 의해 그 이듬해 치러진 3·25 총선거(11대 국회) 용산·마포 지역에 나가 무려 16만 표라는 엄청난 표를 받아 전국 최다득표라는 기록을 세우기도 했다.

나는 그때 유권자들 앞에서 목청을 올리며 울부짖었다.

"사랑하고 존경하는 유권자 여러분! 그리고 국민 여러분! 이 신군부가 말도 안 되는 언론통폐합이라는 이름으로 내가 매일 마이크 잡고 떠들던 TBC를 뺏어가는 바람에 나는 갈 데가 없습니다. 나에게 빼앗긴 마이크를 돌려주십시오!"

그리고는 오른손으로 여의도 국회의사당 쪽을 가리키면서 계속, 눈물로 절규했다.

"나에게 여의도의 마이크를 돌려주십시오!"

그러면서 군중을 선동하는 식으로 포효했다.

"자아, 여러분 … 우리 모두 여의도에 있는 마이크 잡으러 저와 함께 나갑시다!"

유세장(운동장)에 모였던 시민들은 "옳소!" "갑시다!" "봉두완 만세!"를 외치고 "봉두완, 봉두완, 봉두완!" 하며 연신 소리쳤다.

나는 유세가 다 끝난 다음 연세대 후배들의 목말을 타고, 수만 명의 군중 속을 뚫고 나아가며 주먹을 불끈 쥐고 소리쳤다.

"아카라카!" 내가 소리 지르자, 나의 대학후배 수십 명이 함께 소리 질렀다.

"아카라카 칭, 아카라카 쵸, 아카라카 칭칭 쵸쵸쵸…!"

엄청난 군중 속을 뚫고 목말을 타고 나아가는 길은 마치 이스라엘 민족이 모세를 따라 홍해의 마른 땅을 가로질러 가는 것과 같았다.

여기에 우리 대학생들의 뒤를 따라 연단 앞에 앉았던 선거운동원들도 덩달아 따라오며 주먹을 쥐고 흔들며 소리소리 질렀다.

"아카라카… 아카라카… 봉… 아카라카 봉 아카라카 봉 봉 봉 봉 두완 봉두완…."

연세대 응원가 내용도 모르면서 용산·마포 선거운동원들은 신이 나서 소리소리 질러댔다. 그러자 수천 명의 인파가 약속이나 한 듯이 함께 "와~!" 하며 마치 산울림처럼, '바다의 물결'처럼 파도치고 있었다.

용산·마포지역 선거구(인구 93만 명)에 국회의원 후보로 나선 9명 가운데 나는 16만 표를 얻어 전국 최다득표를 했다. 함께 국회의원에 도전했던 당대의 유명 영화배우는 갑자기 호적에 있는 이름을 가지고 출마하는 바람에 유권자들이 투표장에서 혼선을 빚어 애석하게도 낙선하고 말았다.

나는 1970년대 10년 넘게 거의 매일 라디오·TV 애청자들과 마주했기 때문에 반세기가 지난 오늘에도 가끔 택시를 타거나 길을 걸어

신군부의 언론통폐합으로 TBC 앵커맨 자리를 빼앗기고 1981년 11대 총선
국회의원 후보로 나섰다. 사진은 효창운동장에서 "빼앗긴 마이크를 돌려주십시오!"
울부짖으며 유세하는 장면.

안녕하십니까? 봉두완 입니다.

11대 총선 선거벽보. 이 선거에서
전국 최다득표(16만 표)로
국회의원에 당선되었다.

가다 보면 "어이구, 이거 … 안녕하십니까? 봉두완 씨!" 하고 반가워하는 사람을 꽤 자주 만나게 된다. 목소리만 들어도 알겠다고 했다. 아, 그 힘들고 괴로웠던 70년대! 사람들은 그 '봉두완의 목소리'에 귀를 기울이며 위안을 받았다고 했다. 그리고 그 안에 답답한 가슴을 푸근하게 녹여놓는 무슨 마법 같은 힘이 들어 있다고 했다.

그때 3선 개헌반대의 엄중한 분위기에서 내가 아침저녁으로 아슬아슬한 방송을 이어가게 되자, 청취자들 사이에서는 경마장에서 하듯 흥겨운 내기를 하기도 했다. '내일 봉두완이가 방송을 안 하면 1만 원을 자기가 먹고, 방송을 하면 상대방이 먹는' 희한한 게임도 유행했다. 하지만 밤중에 술에 취해 귀가하는 남편을 기다리는 아내는 고혈압 증세로 위기를 맞기도 했다.

1970년대 당시는 정권의 마음에 들지 않으면 글도 마음대로 쓰지 못하고 유행가나 영화도 검열하던 때였다. 그만큼 지내기 힘든 세상이었다. 그 엄혹하고 살벌한 분위기 속에서 어쩌다가 느닷없이 나 같은 머저리 기자가 우뚝 서게 되었다.

TBC 앵커맨!

평생 쓰는 기자에서 말하는 앵커맨으로 아침마다 출근길에 마이크를 잡고 "안녕하십니까? 봉두완입니다!" 하고 이 소리 저 소리 되지도 않은 소리까지 목에 힘주어 가며 매 맞아 죽을 각오로 떠들어 댔으니 … . 아, 정말 못 말려, 못 말리겠다.

만원 버스에 몸을 싣고 일터로 나가던 시민들은 아침 8시마다 터져 나오는 TBC 〈뉴스전망대〉 나팔소리에 열광했다.

1970년대 TBC 앵커맨 시절.
최고 절정이었던 인기는
가히 폭발적이었다.

그렇게 10년 동안(1970~1980) '봉두완의 목소리'에 그나마 실낱 같은 희망을 걸었던 목마른 서민들과 젊은이들은 이제 세월이 흘러 회갑, 진갑이 다 지난 역전의 용사가 되었다. 그러면서 요즘에는 못마땅한 젊은이들을 향해 불만을 토로하는 것이다.

"우린 그때만 해도 일하는 게 취미였어! 너희들처럼 밤낮 어디 놀러 갈 궁리나 하고. 에이, 쯧쯧쯧."

이렇게 몇 마디 하노라면 그 젊은이는 이미 자리를 뜬 뒤였다.

"밤낮 또 그 소리야! 6·25 땐 밥도 제대로 못 먹고 죽을 고생만 했다는 소리만 하고…."

그러자 젊은이는 내뱉듯이 말했다.

"솔직히 말씀드리면, 임진왜란 땐 정말 더 고생했대요!"
"에이! 야, 그만둬라. 이런 싸가지 없는 것들. 쯧쯧쯧."

　나는 매일 밤 10시에 진행하는 〈TBC 석간〉이라는 간판 뉴스 프로그램의 앵커를 하면서 다음 날 아침 8시 출근시간에 맞춰 〈뉴스전망대〉라는 라디오 시사정보 프로그램까지 진행했다.
　그리고 매주 화요일 밤 10시 30분엔 1시간짜리 시사좌담 프로그램 〈동서남북〉까지 진행했기 때문에 육체적으로 정신없이 바쁘게 돌아갔다. 하지만 그 당시 생각이 깊은 애청자들로부터 꽤나 많은 사랑을 받았다.

봉두완 암살계획

5공 청산의 후유증으로 백담사에 들어가 은둔하던 전두환 전 대통령은 연희동으로 찾아간 나에게 느닷없이 한마디를 던졌다.

"그때 경호실장 하던 차지철이가 봉두완이 암살계획을 했어 … ."

나는 깜짝 놀라 그게 무슨 소리냐며 다그쳤다.

"무슨 말씀입니까? 그게 사실입니까? 제가 무슨 잘못을 했길래."

"잘못은 무슨 잘못 … . 봉두완이 매일 아침 떠드는 소리가 마음에 안 들었겠지 뭐. 삼선 개헌이 어쨌다면서 … ."

"이크, 하마터면 죽을 뻔했네요 … ."

"죽긴 뭘 죽어 … . 지가 죽었지! 엉뚱한 생각이나 해가지고 … ."

나는 한동안 말문이 막혀 땅바닥만 내려다보고 있었다.

'와! 참 훌륭한 박 대통령이 저런 부하를 밑에 두고 있었으니 … .'

나는 혼자 중얼거렸다.

당사자인 나는 까맣게 모르고 있었는데 암살계획이 있었다고?

아닌 게 아니라 그 당시 미국 대사관 총영사가 날 보자 하더니 혹시 미국에 망명할 의향이 없느냐고 물었다. 나는 통폐합 전이고 또 전성기를 맞은 잘나가던 앵커로서 정권의 신경을 건드리는 말을 꽤 했기 때문인가 미루어 짐작만 했다. 그러나 너무나 생뚱맞은 얘기라서 "전혀 없다. 난 죽어도 여기서 죽는다"며 반신반의했다. 귀신이 곡할 노릇이다. 미국은 벌써 물고기 물속 보듯 청와대 주변 상황을 빤히 들여다보고 있었던 것인가. 나는 청와대 쪽이 얼마간 반감은 갖고 있을 것이라고 생각은 했지만 암살계획이라니 생각조차 할 수 없는 일이었다. 그때 내가 성공적으로 했든, 실패로 끝나든 관심을 가지고 망명했더라면 어떻게 됐을까. 지금 되돌아봐도 아찔하다. 이런 얘기는 당시 문공부 장관이자 나와 절친했던 김성진 선배에게도 할 수 없었다. 속으로만 묻어 두고 있었는데…, 그 미국 총영사는 한국 아이를 양자로 삼아 데리고 워싱턴으로 갔다. 이어 국무부 부차관보로 승진했고 한 번 다시 만나기도 했지만 더 이상 물어보지는 않았다.

차지철의 언론인들에 대한 적개심은 그의 야욕 못지않게 컸다. 10·26 사건 이후 나는 박 대통령의 사위인 한병기 대사, 김성진 선배와 저녁을 같이했다. 다음은 김 선배의 회고담이다.

"난 이렇게 술 한잔만 들어가면 박통 생각이 나서 눈물이 나와. 어느 날 청와대에서 연락이 왔어. 각하와 저녁을 하는데 오라는 거야. 언론인들과 식사 중이라고 했더니 적당히 하고 들어오래. 갔더니 김계원 비서실장과 차지철이 앉아 있었는데 분위기가 워낙 썰렁하던 차에 각하가 묻는 거야, 언론인들하고는 어디서 저녁을 먹느냐고. 그래서 2차 가서 폭탄주도 마시고, 어쩌고저쩌고했더니 차지철이가 못마땅하다는 식으로 빤히 뚫어져라 쳐다보는 거야.

그 눈초리가 아직도 생생해. 각하나 비서실장은 개의치 않는 거만한 몸짓으로. 그래서 아하 이 녀석이 속으로 엉뚱한 마음 먹고 있는 거 아니야? 은근히 그런 생각이 들었지."

　그렇다. 권력의 장막 뒤에서 무슨 음모가 꾸며지고 있는지는 그 피해 대상자도 알 수 없지만 자신이 그 대상이었다는 얘기를 들을 때는 누구나 가슴이 섬뜩해지는 것이 인지상정(人之常情)일 것이다. 그러나 연약한 올챙이 기자가 자라서 이렇게 큰 개구리가 되어 껑충껑충 뛰면서 그냥 뱀이 무서워 하늘을 쳐다보면서 제대로 울지도 않는다고? 말도 안 돼!

　그 거친 입에서 무슨 희한한 소리 몇 마디라도 나오지 않을까 숨죽이며 기다리는 청취자들에게 그래도 몇 마디 희망 섞인 바른 소리 한두 마디라도 내뱉지 않는다면 그것은 정말 하늘의 뜻을 거역하는 것이리라.

　그래서 나같이 천하의 어수룩하고 무능하기 짝이 없는 기자가 '앵커맨'이랍시고 나서서 된 소리, 안 된 소리 몇 마디라도 지껄일 수밖에 없었던 것이다. 그렇게 한 얘기가 권력자에게 독이 된 모양이다.

YS, 그날 무슨 일이?

1971년 대통령 선거가 끝나고 야당인 신민당의 진로가 불투명했을 때 나는 과감하게 '신민당'이라는 타이틀로 생방송 토론을 벌였다. 당시 유일 야당인 신민당은 김대중 후보의 대선 패배 후유증으로 망망대해의 표류하는 난파선과 같았다. 종로구 안국동에 있던 신민당사에는 그날 아침부터 긴급 정무회의가 열려 하루 종일 당(黨)의 진로와 수습책을 놓고 열띤 토론이 벌어지고 있었다.

그날 밤 생방송 예정인 〈동서남북〉 출연자 섭외 때문에 나는 하는 수 없이 회의 중인 정무회의에 문을 열고 들어가 회의를 진행하던 김홍일(金弘壹) 당수께 잠깐 회의를 중단해 주십사 부탁드렸다.

5·16 후 외무부 장관을 잠깐 할 때 만났던 분이라 안면은 있기에 쳐들어갔더니 김홍일 당수는 눈을 뚱그렇게 뜨면서 소리소리 지르는 것이었다.

"이 사람 누구야? 남의 정무회의장에 마구 들어와 가지고는…!"

나는 하는 수 없이 회의장 가운데 서서 말씀드렸다.

"아이유, 회의 좀 잠시 쉬었다가 또 하세요…!"

그러자 김홍일 당수는 역정을 냈다.

"이거 이 사람, 무슨 소리 하는 거야? 이 사람이….."

김홍일 당수는 확실히 장군다운 모습으로 화가 잔뜩 나 있었다.

그러자 평소부터 잘 알고 지내던 소석(素石) 이철승(李哲承) 정무위원이 한마디 거들었다.

"그려! 그럼 좀 쉬었다 하드라고. 방송국에서 왔는디 …."

내가 장면 총리실 출입기자 때 그는 민주당 정권의 실력자(국방위원장)였는데, 마침 5·16 쿠데타가 났을 때 일본에 가 있었다. 그는 결국 귀국을 포기하고 내가 특파원으로 있었던 워싱턴으로 와 있었다. 때때로 우리 집에 특별히 배송되는 한국일보를 보고 김치말이 국수도 먹기 위해 찾아와 가깝게 지낸 터였다.

그런 그가 이날도 먼저 나를 보고 달려와 포옹까지 하며 나에게 반갑게 인사했다.

"어이구, 봉 동지! 오랜만이여. 요즘 솔찬히 바쁜가 보드만 …."

그러자 모두들 잠시 쉬기 위해 자리에서 일어나는데 김대중 대통령 후보만 그냥 자리에 앉아 있었다. 그의 처남(이성호)은 내가 워싱턴 특파원 때 우리 아이들을 돌봐준 경복고 동창이었다. 나는 그쪽으로 가서 정중히 인사하며 아슬아슬하게 낙선한 데 대해 위로의 말을 건넸다.

"애쓰셨습니다, 김 후보님. 아슬아슬했습니다. 이번에 … 당선된 거나 다를 배 없는데."

김대중 후보는 내 손을 대충 잡고 화를 참으며 말했다.

"봉두완 씨, 오랜만이여. 그나저나 TV 카메라는 뭐하는 것이간디, 밤낮 내 뒤통수만 찍구 앉아가지고는 …. 그럼 쓰간디?"

나는 속으로 '죄송합니다!'라고 생각하며 말을 꺼냈다.

"그나저나 오늘 밤 TBC 〈동서남북〉에 좀 나오셔야겠는데요 ….

앞으로 신민당을 어떻게들 끌고 가시려는지 모두 궁금해 해서 … ."

그는 단호하게 거절했다.

"내가 시방 거그 나가서 당의 진로에 대해 무슨 말을 할 꺼요? 이러쿵저러쿵 … 선거에 졌는데. 그러들 말고 내 대신 여기 계신 양일동(梁一東) 선생에게 부탁드려 봐요."

건너편에 앉은 김영삼(金泳三) 정무위원도 약간 미온적이었다.

"아이고 마, 내사 오늘 저녁에 고교야구 결승전이 있어서 … . 경남고가 이번에 이겨야 하는데 … . TV 출연은 안 하는 걸로 좀 해주이소."

옆에 앉아 있던 이철승 씨가 소리 지르다시피 하며 말했다.

"이 사람이 뭔 소리 해쌓는 거여? 오랜만에 봉 동지가 TV에 좀 나오라는디 … ."

그러자 김영삼은 마지못해 승낙했다.

"아, 그라문 알겠어요, 알겠어. 나중에 봅시다."

이철승 씨는 5·16 쿠데타 후 오랫동안 미국에서 망명생활하고 막 귀국한 참이었다.

나와 함께 워싱턴의 아메리칸대에서 정치학 박사과정을 밟고 있던 오세응 의원은 소석의 천거로 신민당으로 갔다. 함께 공부하던 박정수(朴定洙)는 당시 주미대사였던 정일권(丁一權) 총리의 배려로 총리특보가 되었다. 우리 셋은 연세대 동문으로 나중에 국회 외무위원회에서 함께 활동하기도 했다.

TBC 시사토크쇼 〈동서남북〉은 밤 10시 30분에 생방송으로 시작되지만, 출연자들에게는 9시 30분까지 서소문 중앙일보빌딩 7층 스튜디오까지 와 달라고 신신당부했다.

제일 먼저 나타난 사람은 이철승 씨였다. 그다음은 양일동 씨였다. 내가 정치부 기자로 장면 정권 초대 내각 구성을 밤샘 취재할 때, 집권당의 간사장으로 그때 반도호텔에서 내각 인선에 정신없던 양일동 씨와는 이미 구면이었다.

한참 내각 구성으로 정신없을 때 누군가 한 사람이 내각에 좀 넣어 달라고 부탁하긴 했는데 그 이름이 생각이 안 나서 한참 고민했는데 급한 김에 화장실 가서 용변을 보던 양일동 간사장은 느닷없이 혼자 소리를 질렀다. 전북 정읍 출신 조한백(趙漢伯) 의원의 이름이 떠오른 것이다.

"아, 그래 그 전봇대. 그렇지!"

키가 엄청 큰 조한백 의원의 별명은 전봇대였다.

"그래, 그래. 맞다 맞아 … 조한백."

그래서 조한백은 뒤늦게 입각 명단에 들어가 초대 체신부 장관이 되었다.

한참 양일동 씨와 이 얘기 저 얘기 재미있게 나누고 있는데 담당 PD인 조광식(趙廣植) TV 편성부 차장이 불쑥 방에 들어서면서 큰일 났다는 것이었다.

김영삼(YS) 정무위원이 차에서 내리면서 뭔가 이상한 소리를 한다는 것이었다. YS가 대기실로 들어서자 나는 반갑게 맞으며 인사했다. 어쩌면 안 올지도 모른다는 불안감이 싹 가시는 순간이었다.

나는 깍듯이 인사했다.

"아이고, 어서 오세요. 감사합니다. 이리 와 앉으시죠!"

YS는 그 자리에 앉기도 전에 난처한 듯 말했다.

"아이고, 봉두완 씨. … 나 집에 갈라요!"

"예?"

나는 질겁했다. 그러자 옆에 앉았던 소석이 소리쳤다.

"그게 뭔 소리여? 싸가지 없게 … 여기까지 와 가지고?"

내가 할 소리였다. YS는 사정하다시피 했다.

"그게 아이라, 오늘 전국고교야구시합 응원 갔다가 우리 경남고가 우승하는 바람에, 마, 모두들 소주 한잔 먹고 안주도 없이 그냥 쓰르메(오징어)만 먹고 했더니 정말 토할 것 같다구마. 이래 가지고 TV 토론 몬 하겠다구마. 아이고 … 속이 쓰려서."

나는 조광식 차장과 이정웅(李正雄) PD한테 눈짓하여 무조건 YS를 비롯한 출연자들을 빨리 7층 메인스튜디오로 안내해 가라고 지시했다.

말발이 센 조광식은 원래 내 경복고 후배인데 서울대 사회학과를 나온 이론가였다. 그래서 밤낮 TBC 편성부〔부장 홍두표(사회학과), 차장 윤혁기(사회학과)〕 안에서는 약간의 불협화음이 끊이질 않았다.

간부들은 유신 시기를 맞이하여 어느 정도 타협적인 데 반하여 조광식 PD는 매우 정직하고 원칙적이었다. 그러나 사람을 대할 때는 무슨 양반집 도련님 같아서 이날도 술에 좀 취한 YS를 다루는 솜씨는 정말 보통이 아니었다.

조광식은 온갖 소리를 다 해가면서 YS와 팔짱을 끼고 메인스튜디오까지 별 탈 없이 찾아갔다.

드디어 TBC 〈동서남북〉의 시작을 알리는 시그널 음악이 대형 스튜디오에 우렁차게 퍼지면서 화면에 대문짝만 하게 '新民黨'(신민당)이라는 글자가 떠오르자 긴장감은 최고조로 올랐다.

나는 대충 그동안 대선 패배 후유증으로 출렁이는 '신민호'(新民號)의 오늘과 내일을 진단하고, 이날의 출연진을 차례로 소개했다. 특히 이날 나는 YS를 40대 기수라면서 치켜세웠다. 대선에서 아깝게도 낙선한 김대중(DJ)를 대신해 나온 원로 양일동 씨에게 마이크를 넘겨주고, 이어서 소석에게 차례를 넘겼다.

미국 망명생활에서 돌아온 소석은 할 말이 너무나 많았다. 카메라가 그를 원 숏(one shot)으로 잡고 있는데, YS는 갑자기 괴로운 표정을 지으며 나에게 눈짓하는 것이었다. 당장 토할 것 같다는 표정이었다.

나는 위층 조정실을 향해 손짓과 얼굴 표정으로 이철승 씨를 메인 카메라 1로 계속 잡고 있으라고 하고 나서 얼른 YS를 끌고 나와 넓은 스튜디오 한쪽 끝에 앉히고 등을 세게 두드렸다.

몇 차례 '왝 왝' 하며 실컷 토하더니 YS가 조용히 말했다.

"아이고 마, 이젠 됐다 그마 … 가서 앉자!"

아이고, 살았다. 나도 토할 뻔한 걸 겨우 참았다. 그리고는 아무 일도 없었던 것처럼 토론은 계속되었다.

출연자들이 앞으로 신민당을 어떻게 끌고 가겠다는 건지 귀담아 들을 겨를도 없이 나는 YS가 또 '웩 웩' 하면서 또 토하고 싶다고 하면 어쩌나 하는 생각에 마음 졸이며 앉아 있었다. 무슨 소리들을 했는지 어차피 토론은 오랜만에 그런대로 대충 끝났고, 생전 국민 앞에 서지 못했던 소석만 기분이 좋아 보였다.

"이봐, 봉 동지! 이런 토론 자주 해야 돼. 미국처럼 말이야. 여그와 보니께 방송들이 맨날 정부 홍보만 하고 … 그러면 쓰간디?"

홀로 기분 '짱'이었다.

밤 12시 자정에 통행금지가 시작되기 때문에 나는 삼성동 집까지 시간 맞춰 가기 위해 YS한테 고맙다고 대충 인사하고는 시청 앞으로 달렸다. 그런데 서소문 인도교 앞에서 길을 건너다 차에 칠 뻔한 취객을 뒤로한 채 나는 밤하늘의 별들을 찾아 달렸다.

매주 화요일마다 진행하는 시사토론 프로그램 〈동서남북〉은 1970년 당시 민영방송 TBC-TV만이 할 수 있는 독특한 TV 쇼였다. 처음부터 아슬아슬한 발언과 비판 섞인 토론으로 일관하는 프로그램이었기에 70년 당시에는 모든 지식인들에게 꽤나 인기 있는 토크 쇼였다.

한번은 고도성장의 뒤안길에 만연되고 있는 부정부패의 실상을 놓고 열띤 토론이 벌어졌다. 생방송으로 진행되는 〈동서남북〉 프로그램에 사회적으로 신망이 높은 조향록(趙香祿) 목사와 나하고 가까운 조선일보 정치부장 남재희(南載熙) 등을 불러 모았다.

출연자들은 거칠 것이 없었다. 숨을 죽이고 들을 만한 딱 부러진 발언 내용과 정부 안팎과 사회 전반에 만연되고 있는 부정부패와 사회적 모순 등을 들먹이면서 출연자들은 '때는 이때다'라는 식으로 열띤 토론을 벌였다.

조향록 목사는 교회에서처럼 테이블까지 '쾅' 치며 열변을 토했다.

"정말 국민노릇 해 먹기 힘들다."

나는 갑자기 가슴이 내려앉아 순간적으로 혼자 중얼거렸다.

'이크, 무슨 사단이 나겠구나.'

하지만 나는 애써 태연한 척했다.

'출연자들이 할 말이 있으면 마음대로 지껄여라, 에라 나도 모르겠다. 태양은 내일도 또 떠오를 테니까 …. 케 세라 세라(Que sera sera)지 뭐 … .'

속으로는 걱정을 하면서도 머릿속 한구석에는 워싱턴 특파원 때 아래윗집에 살면서 "형, 형" 하며 따라다니던 김성진 문화공보부 장관의 얼굴이 떠올랐다. '야, 너 방송 좀 제대로 해!' 하면서 눈을 부릅뜨고 화내는 모습이 떠오르기도 했다. 그러다 갑자기 내 스스로 결기를 내는 모습에 스스로 소스라치게 놀랐다.

'에라, 나도 모르겠다. 못 먹어도 고(go)! … 대한민국 앵커맨이 뭐 죽기 아니면 살기로 국민 앞에 서서 당당히 나가야 … .'

괜히 혼자 떠들어 댔다. 아무도 보거나 말하지 않았는데 나 혼자

이러쿵저러쿵하는 것이었다. 확실히 불안에 떨고 있는 것만은 분명
했다.

'그냥 아무 일도 없겠지 뭐 … .'

혼자 괜히 안심하면서 불안한 마음을 안고 잠자리에 들었다.

대기자 조용중

내가 자유당 말기에 신문기자가 되어 1980년 11월 중앙매스컴인
TBC가 신군부에 의해 KBS에 통폐합될 때까지 만났던 사람 중 제일
먼저 생각나는 언론인은 바로, 바른 말 지독히 잘하는 조용중 선배
였다.

1970년 후반 내가 잘나가는 TBC앵커맨이었을 때 마침 조용중 선
배는 잠깐 실업자 신세로 놀고 있었다. 당시 막강한 영향력을 발휘
하던 김성진 문화공보부 장관이 황해도 해주동중(海州東中) 선배인
TBC 사장 김덕보에게 전화를 걸어 일종의 취직 부탁을 해 내가 조
선배와 함께 일하게 되었다. 그때만 해도 신문기자 출신들이 방송에
진출한 지 얼마 안 되는 시절이었다.

당시 중앙일보 TBC 편집국장 김인호(金寅浩), 정치부장 김동익
등이 과거에 조선일보 정치부장 조용중 밑에서 혼쭐이 나면서 기자
생활을 한 언론계 후배들이었다. 나는 조용중 선배를 모시고 일할
기회는 없었지만 '와! 이런 선배가 다 있어?' 하며 움찔 놀란 적이 한
두 번이 아니었다.

하루는 서인석, 조용중, 김성진 등 선배들이 역촌동 우리 집에 찾
아와서 저녁을 함께했다. 화장실을 다녀온 조용중 선배는 식탁에 앉
자마자 한마디 했다.

"이 다음엔 이 집에 와서 샤워를 해야겠어!"

"샤워?"

화장실에 임시조치로 물이 흘러내리게 했는데 물탱크에 물이 넘치는 바람에 앉아 있는 사람 머리 위로 물이 쏟아진 것이다. 이처럼 그의 유머는 우습기도 하지만 뼈가 박혀 있었다.

연합뉴스 사장 때 시사월간지 표지에 '노태우 대통령' 사진을 싣겠다고 실무 책임자가 건의하자, 조용중 사장은 공연한 소리를 했다.

"야, 세상에 사람이 그렇게 없냐? 노태우 같은 걸 표지에 싣게 ….."

이를 전해들은 노태우 대통령은 당장 조용중 사장을 파직시키라고 대노했다고 한다.

이렇게 당당한 언론인의 모습을 보인 고인(故人)과 쫀쫀하게 굴던 대통령을 떠올리면서 나는 때때로 혼자 이런 생각을 한다.

'아, 나는 행복하다. 어쩌다가 나는 시험이라는 시험은 다 떨어지고, 견습기자 시험에 겨우 합격해 가지고 이렇게 미수(米壽)까지 살고 있나? 기자생활이 뭐가 좋다고 우리 집 아이까지 기자 노릇을 하고 있는지 …!'

하루는 TBC 김덕보 사장이 전화했다.

"이봐, 봉카이트!"

당시 미국의 유명한 CBS TV뉴스 앵커맨 월터 크롱카이트를 빗대어 나를 부르던 호칭이었다.

김덕보 사장은 내가 중앙청 출입기자 때 국장급 관리였다. 그러다 TBC 상무로 왔다가 사장 자리에까지 올라간 호인이었다.

"조용중 씨 잘 알지?"

"네, 잘 압니다."

"그 사람 우리가 여기 데려오기로 했으니까 함께 일하면서 이것저것 좀 잘 챙겨 줘! 그 방은 꽤 넓으니까."

"알겠습니다."

조용중 선배와 나는 아침 라디오나 저녁 〈TBC 석간〉 시간에 하루 건너씩 자리를 바꾸어 마이크를 잡았다. 내가 당번이 아닌 날은 친구들과 어울려 마음껏 술을 마시며 돌아다녔다. 조용중 선배도 그랬다. 하루는 화요일 저녁이었는데 조용중 선배의 호출이 왔다.

"아니, 조 선배, 방송 준비할 시간인데 음식점에 앉아 계시나요?"

"이봐, 데이비드, 지랄 말고 빨리 이리와!"

"알겠습니다. 금방 갈게요."

그날 방송 준비할 시간인데 조용중 선배는 근처 식당에 앉아 이미 반쯤 취한 상태였다. 나는 불현듯 걱정이 앞섰다.

"아, 조 선배! 좀 취하신 것 같은데⋯ 그냥 계속해서 한잔 더 하시겠어요? 아니면 ⋯ ."

"야, 임마, 내 걱정 말고 술이나 마셔! 지랄하지 말고 ⋯ ."

"알겠습니다. 워낙 선배께서는 백전노장이니까 ⋯ 뭐."

"야, 임마, 백전은 무슨 ⋯ 방송 초년병이다!"

나는 좀 걱정이 돼서 일찍 집에 들어가 〈TBC 석간〉을 처음부터 보기 시작했다. 그런데 아니나 다를까 앵커맨의 눈동자와 발음이 영

시원치 않게 들려왔다. 더욱이 이날의 초대손님은 건설부 책임자여서 진행 중인 주요 간선도로 건설내용을 처음으로 시청자들에게 소개하는 순간들이었다.

그런데 앵커맨의 눈동자와 목소리는 거의 딴사람의 것이었다.

"그래서 다시 물어 보겠는데 … 지금 정부에서 진행하고 있는 고속도로 건설현황이 …" 하고 다그치자, 참고 또 참았던 출연자도 맞받아치며 소리를 좀 높였다.

"좀 전에도 자세히 설명 드렸습니다만."

"아니 그러니까, 시청자들이 좀 알아듣기 쉽게 설명을 … ."

"그러니까요. 아까도 상세히 설명드렸듯이 … ."

"아니 그러니까, 우린 잘 모르는 일이니까, 모든 국민이 좀 알아듣기 쉽게 … ."

"좀 전에도 상세히 말씀드렸듯이 … ."

나는 그때부터 가슴이 뛰기 시작했다.

'이거 큰일 났구나 … 이를 어쩌면 좋지 … 내일 아침에 틀림없이 벼락 칠 텐데 … .'

잠이 안 왔다. 별 다른 방법이 없었다. 그냥 앉아서 벼락을 맞는 수밖에 … !

아니나 다를까 다음 날 아침 출근하자마자 호출이 왔다. 홍진기 회장이었다. 나는 그 방에 들어서자마자 무슨 변명 같은 걸 할까 했는데 홍 회장이 고래고래 소리 지르는 바람에 앞에 캄캄해졌다.

"그런 게 아니라, 그날 ….."

"그런 게 아니고 뭘 이야기하려는 거야!"

어찌나 귀청이 떨어져라 소리 지르는지 내가 오히려 뒤로 나가 넘어질 뻔했다. 이렇게 된 바에 무슨 변명의 여지가 있으랴.

"알겠습니다. 술 좀 안 처먹도록 주의하도록 하겠습니다" 하고는 일어나 밖으로 나와 버렸다.

하는 수 없이 조용중 선배에게 간단히 상황 설명을 했다. 내 이야기를 듣고 앉았던 조용중 선배는 남의 말 하듯이 한마디 던지는 것이었다.

"술 처먹는 놈들 다 그리야 … !"

조 선배의 태도로 봐서는 어젯밤 일은 자기와는 별로 상관없고 남의 말을 그냥 내뱉듯이 하는 것이었다. 반성의 여지나 미안한 생각이 없는 듯했고 얼굴색은 조금도 변함이 없었다. 오히려 고래고래 소리를 지른 홍 회장의 모습이 좀 황당하게 보일 뿐이었다. 그러면서 생각했다.

혹시 나의 워싱턴 특파원 후임이었던 조세형 선배였으면 어땠을까? 아마 본인 스스로 홍 회장을 찾아가 이러쿵저러쿵 상황 설명 끝에 홍 회장의 마음을 사로잡아 한마디 들었을 게다.

"이봐, 기자들이란 게 술도 먹고 사고도 치고 그런 거지 … 뭐. 그런 걸 가지고 나한테 와서 무슨 변명하고 그러나?"

아마 그랬을 게다. 그 생각을 하다가 나는 잠자리에서 후다닥 일어나 앉았다.

아하, 이제 알겠다. 그렇구나!… 그래서 조용중 선배는 끝까지 언론계에 남아서 고고한 자세로 살다가 갔고, 조세형 선배는 정치랍시고 하다가 고생만 하다가 생을 마감했고 ….

두 선배는 내가 총무로 일했던 언론의 연구 친목단체인 '관훈클럽'을 만든 선배들이었고, 대한민국을 이만큼 자유롭게, 민주적으로 그리고 정의롭게 만드는 데 공헌한 훌륭한 언론인들이었구나! 오늘도 그리운 두 선배들의 명복을 빈다.

— 3장 —

신군부의 장난

내가 안 했어

언론이 통폐합된다는 것은 5천 년 역사에 처음 보는 해괴한 일이었다. 전두환 대통령이 노태우 정권하에서 망명 아닌 망명으로 백담사에 유배되었다가 돌아온 후 나는 연희동 자택으로 전두환 대통령을 찾아갔다. 무엇보다 궁금한 게 언론통폐합의 진실이었다.

"그나저나 어쩌다가 잘 나가던 TBC를 그렇게 KBS에 통폐합했습니까?"

전두환 대통령은 거의 소리 지르듯 내뱉었다.

"이봐… 거 내가 안 했어!"

"그럼 누가 했습니까?"

"저 녀석들이 통폐합한다고 박 대통령도 안 한 TBC를 KBS에 통폐합한다고 들고 왔기에 내가 안 된다고 했어!"

전 대통령은 열을 올리며 자기 방어에 나섰다.

"그럼 누가 했습니까?"

"저 녀석들이 안 된다고 했는데 두 번, 세 번 가지고 오는 바람에 그렇게 된 거지 …."

저 녀석들? 나는 금방 알아챌 수 있었다.

그 당시 전두환 정권의 이른바 '5공 실세'는 '쓰리 허'(許)였다[허화평, 허삼수(許三守), 허문도(許文道)]. 그 가운데 허삼수와 허문도는 부산고 동문이었고, 특히 허문도는 조선일보 외신부 차장으로 근무하면서 반 TBC 감정이 컸던 인물이었다. 게다가 조선일보 정치부장-편집국장이었던 최병렬(崔秉烈)과도 부산고 동문이었기 때문에 중앙일보 소유의 TBC에 대한 감정이 별로 좋지 않았다. 말하자면 조선일보 경영진까지 나서서 '중앙일보 경영진이 TBC를 내세워 중앙매스컴 판매홍보를 하는 것에 적지 않은 부담과 불만을 표시했던 것은 잘 알려진 사실이었다.

이병철 회장의 한 측근에 따르면 그 당시 보안사령관이었던 노태우가 좀 보자고 연락하여 이병철 회장이 불려갔다. 거기엔 허문도, 최병렬과 같은 조선일보 간부들과 경영진이 배후에 있었을 것이라는 소문이 한동안 퍼져 나가기도 했다.

어쨌든 5공의 최고 통치자가 나한테 "내가 두 번이나 안 된다고 빠꾸 시켰어!" 하며 열을 올렸을 때 나는 이미 통폐합의 핵심 인물이 누구인지 감지하고 있었다.

세 사람의 작은 인디언

내가 제11대 국회 외무위원장을 지내고 또다시 제12대 국회 외무위원장으로 국회 본회의에서 재선임되었을 때, 갑자기 조선일보 편집국장 출신인 최병렬 후배가 찾아왔다. 사람이 아주 정직하고 당돌하고 화끈한 언론인이었다. 물론 나처럼 그도 본래는 한국일보 출신이었다.

"어이구 봉 선배, 참 오랜만입니다. 축하합니다. 이번에 또다시 외무위원장으로 재선되신 것을 … ."

"그보다도 잘됐어요. 조선일보 그만두고 국회에서 함께 일하게 돼서 … ."

최병렬은 민정당 전국구 의원으로 당선되어 국회에 진출하게 되었다. 당당한 '최틀러'(히틀러라는 그의 별칭)는 차를 마시다 말고 갑자기 좀 어색한 말투로 한마디 했다.

"형, 내 좀 부탁드릴 게 있어서 왔슴다. … "

"뭔데 …?"

"다름이 아니고요. 제가 평소에 존경하고 좋아하는 봉 선배를 좀 따라다녔으면 해서요 … ."

"날 따라다녀? 무슨 비서로 … ?"

나는 한마디 농담으로 분위기를 좀 부드럽게 몰고 갔다.

"그게 아니라예 … 이번에 저를 여기 좀 데려다 심부름 좀 시켜 주

11대 국회 외무위원장으로서
주재한 외무위원회 회의.

이소!"

"뭐라고? 무슨 심부름?"

"여기 외무위원회는 맨 정당의 당수나 대통령 하겠다는 사람들만 있지 않습니꺼 … . 그러니 나 같은 기자 출신도 한 사람쯤 있으면 … ."

"아니 … 알겠어요. 최 국장이 여기 오려고?"

"예, 맞습니더."

"이봐, 그건 안 돼 … 아까도 말했지만, 여긴 맨 당수들, 원로들 … 잘난 사람들만 와서 앉아 있는 데야 … 그래서 쫄따구로 와 가지고는 별 볼 일 없어 … ."

"그래서 형 말대로 내가 여기 와서 심부름하겠다는 거 아닙니까?"

"이봐, 그건 안 돼. 좀 곤란해 내 입장에선 … ."

"그러니까 내가 이렇게 큰절하고 부탁하는 거 아닙니까 … 언론계 선배께 … ."

실은 최병렬 둘째아들과 나의 둘째아들이 아주 보통 절친한 사이가 아니었고, 나중에 우리 동네 (한강맨션) 에서 '구역장'이라는 한강

성당의 큰 감투를 쓰고 있었다. 그의 모친도 조용히 아이들과 남편을 뒷바라지하는 현모양처로 성당 안에서도 이름난 여성이었다.

12대 국회에서는 무슨 일인지 대통령의 직접 지시로 위원장인 나에게 전권을 갖고 위원회를 구성하라는 명이 떨어졌다. 나는 '왜 갑자기 이런 암묵적 지시가 내려오는가?' 하고 의구심을 떨쳐 버릴 수가 없었다. 그러다 언론계에서 함께 활동하던 한 친구의 말 한마디에 판단력이 부족한 내가 정신 바짝 차리게 되었다.

"이봐, 왜 그런지 몰라? 거기 당대표가 있잖아! '물태우' 말이야."

순간 최병렬의 얼굴이 일그러졌다.

"엇, 그래? 야, 너 알지도 못하면서 '물태우'라고 그러지 마!"

나는 그때 대낮에 별 본 듯이 가까운 친구한테 한 방 먹은 느낌이었다.

'아하, 그게 그런 거로구나. 그럼 난 어쩌지? 오히려 잘됐지 뭐.'

혼자 이러쿵저러쿵하는 사이에 눈앞에 이미 현실이 다가오고 있었다.

그때 외무위원회에는 당 대표나 대통령 후보였던 역전의 용사(?)들이 좌우에 포진해 있었고, 이번에도 다시 한 번 중진급 인사들이 포진할 것이 뻔한 일이었다. 여야 진영에서는 이미 11대부터 유치송(柳致松, 민한당 총재)을 비롯해 이철승, 박한상(朴漢相) 인권 변호사, 이만섭(李萬燮, 국민당 대표), 박동진(朴東鎭, 전 외무부 장관), 박정수(무소속, 외무부 장관), 정래혁(丁來赫, 국회의장) 등과 나중에 집권당에선 민정당 대표 노태우를 비롯하여 유학성(劉學聖) 안기부장, 이춘구(李春九, 민정당 사무총장), 이종찬(李鐘贊, 원내대표) 등 기라성 같은 인물들이 자리를 꽉 메우고 있었다.

오히려 운영 면에서는 김학준(金學俊, 서울대 교수), 현홍주(玄鴻柱, 안기부 차장), 최병렬 등이 나중에 실질적으로 일하는 멤버로 활약했다.

세상이 다 아는 사실이지만 국회 국방위원회나 외무위원회는 일종의 원로원처럼 알려져 웬만한 이력을 가진 의원들은 아예 쳐다보지도 않는 상임위원회였다.

그런데도 엊그제까지 신문기자 노릇하던 최병렬 후배가 굳이 외무위원으로 오겠다는데 몇몇 의원들은 이를 약간 못마땅하게 생각했다. 그러나 내 입장에서는 무엇보다 온 가족이 한강성당에 같이 나갈 뿐 아니라 아이들끼리 아주 절친한 관계인 데다가 11대부터 성당에 같이 나가던 허삼수 청와대 사정수석과는 부산고 동창인 점이 결정적인 사유가 되어 나는 그를 우리 위원회에 받아들이기로 했다.

현홍주는 자신과 최병렬, 김학준을 포함한 세 신인들을 스스로 '세 사람의 인디언'(three little Indians)이라고 부르기도 했다. 외무위원회의 쟁쟁한 인사들 사이에 끼인 정치 신인들이었기 때문이다. 서울대 교수로 이름 날리던 김학준 의원도 기자 출신인지라 때때로 결정적인 순간에 많은 도움을 주었고, 또 검사 출신이며 안기부 차장이었던 현홍주 의원은 나의 절친한 경복고 동창의 아랫동서였다.

이래저래 얽히고설킨 한국적 현실 속에서 나는 더 이상 바랄 것 없이 의정 활동을 계속할 수 있었다.

노태우 대표가 1987년 대선에 민정당 대통령 후보로 나섰을 때, 외무위원회 세 사람의 인디언들은 선거캠프에서 결정적인 역할을 했다. 마침내 노태우 후보가 당선되어 집권했을 때 각기 청와대·정부 내의 요직에 보임되어 계속 노태우의 사육신처럼 되기도 했다. 신문기자 출신들인 최병렬은 정무수석, 김학준은 공보수석(대변인) 그리고 검사 출신인 현홍주는 법제처장이 되어 대통령 참모로서 변함없는 충성심을 발휘하기도 했고 막강한 권한도 행사했다.

그런데 6월항쟁의 여파로 정국이 혼미한 상태로 급전직하 얼어붙기 시작하면서 노 대통령의 '제6공화국호'는 격랑 치는 망망대해에서 점점 침몰할 위기에 직면했다. 전두환 대통령 스스로 천명한 단임정신에 따라 7년 단임을 끝내고 나온 후 민주정의당의 기치를 높이 들고 항해하던 '노태우호'는 자칫 좌초하지나 않을까, 전복되지나 않을까 하는 의구심을 갖게 했다.

노태우 측근들은 아무 생각도 없이 '노태우 6공은 전두환 5공과 다르다'고 천명하면서 여태까지 해오던 중선거구제를 소선거구제로 바꾸었다. 노태우 정권은 바람 불고 벼락 치는 날씨에 항해를 강행하다가 망망대해에서 좌초위기에 직면하게 된 것이다.

내가 한국일보에서 워싱턴 특파원을 할 때 베트남 특파원이었고 내가 1968년 귀국하여 본사 외신부 차장을 할 때 편집부 차장이었던 심명보는 내 후임으로 집권당의 대변인이었다가 노태우 대표 때 내 친구 이한동(李漢東) 사무총장 후임으로 민정당 사무총장이 됐다.

그는 6공은 5공과 다르다는 것을 표방하며 실제로 5공 때의 중선 거구제에서 6공의 소선거구제로 비밀리에 야당과 협상을 진행하고 있었다. 이한동-심명보-박철언으로 이어지는 서울대 법대 라인이 가동되면서 집권당의 모습은 확연히 달라지고 있었고, 망망대해를 항해하는 '노태우호'는 한순간도 순항하지 못하고 표류하는 약체내 각으로 전락하고 말았다.

날더러 외무장관 하라고?

내가 평소에 좋아하고 존경했던 원로 가운데 한 분이 바로 청곡 윤길중 선생이었다. 1956년 이승만 자유당 시절 조봉암이 주도한 진보당 창당에 참여하면서부터 많은 고초를 겪었다. 결국 조봉암은 사형당했으나, 윤길중은 나중에 대법원에서 무죄선고를 받았다. 물론 1961년 5·16 군사쿠데타 이후 혁신계 인사들과 함께 투옥되어 7년간 복역하기도 한 소신파 원로 정치인이었다.

제11대, 12대 국회의원 선거 때 내가 용산·마포 지역에 출마했을 때 그는 서대문구에 출마하여 당선되었다. 고등학교 교장선생님 같기도 하고 시골 훈장 같기도 한 원로 정객이었다. 가끔 동네 사우나에 같이 가면 언제나 같은 얘기를 했다.

"이봐 봉 앵커, 내 배를 주먹으로 힘껏 쳐 봐!"

"예? 배를요?"

"응, 여기 가운데를 주먹으로 세게 쳐 보란 말이야!"

말씀대로 주먹을 불끈 쥐고 힘껏 내려쳤는데 끄떡없다. 오히려 내 손이 아플 정도였다.

"내가 말이야, 감옥에서 오래 살았는데 하루 종일 명상하면서 배 운동을 했어."

그게 큰 자랑이었다. 워낙 인기가 좋아 집권 민정당 내에서 윤길중은 틀림없이 국회의장까지 하는 줄 알았는데 당내 사정으로 채문식 의장에게 자리를 양보하고 부의장으로 눌러앉았다.

하루는 청와대에서 연락이 왔다. 전두환 대통령이 윤길중 선생과 나를 오찬에 부른다는 전갈이었다. 청와대 별채에서 마주 앉은 전 대통령은 앉자마자 청곡 선생에 대한 예우를 제대로 갖추지 못한 것을 미안하게 생각한다면서 한잔 술을 권했다. 그 자리에는 원내총무였던 이종찬 의원과 외무위원장인 내가 배석했다. 나는 아마 그때 1983년 10월 4일~12일까지 서울에서 개최되었던 국제의원연맹(IPU) 총회 때 수고했다는 말을 건네기 위해 불렀던 것 같았다.

총회 시작 닷새째인 10월 9일 북한은 버마 아웅산 테러사건을 저질렀다. 버마사회주의연방공화국을 공식 방문 중이던 전 대통령 일행 중 함병춘 청와대 비서실장을 비롯하여 17명의 고위급 수행원들이 희생당한 끔찍한 사건이다. 온 세계가 북한 공산정권의 만행을 규탄했고, 이에 대한 보복 무력행위가 일어날까 봐 미국의 레이건 행정부는 갖가지 방법으로 전두환 대통령을 회유하기도 했다.

전 대통령은 급거 귀국해 우리를 부른 것이다. 그날 청와대 오찬 모임에서 대통령은 국회의장이 되지 못한 윤길중에 대한 미안한 마음을 전한 다음, IPU 총회를 성공적으로 마무리하고 총회 결의로 북한의 김일성 정권의 만행을 규탄하는 결의안을 통과시킨 우리 대표단을 높이 칭찬했다.

"이봐, 봉 위원장! 자유당 때부터 외무부 출입기자를 했다면서?"

"예, 5·16 때까지 출입하다가 미국 갔습니다."

"아무래도 이번에 공석이 된 외무부 장관 자리를 미국을 잘 아는 봉 위원장이 맡아야 할 것 같은데 … ."

"아니, 제가요?"

"그래서 말인데, 봉 위원장이나 내가 누가 뭘 주어서 여기까지 온 거 아니잖아 … . 그러니까 외무부에 정통 외교관 중에도 유능한 일꾼이 꽤 많아 … . 그중에 마음에 드는 사람을 외무차관으로 갖다 놓고 대미 외교라든가 활발히 해 나가는 게 좋겠다는 생각인데 … 마음의 준비를 하고 있어."

그러자 대통령의 말이 떨어지기도 전에 윤길중은 그 굵은 목소리로 거들었다.

"아닌 게 아니라 이 천하에 유명한 봉두완 위원장은 참일꾼이죠. 애국심도 강하고 능력이 있어요, 능력이. 허허허."

"그러니까 내일부터 외무부 과장급 똑똑한 녀석들 밥도 사 주고 같이 일할 사람들 미리미리 잘 챙겨 봐."

" ……! "

나는 당장 그 자리에서 무어라 말을 꺼낼 수가 없었다.

그리고는 며칠 후 나는 오래전부터 약속했던 대로 미국 의회와의 세미나 형식의 대책회의 참석차 워싱턴으로 갔다. 의회연구모임 (PSG: Parliamentary Study Group) 의 대표 자격이었다.

대통령 직속 대미대책회의 주관으로 미국의 유명한 연구기관인 국제전략연구소(CSIS: Center for Strategic and International Studies) 와 공동으로 하원의장 회의실을 빌려 '한반도 주변 정세와 한미동맹

국회 외무위원장 시절, 미국의 로널드 레이건(왼쪽), 조지 부시(오른쪽) 대통령과 함께.
특히 레이건 대통령은 만날 때마다 언제나 10년 지기처럼 다정하게 대했다.
레이건 대통령은 모두 8번, 부시 대통령은 4번 만났다.

관계' 토론을 갖는 것이었다.

세미나 공동의장으로는 미국 측에서 백악관 안보담당 특별보좌관 출신의 즈비그뉴 브레진스키(Zbigniew Brzezinski) 박사, 한국 측에서는 국회 외무위원장인 내가 공동의장으로 회의를 주재했다. 참석자는 미국 측에서 나와 절친한 하원 외교위원장 벤 길먼(Benjamin A. Gilman)을 비롯한 미 의회 여야 상·하의원 40여 명이 표결 등 의회 일정이 없는 한 아무 때나 참석하여 토론에 참여하도록 했고, 우리 쪽에서는 대통령이 직접 결재한 정치권, 재계·경제계 주요 인사들이 우르르 몰려가 앉았다.

전 대통령은 대미 친선외교의 중요성을 강조하면서 참석자들 명단을 정무수석이 지켜보는 가운데 일일이 만년필로 적어 주기도 했다. 예를 들면, 정치권의 참여자들은 주로 여권의 외무위 소속 위원들인데 대통령은 이상하게도 PSG 간사 역할을 하는 안기부 출신의 현홍주 의원은 영어도 제대로 못 하니 안 된다는 것이었다. 그래서 당황한 나는 그전 주에 뉴욕타임스에 게재된 그의 한미관계의 기고문을 보여주며 영어를 썩 잘하는 컬럼비아대 대학원 출신 인재라고 강조했다.

"이봐, 영어는 쓰는 것하고 말하는 것하고 달라."

대통령은 이상하리만큼 부정적인 반응을 보였다. 그래도 내가 워낙 강력히 밀고 나가자 대통령은 억지로 결재했다.

"그럼 알겠어. 열심히 하라고 해!"

현홍주 의원은 노태우 대통령 후보 때 미국의 유명한 내셔널프레스클럽 행사에 공식 통역을 할 만큼 실력이 있었다. 그리고 이와는 별도로 재벌기업이나 경제단체장들의 명단은 모두 대통령이 만년필로 그 명단을 확정해 주기도 했다.

"이봐, 봉 위원장, 여기 현대그룹의 정몽준은 말이야, 미국서 공부했어. 정주영 회장이 아마 정치를 시키려고 할 거야. 조중건 대한항공 부사장은 과거에 박 대통령 통역도 했어. 영어 잘하더라고."

대우에서는 김우중 회장의 친형인 김덕중 서강대 교수, LG 구평회 회장, 쌍용의 손명원 사장(손원일 제독의 장남) 등 놀라울 정도로 모든 것을 꿰고 있었다. 그 밖에 이홍구 서울대 교수 등 저명한 인사 등 학계 인사들도 포함됐다.

물론 이종찬 원내총무 등 극소수의 외무위 소속 집권당 의원들이 참여하여 이틀간의 토론회를 뒷받침했으나 미국 측에서는 우리 기업인들과 학계 인사들이 하는 말에 굉장한 관심을 갖는 것 같았다. 참으로 인상 깊은 토론회였다.

미국의 저명한 신문 워싱턴포스트의 캐서린 그레이엄(Katharine Graham) 여사가 조지타운 저택에서 베푼 만찬 후 토론에서도 우리 대표단의 일원인 최창윤 박사가 한미 안보문제를, 나웅배 경제부총리가 한미 경제문제를, 현홍주 의원은 한미 현안문제를 논리정연하게 개진했다.

"아니, 이거 뭐, 우리 쪽보다 모두 영어를 더 잘하시네!"

놀란 표정으로 캐서린 여사가 말하자 한바탕 폭소가 터지기도 했다. 뉴욕에서 날아온 자매지 뉴스위크 발행인, 주필 등이 모두 참석한 대규모 만찬 회동이었다.

물론 그 이튿날 나온 워싱턴포스트나 그다음 주 발행된 뉴스위크에는 한미관계 현안문제와 한미동맹 관계의 중요성 등을 잘 정리해 보도했다. 우리로서는 여론 형성에 큰 도움이 되는 매체들이었다.

우리가 잘 아는 대로 미국 의회는 원천적으로 다른 나라 의회와의 친선협의회를 구성하지 않고 있어서 내 나름대로 이렇게 일방적인 협의체를 만들어 운영했던 것인데, 꽤나 효율적인 한미 가교역할을 한 셈이었다. 왜냐하면 PSG라는 이름으로 활동하다 보면 한미 양쪽에서 별로 의심을 하거나 신경을 쓰는 기색이 없어서 어느 정도 자유롭게 조용히 활동할 수 있었다.

한번은 집권당 내에서 PSG 활동을 어떻게 당 대표도 모르게 계속하느냐고 문제를 제기하고 나섰다. 12대 국회에 들어와서 외무위 소속으로 활동하던 노태우 대표가 문제를 들고 나섰다.

"이 봐, 봉 위원장. 그 PSG인가 뭔가 미국 관계 하는 거 말이야, 그거 당으로 가져와. 이제 내가 당 대표가 됐으니까 말이야."

"안 됩니다. PSG 활동은 일종의 대외비 기구지 않습니까? 청와대에서 직접 관리하는 기구이기 때문에 …."

나는 약간 난색을 표했다. 왜냐하면 여기에는 정부에서 외무부 차관이나 차관보 그리고 이상연(李相淵) 안기부 차장이 참여토록 대통령이 재가했기 때문에 이 은밀한 기구를 당으로 가져온다면 원래의 목적과 달리 부작용이 일어날 수도 있었기 때문이다. 그래서 하는 수 없이 정례회동 때 대통령께 당 대표의 말씀을 전했다. 대통령은 갑자기 목소리를 높였다.

"그 사람 …. 좀 조용히 앉아 있지. 그걸 당으로 가져가면 어중이떠중이, 될 것도 안 되겠다."

물론 노태우 대표가 대통령에 취임하면서 문제의 PSG는 사라지고 무슨 유럽 동부권 중심의 특별대책반 같은 게 새로 발족했다.

우리나라의 외교는 어차피 세계 유일의 동맹국인 미국과의 협력관계를 이어가면서 우리의 안보, 특히 경제발전의 교두보를 확보해 두는 것이 요체인데, 미국을 그냥 하나의 우방국가로만 치부한다면 우리로서는 뜻하지 않은 어려움이나 외교적 고립상태를 자초할 수도 있다는 생각에 나는 지금도 변함이 없다.

워싱턴 PSG 세미나를 끝내고 나는 캐나다의 수도 오타와로 갔다. 나는 제11대 국회 때부터 '한·캐나다 의원 친선협회' 한국 측 회장을 하고 있었기 때문에 공사 간에 미국을 방문하는 경우에는 될 수 있는 대로 이웃나라 캐나다를 방문하는 걸 당연한 일로 생각했다.

1964년 겨울 워싱턴 특파원 때 결혼한 나는 그해 결혼 선물로 한국일보 선배 김성진 동양통신 특파원이 마련해 준 캐나다 관광청의 '겨울철 캐나다 3박 4일' 프로그램 티켓으로 몬트리올, 퀘벡 등 눈 덮인 관광지를 간 적이 있는데, 제11대 국회에서는 자연스럽게 '한·캐나다 의원 친선협회' 회장이 되었다.

지금도 경기도 가평에는 6·25 때 가평전투에서 몰려오는 중공군을 캐나다의 소수정예부대(Princess Patricia Light Infantry Regiment) 전원이 마지막 한 명까지 버티며 싸워 이긴 것을 기리는 기념비가 우뚝 서있다.

한반도의 45배가 넘는 큰 땅덩어리를 가지고 있는 캐나다는 우리에게 특별히 호의적이고 이민가기도 수월해서 한·캐나다 의원들의 활동이 그때만 해도 두드러진 상태였다. 캐나다 측 '한·캐나다 의원 친선협회' 회원이 무려 103명까지 늘어났던 것은 기록할 만하다.

친선협회 회장인 로버트 코츠(Robert Coates) 국방장관이나 당시의 캐나다 수상 브라이언 멀로니(Brian Mulroney), 기 샤르보노(Guy Charbonneau) 의장 등은 '거기에는 미국 말고도 캐나다란 나라가 있다!'를 외치며 한국인들의 가슴에 깊은 울림을 준 친한파 정치인들이었다.

한 · 캐나다 의원 친선협회장 시절
브라이언 멀로니 캐나다 총리와 함께
(1983년/캐나다 국회의사당 내 총리실).

캐나다 기 샤르보노 상원의장 내외와 함께.
아내 안젤라도 같이했다 (1983년/캐나다 상원의장실 오찬장)

장독은 왜 뒤져

이틀간의 짧은 캐나다 일정을 소화하고 나서 집에다 전화를 했다. 이상하게도 집사람이 평소와 달리 낮은 목소리로 전화를 받았다.

"무슨 일이라도 있어? 목소리가 왜 그래?"

집사람은 엉뚱한 대답을 했다.

"오늘 우리 집에 기자들이 찾아왔어요."

"기자들이? 무슨 기자들이 … ."

"몰라, 그냥 우리 집 장독대가 어데 있느냐고 말이야 … ."

그래서 내가 다그쳐 물었다.

"아니 한강맨션에 무슨 장독대야, 장독대가?"

"그게 아니고 우리 장독대에 숨겨 놨던 돈이 어떻게 됐냐고 … ."

"무슨 2억 원이나 되는 돈을 어느 미친놈이 장독대에 감춰 놔?"

나는 버럭 소리까지 질렀다.

"알았어. 이런 미친 … ."

전화를 끊자마자 조선일보 사회부장한테 전화를 걸었다. 안종익 부장은 나와 제일 친한 대학동창이었다.

"이봐, 신문 좀 제대로 만들어, 우리가 아파트 사는 걸 알면서 무슨 장독대에 숨겨 놓은 돈 잃어버렸다고 난리야?"

안종익은 신문기자라기보다 고등학교 교감 같은 착실한 친구였다. 잠시 후에 전화했다.

"이거 봐, 봉 위원장이 무슨 외무부 장관 된다고 누가 좀 헛소문 퍼뜨렸나 봐···. 우리 기자한테도 말해 놨으니까 그냥 걱정 말고 돌아와."

언짢은 기분으로 귀국하자마자 서소문 중앙일보로 가서 당시의 홍진기 회장에게 갔다. 중앙일보 논설위원 겸 TBC 앵커맨으로 1980년 11월 30일까지 TBC 방송이 신군부에 의해 통폐합될 때까지 회장으로 모시던 분이었다.

홍 회장은 내가 귀국인사차 방에 들어서자마자 먼저 입을 열었다.

"이봐, 봉 의원, 그게 사실 아니지?"

"아이구, 회장님, 잘 아시지 않습니까? 저희 집은 워싱턴 특파원 때부터 단돈 100달러도 집에 안 두는 집입니다. 제가 무슨 장관이 된다, 어쩌구 하니까 누가 나쁜 소문 퍼뜨리는가 보죠 뭐."

"알겠어. 나도 국장한테 보고받고 그러려니 했지···. 일이나 열심히 해, 이 사람아."

"알겠습니다. 여러모로 돌봐 주셔서 감사합니다."

홍진기 회장은 내가 한국일보 워싱턴 특파원 때 만난 이건희 학생(나중에 삼성 회장)의 장인으로 이병철 회장이 평생을 두고 옆에 끼고 앉아 모든 일을 상담하는 사이였다.

이런 일이 있고 나서 몇 년 후에 나는 그때 백담사에서 돌아온 전두환 전 대통령과 이런저런 이야기를 나누던 끝에 궁금했던 그때의 외무부 장관 무산 건에 관해 물었다.

그랬더니 순간적으로 별일 아니었다는 식으로 말했다.

"응, 그거 … 봉두완이 외무부 장관 시키면 나라가 망한대 … . 그래서 못 시켰지."

나는 속으로 '나라가 망할 것까지는 없지만 엊그제까지 TV 앵커맨 하던 녀석이 한 국가의 외교정책을 주무르는 막중한 임무를 수행할 수 있겠느냐는 걱정 때문에 반대했으리라'고 스스로 위안했다.

나의 언론계 동기들 가운데 둘이나 외무부 장관으로 일을 엄청 많이 했지만, 그들이 장관이 된 것은 외무고시도 합격했고 외무부에서 잔뼈가 굵은 능력 있는 재목들이어서이다. 나처럼 평생 기자나 하던 사람이 그 엄청난 관료사회의 철옹성에 들어가 이러쿵저러쿵 잘못하다가는 아닌 게 아니라 정말 나라를 망칠 수도 있었겠구나 하는 생각도 들었다.

하지만 제 11대, 12대 국회에서 외무위원장을 하면서 정부에서 추진 중인 전반적인 대외정책을 나름대로 뒷받침하고 보완해 주는 역할은 어느 때보다도 중요하다고 판단했다.

4장

그리운 박정희 대통령

대통령 그만두이소

5·16 때 정치부 올챙이 기자였던 나에게 JP의 위상이 항상 머릿속에 남아 있었던 것도 사실이다.

우리가 좋아하고 존경하는 역사학자 김동길 교수는 재작년 나남 출판사에서 출판한 《백년의 사람들: 김동길 인물한국현대사》에서 JP에 관해 이렇게 썼다.

김종필은 5·16 군사정변의 주역이고 그 혁명을 성공시킨 당사자이다. 그러나 내가 알기에 그는 한 번도 정치나 정권에 집착하지 않았다. 군사혁명을 자랑하지 않았고 5·16이 어느 정도 자리를 잡았을 때 그는 '이 나라 역사에 다시는 혁명이 없길 바란다'고 말한 적이 있다.

JP는 민주공화당 창당에 참여해 당의장이 됐고 국무총리 자리에
도 올랐으며, 아홉 차례나 국회의원에 당선됨으로써 명실공이 2인
자가 됐다. 하지만 나는 그가 흔한 정치인들과는 생리적으로 달랐기
때문에 정치인이면서도 정치인이 아니었다고 생각한다.

쿠데타로 시작해 18년이나 집권할 수 있었던 박정희는 왜 혁명주
역이던 김종필에게 권력을 넘기는 절차를 밟지 않고 있다가 10·26
으로 비참한 최후를 맞이했을까? 낭만적인 김종필 손에 권력이 넘어
갔다면 좀 더 합리적인 민주화가 가능하지 않았을까? 만일 그가 대
권을 잡게 됐더라면 한국 정치가 오늘의 이런 꼴이 아니었을 것이라
는 생각이 든다. 아쉬움을 떨쳐 버릴 수 없다.

청와대 출입기자도 아닌데 대통령을 만난다는 것은 그리 흔치 않
은 일이다. 내가 기자생활 하면서 그래도 가장 많이 만났던 대통령
은 아무래도 박정희 대통령이 아닌가 싶다.

민주당 때 장면 총리실 출입하다가 5·16 쿠데타를 만나 처음 본
별 둘짜리 박정희 장군, 1965년 한국일보 워싱턴 특파원 때 한미 정
상회담 때 본 박정희 대통령, 그리고 1968년 귀국하여 TBC-TV 앵
커맨 때 몇 차례 만난 박정희 대통령, 군사독재 정권의 집권자로서
의 박정희 대통령으로보다는 한 인간으로서, 그것도 시골 농부와 같
은 모습의 대통령으로 만났던 기억은 지금도 나의 뇌리 속에서 새롭
기만 하다.

한번은 야외 골프장에서 박 대통령을 만났다. 지금은 구의동 어린

이대공원이 되었지만 1970년대에는 유명한 골프장이었던 서울컨트리클럽에서 박 대통령을 만났던 일은 지금도 나의 기억에 생생하다.

우리는 그때 D. C. Club 골프 시합 중이었다. 말하자면 1960년대 워싱턴에서 근무했거나 공부했던 인사들이 귀국하여 만든 친선모임으로 미국의 수도 워싱턴 특별구(D. C.)를 따서 D. C. Club이라고 했다. 그 당시 주미대사로 교포와 유학생들에게 인기가 있던 정일권 대사를 회장으로 정·관계, 학계의 인사들이 회원이 되어, 주기적으로 친목을 도모하는 그런 골프모임이었다. 주로 현대그룹의 정인영(鄭仁永) 회장이 스폰서를 했고 박정수(전 외무부 장관) 의원이 연락 간사를 맡았다.

그날도 우리는 전반 9홀 골프를 끝내고 그늘집으로 들어가는데 느닷없이 청와대 박종규(朴鐘圭) 경호실장이 뛰어오더니 나를 붙잡고 가자는 것이었다.

"왜 그래? 날 잡아가는 거야?"

"잡아가긴 … 따라 와!"

오랜 친분이 있던 박 실장은 앞장섰다.

우린 뭣도 모르고 따라갔다. 그늘집 옆에 파라솔 장치를 한 곳에 많이 본 얼굴이 앉아 있었다. 박정희 대통령이었다. 우리 모두가 좀 놀란 모습을 보며 대통령이 먼저 말을 건넸다.

"거기들 좀 앉아요. 모두들 오랜만이오."

우리 선두 팀은 정인영 회장, 홍성철(洪性澈) 총리 비서실장 등이 었는데, 모두들 대통령을 보고는 화들짝 놀란 토끼 같았다.

"각하, 우린 지금 시합 중이거든요."

내가 금세 대꾸하자, 대통령은 밝게 웃으며 말했다.

"시합은 무슨… 게 앉아… 이런 깡패 같으니라구…."

대통령 앞에는 맥주잔이 몇 개 놓여 있었다. 우리는 대통령 명령대로 자리 잡고 앉아 따라주는 맥주를 받아 마셨다. 제일 힘든 사람이 술을 못 마시는 정인영 회장이었는데 그날만큼은 목숨을 내놓고라도 마셔야겠다고 마음먹고 한잔 들이켰다. 홍성철 실장(나중에 내무부 장관)은 두주불사지만 그날만큼은 대통령 앞에 앉은 토끼처럼 정중한 모습이었다.

그러나 나는 달랐다. 대통령은 내가 술잔을 비우고 한잔 올릴 때마다 서슴없이 쭉 들이켠 후 나에게 잔을 건네는 것이었다. 그러는 사이에 분위기가 무르익어 우리가 골프시합을 하고 있었는지 피크닉을 왔는지조차 모두 까맣게 잊고 있었다.

대통령은 기분이 좋아 보였다. 마침 심심한데 술친구를 잘 만났다는 표정이었다.

"봉두완 씨, 나 방송 항상 잘 듣고 있어요. 항상 주시하고 있으니까 방송 잘하시오. 그런데 말이야, 내가 주파수를 잘 몰랐는데 우리 근혜가 트랜지스터라디오 640메가헤르츠(MHz)에 빨간 줄을 그어 줬어. 들고 다니는 라디오에다가…."

"어이쿠, 감사합니다. 애청자 여러분 안녕하십니까?"

"애청자?"

박 대통령은 내 말을 받으면서 웃었다.

거기까지는 좋았다. 그러나 그다음이 문제였다. 당시 상황은 김대중 씨와의 치열한 경쟁 끝에 근소한 표차로 겨우 이겨 일반 국민들로부터도 독재자라는 말이 나올 때였다.

"그래서 말이야, 봉두완 씨! 야당에서는 날더러 독재한다고 야단들인데 … 봉두완 씨! 정말 독재정치 한번 해 볼까?"

함께 술을 마시면서도 별로 심각한 정치 이야기는 없었는데 무슨 생각에서인지 갑자기 단도직입적으로 핵심을 찌르는 독백 비슷한 대통령의 한마디에 나는 정말 깜짝 놀라 하마터면 뒤로 넘어질 뻔했다.

한때 박 대통령은 정일권 총리에게 "형님, 내 뒤를 이어 나라를 좀 이끌어 주십시오"라고 말했다는 에피소드도 있다. 아마 정 총리를 떠보기 위한 속셈이었던 것 같다. 전혀 엉뚱한 언어로 상대방의 긴장을 풀게 한 뒤, 느닷없이 날카로운 질문을 던져 상대방의 의중을 꿰뚫어보는 것이 박 대통령이 가끔 즐겨하는 대화법이었다.

하기야 아무런 준비 없는 무방비 상태에서 찰나적으로 드러나는 태도에서 그 사람의 본심을 정확하게 알아낼 수 있는 것인지도 모른다. 나는 박 대통령의 느닷없는 질문공세(?)에 직접적인 답변 대신 앞에 놓은 맥주잔을 냉큼 들어 대통령께 올리며 말했다.

"어이구, 각하 … 한잔 올릴 테니 농담이라도 그런 말씀 말아 주십시오. 대통령 그만두시고 다음번에는 멋지게 야당 당수 한번 하시죠. 온 국민이 뜨겁게 각하를 성원할 것입니다. … "

내가 엉겁결에 내뱉었지만, 도대체 무슨 생각으로 그런 말을 했을까? 정말 죽으려고 환장했나, 정말?

대통령은 어색한 표정으로 나를 쳐다보다가 미소를 짓는데 막상 좌중에 한 사람도 웃는 사람이 없었다. 시베리아의 찬바람이 불 듯 갑자기 분위기가 어색해지고 말았다. 하긴 나도 등에 식은땀이 흐르는 것을 느끼면서 느닷없이 경직되어 버린 분위기를 풀기 위해 괜히 야당 일각에서 오늘의 정국을 어떻게 보고 있으며 일반 국민들의 반응은 어떠어떠하다는 식으로 두서없이 이야기를 펼쳐 나갔다.

그런데 오히려 대통령은 껄껄 웃으면서 '한 번 생각해 볼 문제'라고 가볍게 받아 넘기는 게 아닌가!

그러면서 나에게 잔을 주는 것이었다. 그게 다였다.

"참, 봉두완 씨! 그 봉 씨는 본이 어디야?"

대통령은 참으로 분위기를 끌고 가는 데 귀신이었다.

"아, 네, 저희는 하음(河陰) 봉씬데요…. 강화도에 하음이라는 동네가 지금은 없어졌지만 … 무슨 성경에 나오는 '모세' 같기도 하고, 박혁거세 같기도 하고, 또 일본 사람들이 이야기하는 모모다로(桃桃太郎) 같기도 한…."

"알겠어…. 그러니까 개울물에 흘러가는 아이를 누가 물에 건져 가지고…."

"예, 맞습니다."

"옛날 명나라 때 아마 일본을 쳐들어가던 배가 갑자기 불어닥친 바람〔神風, 가미가제〕에 휩쓸려 침몰하는 통에 몇몇 선원들만 돌아가는 길에 겨우 강화도에 기어 올라와 처녀들 사이에 아이를 낳게 되니까….”

“아닙니다, 각하!”

나는 항의조로 말했다.

“그런 게 아니구요.”

“그런 게 아니긴…. 긴말 말게.”

박정희 대통령은 여기서도 언론 통제를 하고 있었다.

“제가 알기로는 서기 1106년(고려 예종) 어느 날 강화군 하점면 하음산 기슭의 연못가에 눈부신 광채가 비치더니 이어 석함이 올라왔다고 합니다. 마침 물을 길러 왔던 한 노파가 이상히 여기며 살펴보니 그 속에 용모가 뛰어난 사내아이가 들어 있었대요. 노파가 이 아이를 왕에게 바쳤더니 아이가 없는 임금님은 궁중에서 양육하라는 명을 내린 후 노파가 봉헌(奉獻) 했다 하여 성을 奉(받들 봉)이라 하고….”

나는 술김에 열을 올리며 자초지종을 일렀다.

대통령은 내가 열을 올리며 덤벼드는 모습을 즐기며 슬쩍 장난삼아 말을 건넸다.

“알겠어…. 역시 그래서 봉두완 씨 같은 깡패 후예를 만들어냈구나. 허허허.”

내가 당황하는 모습에 꽤나 흥겨운 모습이었다. 가만히 생각해 보면 나는 우리 조상을 팔아 잠깐이나마 대통령을 기쁘게 해 준 셈이었다. 그래서 아예 박혁거세 이야기는 꺼낼 수도 없었다.

시골 농부 같은 대통령

나는 그 후에도 박 대통령을 여러 차례 만났다. 만나면 만날수록 인간미를 느끼게 하는 사람이구나 하고 생각했다. 지금도 같은 생각이다. 어쩐지 일국의 독재자라기보다는 시골 면장 같기도 하고, 초등학교 담임 같은 인상을 풍기는 아주 인간적인 모습으로 내 마음에 각인되어 있다.

10·26 사태로 유명을 달리한 박 대통령에게 나는 남다른 연민의 정을 느꼈다. 그래서 대통령이 국립묘지에 부인 옆에 묻힌 다음 날 새벽 4시 통행금지가 풀리자마자 집사람과 함께 택시를 불러 타고 동작동에 누워 계신 박 대통령을 찾아가 큰절을 올리고 기도드리며 용서를 빌었다.

"우리가 좋아하는 대통령 각하! 용서하십시오. 그동안 철없이 굴면서 시도 때도 없이 신랄한 비판과 비난을 한 저의 속 좁은 태도를 너그럽게 받아 주시고 용서해 주십시오!

이제 하늘나라에 가서는 모든 걸 뒤로하시고 내외분께서는 오래오래 평화의 안식을 누리소서. 부족한 저희들이 앞장서서 대통령께서 못다 한 조국 근대화를 위해 헌신하겠나이다. 우리 주 예수 그리스도를 통하여 비나이다 … !"

큰절을 올리며 두 분이 묻힌 무덤을 바라보는 두 눈에는 어느새 뜨거운 눈물이 가득 차 있었다. 옆에서 기도하던 우리 집사람 안젤라도 마찬가지였다. 우리는 흐르는 눈물을 그대로 둔 채 서로 손잡고 묘역을 내려왔다. 평소에 '내 무덤에 침을 뱉어라!' 하신 대통령 앞에서 우리는 침 대신 하염없는 눈물만 뿌렸다.

그보다 몇 해 전, 압구정동에 있는 단독주택 정인영 회장 집에 초대받았다. 정 회장은 우리 집사람을 반갑게 맞이하면서 엄살을 부렸다.

"나 이제 봉두완이하고 안 놀아. 아이고 무서워. 대통령더러 대통령 고만하라고…. 봉두완이 무서워."

술김에 돈키호테가 된 나 때문에 모두들 간이 콩알만 해졌던 것이 사실이었다. 박 대통령은 내가 자신의 심기를 건드렸지만 꽤나 너그럽게 봐줬다. 최고회의 출입기자 때나 워싱턴 특파원 때 보인 나의 변함없는 태도 때문이 아닌가 생각되기도 했다.

1965년 5월 17일 미국의 린든 존슨 대통령과 한미 정상회담 때 풀기자로 활동한 나는 그때 한국일보 지면에 베트남전쟁 파병을 비롯한 양국 간의 협력체제 구축이 장차 한국경제의 새로운 도약을 일으킬 것이라는 것을 대대적으로 보도했었다. 그게 박 대통령의 마음을 움직였던 것 같다.

또한 베트남이 무너졌을 때 나는 TBC-TV 앵커맨으로 경각심을 불러일으키기 위해 한국전 참전 16개국을 순방취재하면서 북한의 김일성이 혹시나 유혹을 뿌리치지 못하고 제 2의 한국전쟁을 일으키지나 않을까 우려하는 각국 정상들의 목소리를 담아 방송한 적이 있었다. 아니나 다를까 그때 김일성은 중국의 모택동을 찾아가 제 2의 한국전쟁에 도움을 요청했다가 정중히 거절당한 역사적 사실이 최근에 세상에 알려지기도 했다.

박 대통령은 평소에 무슨 생각을 하고 있었을까? 아마도 박 대통령은 내가 국민의 마음을 얻고 있는 점도 높이 산 것 같았다. 그렇지만 주변에서는 항상 내가 언제든 험한 곳으로 끌려갈 가능성이 농후하다고 했기 때문에 늘 긴장을 풀지 않고 살아야 했다.

육영수 여사와 마주 앉아

언젠가 한번은 육영수 여사로부터 오후 5시까지 청와대로 좀 와 달라는 연락이 왔다. 청와대 소접견실에 미리 가서 약간 불안하고 초조한 마음으로 이런 생각 저런 생각을 하고 있는데, 느닷없이 영부인 육영수 여사가 나타났다.

"아이유, 바쁘실 텐데 이렇게 와 주셨네요. 오랜만이에요."

함박웃음을 머금은 모습에 나는 비로소 안도하면서 약간 긴장을 풀 수 있었다.

육영수 여사는 숨 돌릴 틈도 없이 나에 대한 칭찬을 늘어놓았다. 내가 한국일보 워싱턴 특파원 때 한미 정상회담(1965. 5. 16~17) 취재보도를 훌륭하게 잘해 줘서 고마웠다는 이야기며, 귀국 후에는 TBC 앵커맨으로 아침저녁(특히, 아침 8시 〈뉴스전망대〉) 방송하는데 대통령께서 '애청자'라면서 나에 대한 호의적인 평가 등을 열거하면서 비행기를 태우기 시작하는 것이었다.

특히 서민층을 대변하는 모습이나 야당의 발전을 위한 소신 있는 논평, 그리고 나의 기자정신을 높이 평가한다고 했다.

"난 정말 봉두완 씨를 좋아해요. 1등 팬이에요."

영부인은 열광적인 애청자처럼 나를 추켜올렸다. 덕분에 나는 갑자기 고도(高度) 3천 피트의 상공을 날고 있었다.

그런데 갑자기 비행기가 흔들리면서 영부인의 표정이 싸늘하게 바뀌더니 다짜고짜 따지기 시작했다.

"그래, '국민 노릇 해먹기 힘들다'는데, 뭐가 어떻게 힘들다는 겁니까?"

"예?"

나는 어안이 벙벙했다.

"나도 세상 돌아가는 일에 많은 관심을 갖고 있어요. '어떻게 하면 우리 국민이 좀 더 잘살게 할 수 있을까' 하는 생각을 한순간도 놓아 본 적이 없어요."

"……!"

"아니, 말이야 바른말이지 뭐가 그리 불만입니까? 물론 우리가 살아가면서 이런저런 어려운 일 많이 겪지만…. 방송에서 그렇게 딱 부러지게 말씀하신다고 금방 어떻게 다 달라지나요?"

나는 갑자기 할 말을 잃었다. 아니, 있다손 치더라도 입속에 가두어 둬야 할 절박한 상황임에 틀림없었다.

"저도 청와대 안의 야당으로 대통령께 할 말은 다 하고 삽니다. 내 딴에는 대통령께 도움이 되고 국민 생활에 보탬이 될까 싶어서 내가 본 대로, 들은 대로 말하려고 애쓰는데, 밖에선 이런 사정을 잘 모르시는 것 같아요! 한밤중에 저 양반이 곤히 주무시는 모습을 보면 마음이 안됐어요. 측은해요…."

그러면서 그 정숙하고 아름다운 영부인의 목소리가 갑자기 위엄 있는 음성으로 높아지기 시작했다.

"그리고 TV에 나오신 분들이 우리 대통령 때문에 사회가 불안하고 부정부패가 만연하고 서민생활이 궁핍해졌다는 식으로 말씀들 하시던데 지금 우리나라, 우리 사회가 어떻게 됐다는 겁니까? 무엇이 어떻게 돼서 국민 노릇 해 먹기가 그리 힘들다는 겁니까?"

이쯤에서는 나도 적당히 한마디 하지 않을 수 없어 스스로 무슨 소리인지도 모르는 말을 내뱉고 말았다.

"실은 그런 얘기가 아니라, 일부 정치인들이나 사회 일각에서 약간 충동적으로 떠들고 하는데 문제가 없는 건 아니죠, 뭐."

"그래요. 사실 우리 정치인들에게 문제가 없는 건 아니에요. 그런 걸 방송에서 비판도 하고 여론도 만들고 해서 우린 봉두완 씨를 좋아해요. 정말 좋아하기 때문에 우리 대통령께서도 아침 8시 땡 하면 시작하는 TBC 라디오 〈뉴스전망대〉를 트랜지스터라디오를 들고 화장실에 가서도 듣곤 해요.

근데 엊그제 밤 〈동서남북〉 TV 좌담프로 시간에는 해도 너무했어요. 야당보다도 더 심했어요. 너무나 일방적이더라구요. 속상했어요!"

함박꽃 같은 웃음에 그 우아한 기품은 다 어디로 가고, 갑자기 무서운 모습의 대통령 부인으로 바뀌어 있었다.

"방송의 영향력이 얼마나 큰지 아시지 않습니까? 한 마디 한 마디가 국민들에게는 굉장한 충격을 줄 수 있어요!"

"물론 잘 압니다. 그런데 …."

"그렇게 잘 아시는 분이 어떻게 시도 때도 없이 국민을 불안하게 만들면서 아무 말이나 하시는 겁니까? 엊그제 밤에 저는 한숨도 못

잤어요. 대통령께서도 TV를 함께 보셨는데 … 꽤 불쾌하신 것 같았어요. 그리고 청와대로 온 후 많은 일을 겪으며 고비를 넘길 때마다 고민하시는 그분 얼굴을 볼 때는 … 정말 측은한 마음뿐이에요. ”

육영수 여사는 어느새 예의 차분한 영부인의 모습으로 돌아와 나에게 차를 권했다. 나는 그런 영부인의 얼굴을 똑바로 볼 수 없었다. 그 눈에는 이미 눈물이 고여 있었다.

심야토론 〈동서남북〉인지 나발인지 방송을 끝내면서 어쩐지 좀 불안하고 찜찜하더니만 '드디어 올 것이 왔구나' 하는 생각뿐이었다. 슬쩍 시계를 봤더니 어느새 한 시간이나 지나 있었다. 바로 그때 문이 열리더니 만면에 웃음을 머금고 박 대통령이 들어오는 것이었다.

같이 밥 비벼 먹읍시다

나는 자리에서 벌떡 일어나 정중히 인사했다.

"아이구, 안녕하십니까? 대통령 각하!"

대통령은 반갑게 손을 내밀었다.

"음, 깡패가 여기 왔구먼 … 오랜만이요, 봉두완 씨!"

육영수 여사는 대통령께 자리를 권하면서 그동안 나눴던 대화 내용을 대수롭지 않은 말투로 간단히 전했다. 그리고 나서 대통령과 내가 잠시 정국에 대한 몇 가지 이야기를 나누는 동안, 자리를 비웠던 대통령 부인은 다시 방으로 돌아왔다. 아주 친절하고 우아한 가정주부였다.

'과연 박정희 대통령과 육영수 여사는 환상적인 콤비구나' 하고 생각하고 있는데, 대통령은 느닷없이 말했다.

"저녁이나 같이하고 가지 … 봉두완 씨!"

"예?"

"우리 식구들하고 그냥 저녁식사나 같이해요. 댁에다가는 여기서 저녁 한다고 전화할게요."

대통령 부인은 정중했다.

"신문기자들이 집에다 전화는 무슨 … 밤낮 밖에서 술만 먹고 다니는 사람들인데 … ."

대통령이 거들었다.

온 가족이 함께한 저녁상은 놀라울 정도로 간소했다. 2층 가족식당에는 이미 대통령의 딸(槿惠), 근령(槿令) 둘이 먼저 와 앉아 있었다. 우리는 서로 대충 인사를 하고 자리에 앉았다. 식사가 들어오면서 술과 안주는 따로 갖다 놓았다. 대통령이 평소에 좋아한다는 양주(Chivas Regal) 한 병을 따서 우리 둘은 작은 잔에다 스트레이트로 한 잔씩 따른 후 홀짝 마셨다.

"술은 말이야, 물에다 타지 않고 이렇게 그냥 마셔야 제맛이 나."

"네. 저도 식전에 양주 마실 때는 그렇게 합니다. 그래야…."

그러는데 아들 지만(志晩) 군이 헐레벌떡 뛰다시피 다가와 자리에 앉으며 대충 인사하는 것이었다.

박 대통령은 바로 언짢은 표정을 지었다.

"야, 무슨 인사를 그리하니? 손님한테…."

그러자 지만 군은 자리에서 일어나 정중히 다시 인사했다.

자녀들이 식사를 대충 하고 자리를 뜬 다음에도 우리는 연신 술잔을 비웠다.

치와와 한 마리가 꼬리를 흔들며 다가오니 박 대통령은 안주로 놓여 있는 소시지를 하나 집어 들고 강아지에게 던져 주었다. 그러자 육영수 여사가 달려와 대통령 손을 잡았다.

"아이고, 이러시면 안돼요. 이 강아지는…."

대통령이 나를 보며 한마디 했다.

"봉두완 씨, 이 강아지가 3백만 원짜리래. 국회에서…."

"아, 그때 조윤형(조병옥 박사 큰아들) 의원이 말한 그 강아지군요.

하기야 저런 강아지는 비싸긴 하지만 ⋯ . 뭐 그리 ⋯ ."

나는 그냥 얼버무리고 말았다. 이 서양 강아지 사건으로 당사자는 남산(중앙정보부)에 끌려가 고초를 당한 일이 있었다.

그리고 우리는 한 잔 두 잔 주거니 받거니 하면서 취한 김에 되는 소리, 안 되는 소리를 마구 쏟아냈다. 밥그릇에는 손도 대지 않았다. 그러는 사이 영부인은 세 번이나 식은 국을 바꿨다.

얼큰해진 대통령은 나를 보며 한마디 하는 것이었다.

"봉두완 씨는 가만히 보면 애국자 같아."

"엣? 아니, 각하께서 무슨 말씀을 ⋯ ?"

내가 한국일보 워싱턴 특파원 때(1965년 5월 17일) 박 대통령은 미국 존슨 대통령과의 정상회담에서 우리 한국군 베트남전쟁 파병에 관한 14개항 합의에 이른 바 있다. 이로 인해 한국은 경제발전을 급속히 이룩했고, 그 후 월남이 패망하자 북한의 김일성이 남침계획을 세우는 바람에 상당한 수준의 위협에 직면했다. 그 무렵 나는 6·25 참전 16개국 순방취재 TBC-TV 특집을 통해 '언제 터질 줄 모르는 남북전쟁을 우려해 우리가 비상대비 태세가 필요하다'는 내용을 담아 대통령께 전달한 적이 있었다.

그때 청와대 외교안보특보로 근무하던 내 친구(김경원 박사)는 나중에 "데이비드, 그 6·25 특집방송, 아주 적시타였어"라고 말하기도 했다.

당시 북한의 김일성은 미국 정부의 공개적인 협박에 무릎을 꿇고

제 2의 6·25를 포기했다고 했다. 그도 그럴 것이 월남이 패망하고 미군이 월남에서 전면 철수하자 김일성은 '때는 이때다!' 하고 베이징으로 달려갔다. 모택동(毛澤東)과 만난 자리에서 김일성은 그때 이루지 못한 한반도의 적화통일은 '바로 이때다'라며 역설했으나, 이미 노쇠한 모택동은 손을 가로저으며 한마디 했다고 한다.

"이봐요, 나는 보시다시피 이렇게 늙어서 아무것도 할 수 없소. 내 대신 저기 주은래(周恩來) 수상한테 가서 이야기를 나눠 보는 게 좋겠소."

그러나 당시 병원에 입원 중이었던 중국 정부의 2인자 주은래는 피골이 상접한 채 누워만 있어야 했다. 그 역시 김일성의 요청에 손사래를 쳤다.

"이봐요, 지금 내 몸무게는 40 몇 킬로밖에 안 돼요. 아무것도 할 수 없어서 안타까워요. 그런 이야기는 지금 현장에서 뛰고 있는 등소평(登小平) 부수상하고 한번 이야기해 보는 게…."

마지막으로 김일성이 만난 등소평은 딱 부러지게 한마디 했다.

"우린 지금 발등에 떨어진 불 때문에 다른 걸 생각할 여념이 없소이다!"

문화혁명으로 무너진 경제를 최우선적으로 회복하는 일 이외에는 다른 생각할 여유가 없다고 잘라 말했다.

김일성은 결국 빈손으로 아무 소득 없이 돌아와야 했다. 그리고 그의 마지막 소원이었던 한반도 적화통일의 꿈을 접을 수밖에 없었다. 그리고 설상가상 판문점에서 일어난 도끼만행사건에 최초로 즉각적인 '사과' 성명까지 내기에 이르렀던 것이다.

그날 저녁 나는 몹시 취했다. 혓바닥이 굳어 발음이 제대로 나오지 않을 정도였다.

'아, 이러다간 정말 내가 큰 실수를 하겠구나. 정신 바짝 차려야지!' 하는 생각이 퍼뜩 스쳐 지나갔지만, 한편으로는 '에라, 나도 모르겠다' 하는 기분이 더 우세했던 것만은 사실이다.

이때 분위기를 파악한 육영수 여사는 가정주부답게 새 국그릇을 갖다 놓으면서 거의 다 마신 양주병을 슬쩍 치마폭에 싼 채 부엌으로 나가려고 했다.

그 순간 대통령이 버럭 소리를 질렀다.

"그거 도로 갖다 놔요!"

"아이유, 봉두완 씨는 내일 아침에도 〈뉴스전망대〉 방송해야 하는데⋯."

항상 상냥한 모습의 퍼스트레이디는 얼굴에 미소를 띠며, 마지못해 술병을 우리 앞에 다시 갖다 놓았다.

어느 정도 거나해졌을 땐데 대통령이 말했다.

"봉두완 씨, 우리 여기다 함께 밥 비벼 먹을까?"

'엣? 아니, 이 양반이 보자보자 하니까 이젠 밥까지 함께 비벼 먹자네⋯. 원 별스런 대통령 다 보겠네!'

나는 질겁하고 속으로 중얼거리면서 그러자고 했다.

"아, 네, 좋습니다. 그러죠 뭐⋯."

그래서 우리는 한솥밥 먹듯이 한 그릇에 온갖 남은 푸성귀와 나물 등을 섞어 맛있게 밥 비벼 먹은 사이가 되었다.

와! 이렇게 서민다운 대통령. 독재자로 불리는 대통령이 이렇게도 서민처럼, 농부의 순수함을 보이며 사람을 대하는 모습을 나는 결코 잊을 수가 없다.

아내를 못 잊던 대통령

그런 일이 있은 후 나는 또 한 번의 예기치 않은 청와대 점심 초대를 받았다. 육영수 여사가 8·15 경축 기념식장에서 일본 교포 문세광의 총격으로 세상을 떠난 뒤였다.

내가 대통령 집무실에 들어섰을 때, 대통령은 창문의 커튼을 걷어 올리고 있었다. 나는 큰 소리로 인사했다.

"안녕하십니까? 봉두완입니다!"

"봉두완입니다? 여기가 방송국인가? 그리 앉아. 별고 없지? 봉두완 씨 방송 비판 잘 듣고 있어. 무작정 비판만 하는 사람들이 많은데, 봉두완 씨는 비판은 신랄하지만 내 보기엔 나라 걱정이 배어 있어서 좋아. 더군다나 솔직해서. 천주교 성당 오래 다녔지?"

"예, 1958년에 서강대 초대 이사장 진성만 신부님한테 영세 받고, 노기남 대주교님으로부터 견진성사 받고요 … ."

"우리 집에도 근혜가 천주교 고등학교(성심여고)와 대학(서강대)을 다녔지."

그렇게 한참 세상 돌아가는 얘기를 나누다가 대통령은 자리에서 일어나면서 갑자기 말했다.

"점심이나 하고 가지."

안주인이 없는 식탁은 허전해 보였다. 김정렴 비서실장은 이미 와 있었다.

간소한 식탁에는 붉은 포도주 한 잔, 국수 한 그릇 그리고 인절미 한 접시가 놓여 있었다. 국수까지는 이해하겠는데 인절미는 좀 의아했다.

나는 기자답게 바로 물었다.

"이게 웬 떡입니까?"

"응, 마침 오늘이 우리 집사람 생일이라 임자를 불렀지. 그 사람이 생전에 좋아해서 말이야. 떡도 좀 들어 …. 근혜는 행사장에서 좀 늦는가 봐. 자, 어서 …."

나는 가슴이 뭉클했다. 갑자기 눈시울이 뜨거워졌다. 혹시 눈물이라도 보일까 봐 이를 악물었다.

'청와대 안의 야당'을 자처하며, '국민 노릇 해 먹기 힘들다'는 말에 항변하고 호소하던 영부인의 모습, 나는 지금도 그 모습을 결코 잊을 수가 없다.

5장

평화란 지키는 것이다

6·25 전쟁이 터진 날

1950년 6월 25일, 6·25 전쟁이 터진 날은 일요일이었다. 경복고 교정은 웬일인지 침울하게 가라앉아 있었다. 흐렸던 날씨가 오후에 갑자기 변하더니 비까지 내리는 바람에 어데 놀러 갈 수도 없었다.

다음 날 월요일 점심 때 내 옆에 앉은 친구가 소리를 질렀다.

"어느 놈이 내 도시락 반찬 다 먹었냐?"

그 친구의 집은 경제적으로 약간 여유가 있는 편이었다. 그의 어머니는 언제나 외아들을 끔찍이 사랑한 나머지 도시락 반찬으로 계란 반 조각, 장조림 등을 싸 주셨다. 때문에 오전 11시 30분쯤 되면 어느 귀신이 나타나 그 친구 반찬을 슬쩍하는지 하나의 수수께끼였다. 그래서 그 친구는 항상 나에게 "두완아, 나하고 점심 같이 먹자" 하며 내가 싸 온 멸치볶음을 반쯤 갖다 먹곤 했다.

점심시간이 지나 1시쯤 수업에 들어갔을 때 아이들이 '와!'하며 창가로 몰려갔다. 왜냐하면 저쪽 상공에서 비행기가 기총소사를 하며 급강하하다가 치솟는 걸 보느라 온통 난리였다.

그때 담임선생이 들어오더니 엄숙하게 말하는 것이었다.

"오늘은 이걸로 수업을 끝내고 모두들 집으로 가! 학교에서 따로 또 연락을 할 테니 그리 알고…."

삼청동 집으로 돌아오는 길에 몇몇은 경무대(청와대) 앞을 지나면서 아까 그 비행기가 아마 유엔군 전투기일 거라느니, 우리 국군 비행기라느니 내용도 없는 대화를 나누었다. 알고 보니 그것은 북한 인민군 야크 전투기였다. 우리 공군은 그때 'L-19'라는 경비행기 20대쯤 보유하고 있었다.

며칠 후 청파동 이모네 집으로 가 있던 우리 식구들은 이상한 광경을 목격했다. 남침해 온 북한 인민군 탱크에 흰옷 핫바지 입은 사람들이 가득 올라타고 보무도 당당히 시가행진을 하는 것이었다.

"아니, 바로 어제 우리 모두 갈월동까지 나가, 트럭 타고 전선으로 향하는 우리 국군과 경찰들을 향해 태극기를 휘두르며, '잘 싸우고 돌아오라!'고 소리치며 환송했는데 이게 어떻게 된 거야?"

나는 어리둥절했다.

그럼 우리가 전투에서 패배했나? 그 많은 군경 전투원들은 다 어디 갔을까? 혼자 생각하고 있을 때 어머니가 부르신다. 빨리 이모네 집으로 돌아가자는 것이었다. 그곳에서 아버지와 이북에서 온 친구가 서성거리고 있다가 우리를 보더니 말씀하셨다. "야, 두완아, 너는 어마이하고 같이 여기 있어. 우리는 남쪽으로 갈 테니까⋯."

우리도 하는 수 없이 걸어서 삼청동 집으로 돌아왔다. 담임선생님이 말씀하신 대로 학교에서 무슨 연락이 오기를 기다렸다. 아니나 다를까 이틀 후 친구 둘이 찾아왔다. 어머니가 물었다.

"누구냐?"

"네, 저희들은 심부름 왔는데요. 내일 오후 2시까지 학교에 등교하래요. 두완이 있어요?"

"알았다. 두완이 지금 청파동 이모네 집에 갔다."

나는 친구들이 돌아가자마자 벽장에서 내려왔다. 그리고는 그다음 날부터 우리 이모부 윤씨네가 모여 사는 시골 동네(경기도 파주군 탄현면 기세울)로 피란 갈 준비를 했다.

그때 학교에 갔던 친구들이 전하는 이야기로는 북쪽으로 갔던 선배들이 인민군들을 따라 남하하여 경복고를 접수하고 전교생을 비상소집하여 모두 낙동강 전선으로 내몰았다고 했다. 우유부단한 태도를 보이며 비협조적인 분위기를 휘어잡기 위한 방법으로 이들은 우리 학교 대대장으로 이름을 떨친 내 친구 조창제의 바로 위의 형(서울대 공대 2학년)을 붙잡아 와 많은 학생들이 보는 앞에서 귀를 잘랐다. 얼굴은 맞아서 눈 뜨고 볼 수가 없는 지경이었다. 그들은 시체가 다 된 사람을 가마니로 싸 줄을 매달고 운동장 한 바퀴를 돌며 이상한 구호를 외쳐 댔다. 그러고 나서 대장 비슷한 선배가 단상으로 올라와 큰 소리로 외쳤다.

"여기 의용군에 자진 입대하지 않을 놈들만 앞으로 나와!"

아무도 앞으로 나오는 학생이 없었다고 했다.

며칠 후 제 날짜에 학교에 등교하지 못한 학생들은 명동에 있는 시공관(명동 예술극장)으로 다들 모이라고 했다. 마음씨 착한 나의 짝꿍 노양환은 논산 출신인데, 형 둘이 모두 경복고 선배였다.

평소 노양환과 친하게 지내던 같은 반 친구 하나가 깡패 노릇을 하는 등 불미한 일로 퇴학당하자 행방이 모호했는데 그날 시공관 무대를 독점하다시피 하며 설치고 있었다.

그 친구는 무대 위에서 노양환을 발견하자 밴드소리와 함께 큰 소리로 외치는 것이었다.

"양환아, 나와라. 양환아, 올라와. 양환아, 반갑다!"

연신 양환이를 부르는 바람에 모든 시선이 갑자기 노양환에게 집중되었다. 지금은 천주교 신자로 열심히 살고 있는 내 친구 노양환은 충청도 사람 성격 그대로 친구의 소리를 외면하자니 그렇고, 나가자니 좀 찜찜해서 망설이고 있었다. 그때 바로 옆에 앉았던 짝꿍 노재봉(훗날 국무총리)이 갑자기 그의 허리띠를 움켜잡고 엄중히 말했다.

"야, 니 나가믄 죽는데이. 빨리 일어나 화장실 가자!"

노재봉이 잡아끄는 바람에 자리를 빠져나와 화장실에 들렀다가 시공관 입구에서 마침 잘 아는 선배를 만났다.

"야, 너희들 집에 가!"

두 사람은 선배의 말 한 마디를 듣고 얼떨결에 그곳을 빠져 나왔다. 하마터면 나쁜 친구에 이끌려 낙동강 전선까지 가서 미공군 B52의 융단 폭격으로 목숨을 잃을 뻔했다. 다행히 공부 잘하고 똑똑한 친구 덕에 낙동강 워커라인의 융단폭격은 면할 수 있었다.

나중에 알려진 일이지만 인민군들은 다 도망가고 의용군들만 기관총 사수가 되어 방아쇠에 수갑이 채워진 채 폭격으로 그 자리에서 검게 타 죽었다고 한다.

마산에서 올라온 노재봉은 마산 방직집 아들로 6·25 전에 경복고에 편입학한 수재였다. 나중에 노양환은 고마운 친구를 떠올리며 엄살을 부리기도 했다.

"아니야, 노재봉이는 부잣집 아이로는 정말 똑똑하고 그때 영어도 잘했어. 그 친구 하숙집에 가면 독일제인지 메이딘제인지 하여간 단파 라디오〔제니스(Zenith) 라디오〕까지 있었는데. 그걸 다 알아듣고 그랬어. 엄청 똑똑했어. 나는 뭐 논산 시골 촌놈이라 그런 비싼 라디오도 처음 보고 또 뭐라고 씨불어 대는지 통 알 수 있간디?"

경복고가 위치한 효자동 근방에 하숙하던 이한동(훗날 국무총리)과는 만날 기회가 없다가 나중에 둘은 국무총리로, 국회 원내총무로 처음 만나 다짜고짜 한바탕했다.

"야, 너 우리 반은 아니었지만 동기 동창인데 왜 말도 안 했어?"

이한동이 덤벼들자 학자풍의 노재봉은 조용히 한마디 했다.

"내사 뭐 6·25 전에 편입학해 가지고 서로 만날 시간이 뭐 있었나? 같은 반도 아니고 ….."

북한산에서 경복고 28회 동기들과 함께. 맨 뒷줄의 빨간 모자가 나, 왼쪽에서 두 번째
이필규(대한재보험협회장), 가운데 검은 모자를 쓴 전영우(아나운서, 28회 회장),
맨 앞줄의 중절모를 쓴 노양환(출판사 우신사 대표)은 내 책 《뉴스전망대》를 펴내 주었다
(모교 운동장에 수돗물 시설, 테니스코트 축성 기념촬영).

"단 하루를 다녔어도 동문인데 앞으로 동창회에도 나오고 그래.
원 자식 …!"

역시 이한동 군은 평행봉 선수답게 분위기를 이끌어 갔다.

이렇게 우리 세대는 살아남은 자와 미리 떠난 자의 운명이 엇갈리
는 분단국가의 비극 속에서 오늘날 온 세계가 감탄하는 선진국의 위
상을 드높인 일화를 남긴 특이한 세대라고 할 수 있다.

9・28 서울 수복을 앞두고 한미 연합군의 인천상륙작전이 시작되
었다. 별로 멀지 않은 동네로 피란 온 우리는 점점 다가오는 포성과

현대차가 후원한 PGA투어 제네시스 인비테이셔널에서 정의선 현대그룹 회장
(왼쪽), 대회 호스트 타이거 우즈(오른쪽), 우승자 호아킨 니만 선수
(촬영: 봉화식 라디오워싱턴 특파원).
나(28회)와 경복고 동문인 정 회장의 아버지 정몽구 명예회장(34회)은
모교 발전기금으로 매년 5억 원을 후원했다. 정 회장은 아버지의 뜻을 이어받아
지금도 후원을 계속하고 있다.

이날 시상식 취재를 맡은 나의 큰아들 봉화식과 정의선 회장.
두 사람은 오랜만에 만나 함께 사진을 찍었다.

저쪽 신작로(통일로)에 쏟아져 올라오는 수만 명의 인민군 패잔병의 물결을 보면서 6·25 전쟁의 전황을 어렴풋이 알 것 같았다.

그러던 어느 날 느닷없이 인민군 병사 두 명이 왈칵 달려들더니 우리 어머니에게 하소연하는 것이었다.

"어마이, 배고파 죽겠시요. 며칠 굶었시요. 밥 좀 해 주시라우요….."

거의 울음 섞인 목소리로 등에 지고 온 쌀 주머니를 내놓으며 밥 좀 지어 달라는 것이었다.

"이리 내놓으라우."

본래 대장부처럼 화끈한 성격의 우리 어머니는 쌀 주머니를 빼앗듯이 받아들고는 곧장 불을 피우고 밥을 짓기 시작했다. 어리둥절한 인민군 패잔병들은 메고 있던 따발총도 내려놓으면서 모든 게 끝났다는 표정으로 머리를 숙이고 한쪽 구석에 앉아 있었다.

그런데 갑자기 총소리가 탕 탕 났다. 알고 보니 바로 내 옆에 있던 피란살이 집주인 아들이 따발총을 들고 하늘에다 대고 쏜다는 것이 잘못해서 옆으로 쏘는 바람에 나는 총에 맞아 죽을 뻔했다. 총소리에 놀라 달려온 우리 어머니는 마치 유치원 아이들이 물총 가지고 놀다가 사람 놀라게 한 것인 양 아무 표정이 없었다.

"야야, 우리 두완이 총 맞아 죽을 뻔했다. 이제 밥 다 됐으니 이리 와서 먹으라우."

허겁지겁 밥을 다 먹은 인민군 패잔병들은 우리 어머니에게 연신 고맙다면서 수만 명의 인민군 대열을 향해 뛰다시피 사라졌다.

바로 다음 날 이상하게 생긴 소형 장갑차 한 대가 우리 동네 입구에 멈춰서더니 미 해병대 용사들이 껌을 짝짝 씹으면서 다가왔다. 나는 약간 움찔했으나 함께 서 있던 나의 친척(우리 어머니 사촌오빠의 아들) 이문호 박사(서울대 내과)와 우리 집에 가정교사로 와 있던 박문옥(서울대 정치학과. 나중에 하버드 박사, 중앙대 법대 학장) 등과 악수까지 하며 뭐라고 지껄이고 있었다. 나는 좀 궁금하여 그쪽으로 다가갔더니 뒤에서 우리 어머니가 소리쳤다.

"야, 두완아! 쟤네들 이리 와서 뭘 먹으라고 하라우."

그러더니 무슨 약속이라도 한 듯 미 해병대 장병들은 아주 겸손한 태도로 우리 어머니한테 인사하며 모두들 돗자리에 그냥 앉는 것이었다. 그때 동네 어른들이 보관하고 있던 막걸리와 무슨 약주를 곁들여 한 잔씩 건배하며 영어로 뭐라고 말하는 광경을 나는 지금도 생생히 기억한다.

말하자면 자기네들은 미 해병대 정찰대(Reconnaissance)라는 것이었다. 주력부대가 진입하기 전에 미리 정찰해서 보고하는 임무를 띠고 있다는 이야기였다. '무슨 정찰을 하는지는 몰라도 인민군 수만 명이 저렇게 둑이 무너진 강물처럼 흘러 북쪽으로 가는데 그런 건 정찰 안 하고 우리 어마이가 마련한 안주나 먹고 앉아 있으면 어쩌냐'고 나는 혼자 걱정이 태산이었다.

내가 보기에 이문호 박사와 박문옥은 미군들과 영어로 의사소통을 너무나 잘하고 있었다. 나는 그 옆에 앉아 들으면서 거의 하나도 알아듣지 못하면서도 '와' 하고 웃을 땐 덩달아 같이 웃었다. 우리 어머니는 느닷없이 다가와서 말했다.

"이거 뭐 안주가 별로 없어서 손님대접을 제대로 못 하겠다야."

그랬더니 미군 한 명이 한국어를 알아듣는 양 '아이구 괜찮다'는 시늉을 했다. 그래서 내가 대충 말도 안 되는 통역을 해 주었다.

"어마이, 미군이 괜찮대 … 잘 먹었대."

미군들이 휴가 온 사람처럼 천천히 일어나면서 정중히 인사하자 어머니는 기뻐했다.

"저 녀석들 인사성이 밝구나. 공부 잘했나 보다."

유엔군이 수도 서울을 탈환하자 너도나도 한강을 건너 서울로 돌아왔다. 그리고 나서 석 달도 채 안 되어 북진하던 국군과 유엔군이 나쁜 소식을 전하더니 급기야 1·4후퇴가 또 시작되었다. 우리는 또다시 남쪽을 향해 친구네 아버지가 마련해 준 군 트럭으로 대구까지 갈 수 있었다.

피보다 진한 것은 없다 | 이산가족상봉

1946년 필사적으로 38선을 넘어온 내가 반세기 만에 평양 땅을 밟게 되리라고는 생각조차 해 본 일이 없었다. 꿈에 가든지 아니면 죽어서 가든지 할 것이라고 생각하고 있었다. 대한항공(KAL) 전세기에 몸을 싣고 100명의 이산가족과 함께 고향을 방문하게 되었으니 나에게 기적과 같은 일이었다.

2000년 11월 30일 제 2차 남북 이산가족 교환이 남북 각 100명씩 서울과 평양에서 이루어졌는데 나는 대한적십자사 부총재 겸 단장으로 그룹을 인솔하여 평양으로 날아갔다.

내 옆에는 강원도 원주에서 온 93세의 할머니가 머리를 계속 흔들며 눈을 감은 채 다소곳이 앉아 혼자 뭐라고 중얼거리고 있었지만 나는 그냥 모른 체하고 있었다.

KAL 특별기가 서해안을 따라 북상하는 동안 나는 어릴 때 가 본 평양 시가지, 백화점, 놀이터 그리고 그 넓고 긴 대동강을 기억 속에서 더듬어 보며 흥분을 가라앉히고 있었다. 내 뒤에는 적십자병원에서 파견되어 온 의사가 앉아서 뭔가 열심히 들여다보며 혼자 싱글벙글 즐기고 있었다.

가을 하늘은 맑고 깨끗하여 평양으로 날아가는 우리들의 앞길을 축하해 주는 것 같기도 했다. 이런저런 생각을 하는데 기내방송에서는 앞으로 10분 안에 평양공항에 도착할 것이라고 알렸다.

아, 평양!

평양시 설암리 53번지가 나의 본적지다. 물론 몇십 리 밑으로 내
려가면 내가 태어난 황해도 수안군 대성면으로, 요즘 같으면 자동차
로 한두 시간 거리밖에 안 되는 산골인데 반세기가 흐르는 동안 이
렇게도 먼 땅이 되어 버렸다니 참으로 믿을 수 없는 일이었다.

비행기가 순안공항에 착륙하자마자 그냥 뛰어 내리고 싶은 충동
을 억누르면서 북한 적십자 요원들의 안내를 따랐다. 차례차례 대기
중인 버스에 올라탄 후 입국 수속을 거쳤다.

나는 본래 트렁크 두 개를 싣고 갔는데 하나는 북한 적십자 요원
들에게 줄 물건들, 또 다른 하나는 평양에 있는 유일한 성당(장충성
당)을 방문할 때 북한 천주교 일꾼들에게 줄 트렁크였다. 주로 그들
이 좋아한다는 미국산 말보로 담배, 겨울에 입을 빨간 무늬의 겨울
내복 등 5백만 원어치의 물품을 싣고 가는데 이미 남한에서 한 번,
그리고 평양에서 다시 한 번 물품 검색을 하기로 되어 있었다.

비교적 신속하게 입국수속을 마치고 버스 편으로 숙소인 고려호
텔로 향했다. 큰길은 넓고 한산했지만 가는 곳마다 여경들이 수신호
로 길을 터주기도 했다. 길가에는 다니는 사람이 별로 보이지 않았
다. 호텔에 도착하자 차례로 준비된 방으로 안내되어 별 큰 문제는
없었다.

나는 수행기자들과 잠깐 담소하다가 안내역을 맡은 요원을 따라

로열스위트룸으로 향했다. 엄청 큰 스위트룸엔 나이 든 여성종업원 둘이 미리 기다리고 있다가 반갑게 맞아 주었다. 우리 할머니가 세상을 떠나시기 전까지 쓰던 평안도 말씨로 환영해 주는 게 마치 내가 진짜 고향에 돌아온 느낌이었다.

그날부터 사흘 동안 우리는 남북 간에 합의한 대로 이산가족 만남의 일정에 따라 움직였다. 한 가지 잊히지 않은 장면은 6·25 때 첫아들이 돌이 지나자마자 터진 한국전쟁으로 느닷없이 헤어진 부부가 반세기 만에 만나는 장면이었다. 남쪽에서 올라간 남편은 비교적 건강하고 젊어 보이는데 북에 두고 온 부인은 이미 호호백발 할머니가 되어 있었다. 그 할머니는 우리 모두가 지켜보는 사이에 남편의 가슴을 때리다시피 하며 울부짖었다.

"나는 이렇게 오랫동안 고생 고생하면서 혼자 살고 있는데, 이게 뭐야 정말, 남쪽에 가서 장가가고 아이 낳고 … 나는 결혼도 안 하고 혼자 살며 갖은 고생 다 하고 있는데 … ."

도저히 더 이상 거기 서 있을 수가 없었다. 자꾸만 흐르는 눈물을 참기도 힘들었다. 그녀가 혼자 반세기 동안 온갖 말 못 할 시련과 고난을 겪으면서 여기까지 오게 된 연유를 토하며 울부짖는 모습을 나는 더 이상 지켜 볼 수가 없었다. 2000년 당시 이산가족찾기 신청을 한 생존자는 9만여 명이었다. 2011년에는 생존자가 8만여 명이었으니 11년 만에 약 1만 명이 고향을 그리며 저 세상으로 간 것이다. 어떻게든 하루빨리 생존자들이 고향에 갈 수 있도록 해야 한다. 그들의 소원을 풀어주는 것은 인도적인 차원에서도 시급한 일이다.

나는 자리를 옮겨 비행기 옆 좌석에 함께 타고 온 원주 할머니 쪽으로 갔다. 7순의 아들은 우리가 지켜보는 가운데 넙죽 엎드려 어머니에게 큰절을 올리며 눈물을 흘렸다. 할머니는 어머니만큼 늙어 보이는 아들의 두 손을 마주 잡고 아무 말 없이 눈물만 흘리고 있었다. 나는 차마 늙은 어머니와 아들이 부둥켜안고 우는 장면을 오래 지켜볼 수 없었다.

누구의 잘잘못을 따지기 전에 같은 민족끼리 총부리를 겨누며 300만 명의 희생자를 냈던 전쟁의 참화는 온 국민의 가슴에 절대로 지울 수 없는 깊은 상처를 남겼다.

우리가 존경하는 지학순 주교(천주교 원주교구장)는 웬만해서는 눈물을 보이지 않는 강인한 성품의 성직자였다. 하지만 1985년 9월 남북한 이산가족 고향방문단의 일원으로 북에 두고 온 누이동생을 만나고는 하염없이 눈물을 흘렸다. 박정희 정권에 맞서 목숨을 걸다시피 하며 싸운 정의구현사제 지학순 주교의 방북은 전두환 대통령의 특별배려로 막바지 승차가 가능했다.

그때는 모두 열차 편으로 평양으로 갔다. 지 주교는 어렸을 때 누이동생과 둘도 없이 가깝게 지냈다. 그래서 죽기 전에 한 번 그 얼굴이나 봤으면 하는 게 그의 마지막 소원이었다. 그런데 이게 웬일인가? 평생을 못 잊어하던 그리움은 한순간에 산산조각이 나고 말았다. 이게 무슨 말인가?

"오라버니, 정신 좀 차리라우요. 천당이 어데 있어요? 여기가 얼마나 살기 좋은 천국인데….."

손을 잡고 울부짖는 누이동생의 말을 들으며 노 사제는 넋을 잃고 흐르는 눈물을 참지 못했다.

눈물을 닦으며 지학순 주교는 함께 간 기자에게 말했다.

"쟤가 어떻게 저렇게 됐지? 어렸을 때 하루도 안 빠지고 성당에 가곤 했는데… 에그…."

내가 좋아하는 한 가톨릭 사제는 명동대성당 주임신부였다. 가톨릭회관에 사무실을 둔 나와는 이런저런 일들로 가깝게 지내는 사이였다.

"봉 회장님, 적십자 부총재한테는 무슨 특전 같은 게 없습니까?"

"무슨 말씀이시죠, 신부님?"

"아니 뭐, 다름이 아니라 우리 아버님이 80 고령이신데 이산가족 행사에 들어가 있나 해서요. 그냥…."

요즘 건강이 급격히 나빠진다는 설명을 곁들여 어렵사리 얘기를 꺼낸 것이었다. 그러나 모든 절차를 컴퓨터로 진행하기 때문에 아무도 손댈 수 없는 상황을 설명하자 그냥 알았다는 말로 아쉬움을 토로했다.

얼마 후 신부님은 담담한 어조로 말했다.

"아버님은 결국 섭섭하게 돌아가셨대요."

"옛?"

나는 한동안 멍하니 서서 실향민들의 삶을 생각하며 분단 조국의 현실을 개탄했다.

하루는 점심 먹고 적십자사 부총재실로 들어가는데 여직원이 놀라는 표정을 지으며 지금 어떤 할아버지가 들어와 '난동'을 부리고 있다고 귀띔했다. 나는 그 이야기를 듣자마자 나의 사무실로 달려갔다. 아니나 다를까 평안도에서 피란 왔다는 8순의 할아버지가 한동안 난리를 부리리다가 나를 보고 '옳지, 잘 만났다'는 표정으로 역정을 냈다.

"이봐요, 봉두완 총재! 아무리 무슨 순서가 있고 차례가 있다 어쩌구들 하지만, 우리는 지금 오늘내일해요…. 적십자가 뭐 하는데요? 내일모레 죽을 사람부터 좀 챙겨서 평양에 데리고 가야지, 하는 짓들이 영…."

나는 뾰족한 방도가 없는 형편이라서 그냥 선거에 나가는 사람처럼 핀트도 잘 맞지 않은 소리로 달랬다.

"알겠습니다. 얼마나 힘드십니까? 저희들은 잘 알고 있습니다. 우선 건강만은 꼭 챙겨 주시기 바랍니다."

책상을 쾅쾅 내리치며 항의하던 할아버지도 목소리를 가다듬고 차츰 진정하더니 함께 온 가족들의 안내를 받으며 돌아갔다.

그때 우리가 평양에서 사흘 밤을 지내는 동안 별다른 큰일은 없었다. 마지막 날 밤 나는 함께 간 수행기자 몇 사람과 술이나 한잔할까 했는데 부단장으로 함께 온 정부 부처의 국장이 헐레벌떡 달려왔다.

"지금 좀 상황이 생겨 단장님은 방에 가 계셔야겠습니다."

"무슨 일이오?"

"곧 쫓아가 뵙겠습니다."

그는 대답 속에 상황의 심각함을 암시했다. 우리는 스위트룸 창문 밖 베란다로 나가 가져간 시가(여송연)를 피우며 자연스럽게 대화를 나누었다. 방 안에는 남이나 북이나 도청장치를 해 놓았기 때문에 우리는 은밀히 이야기할 때는 언제나 베란다로 나가 대화를 나누었다. 이야기를 듣고 보니 우리와 함께 온 수행기자 중 사진기자 한 명이 지금 북한 당국에 연행되어 무슨 조사를 받고 있다는 것이었다.

"뭐라고? 무엇 때문에?"

정부 측에서 수행해 온 부단장은 내 소매를 붙잡았다.

"단장님은 그냥 아무 일 없었다는 듯이 여기 계십시오. 저희들이 알아서 대책을 세우고 처리하겠습니다."

나중에 밝혀진 내용이지만 20명의 수행기자 중에 사진기자는 신문사에서 조선일보, 통신사에서 연합뉴스 각 1명씩 선발되어 왔다. 연합뉴스는 이산가족들의 애환을 그리는 상봉현장을 담당하고, 조선일보는 나머지 스케치 위주의 현장 취재를 하기로 했다.

북한 당국의 눈에 비치는 조선일보 기자의 취재 활동과 내용이 전혀 '이산가족과 아무런 관련이 없는' 것들이 대부분이어서 그 내막을 알아보는 중이라는 것이었다. 예를 들면 이산가족 상봉의 현장에서 벌어지는 애환의 눈물겨운 장면 같은 걸 찍어야지 어째서 여기저기 이산가족 상봉과 아무런 관련도 없는 사진만 찍었느냐는 게 그들의 시빗거리였다. 자유 대한 언론매체의 취재활동이 어디까지 미치는지 알 수 없는 그들로서는 도저히 묵과할 수 없는 취재활동이며 간첩행위라는 것이었다.

결국 새벽 4시까지 줄기차게 이어진 북한 당국의 취조가 마무리되고 당사자가 풀려났다는 보고를 받은 다음 나는 한두 시간이라도 눈을 붙여야겠다는 생각으로 다시 잠자리에 들었다.

마지막 날이었다. 아침부터 모두가 설레는 마음으로 식사를 했다. 아침상을 받아먹으려다가 식탁에 달랑 있는 냅킨 한 장을 코를 푸느라고 써 버렸다. 하는 수 없이 웨이터를 불러 냅킨 한 장 더 가져오라고 했다. 그랬더니 그 식당 종업원은 아무렇지도 않게 한마디 했다.

"냅킨 없시오."

"아니 냅킨이 없어?"

그러자 저 멀리서 지켜보던 감독관이 소리 지르며 달려왔다.

"없긴 왜 없어!"

그는 아예 냅킨 한 묶음을 갖다 놓았다.

"고맙시다. 우린 남쪽에서 이거 뭐 냅킨 아까운 줄 모르고 막 써 버리다 보니까 ….."

공항으로 떠나기 전 호텔 로비에서 일단 최종점검도 하고 희미한 불빛 밑에 전시되어 있는 북한의 그림엽서를 몇 장씩 사는 등 모두들 아쉬운 발길을 이리저리 움직이고 있었다. 그러자 잠시 후에 대기하던 버스로 이동하라는 안내원의 말이 떨어지기 무섭게 내 옆에 있던 기자 한 사람이 큰 소리로 말했다.

"단장님, 지난 며칠 좀 바쁘긴 했지만 여기저기 관광도 잘 했습니다. 그런데 저희들 생각에 이렇게 그냥 훌쩍 떠나는 것보다 그래도 위대하신 수령님을 찾아가 경의도 표하고 한두 군데 더 둘러보고 떠났으면 합니다."

그러자 우리를 안내하는 총책 중에 한 사람이 나서더니 거의 항의조로 나에게 호소했다.

"안 됩니다. 이미 짜여 있는 일정대로 가야 합니다. 단장님, 그대로 일정대로 움직여야 합니다. 제발 좀 그리해 주십시오!"

내 앞에 꿇어앉아 거의 울먹이는 목소리로 애원하는 그의 어깨를 두드려 주었다.

"아, 좋아요…. 거 무슨 소린지 알겠는데, 여기도 실무진이 준비한 대로 움직여야 할 테니까 우리는 다음 기회에 그런 일정을 마련해 보도록 하고 이번에는 모두 그냥 떠나도록 합시다."

거의 눈물이 글썽한 북한 당국자는 '아, 이제 살았다'는 표정으로 감사의 뜻을 나타내며 물러섰다. 지난밤에 우리 기자 한 사람을 붙잡아 괴롭힌 횡포에 대한 우리 기자들의 항의에 혼비백산한 북쪽 사람들은 미친 듯이 이리 뛰고 저리 뛰며 출발 준비를 하기 시작했다.

나는 공항에 도착하여 마지막으로 그동안 애써준 안내원에게 다가가 작별인사를 했다.

"그동안 수고 많았어요. 고맙소이다. 그나저나 무슨 담배를 그렇게 하루 종일 피우고 있어? 몸에도 안 좋은데. 나도 한 대 줘 봐요."

나는 담뱃갑째 받아 들고 한 대를 뽑아 물고는 성냥불을 붙이면서 슬쩍 미화 100달러짜리 두 장을 그 속에서 넣어 건네 줬다. 물론 북한 적십자사와 북한 천주교 사목위원들에게는 이미 트렁크 두 개 가득 채운 물건을 각각 건넸지만 나를 사흘 동안이나 따라다니며 감시하던 안내원에게는 평양을 떠나기 전까지는 어떤 친절도 베풀 수 없었다. 자칫 잘못하면 시빗거리가 되기 때문이다.

서울로 돌아오는 길은 일종의 안도감과 성취감 같은 게 뒤섞인 묘한 기분이었다. 인민군 복장 비슷한 제복을 입은 승무원들은 누구하고 싸움이라도 하고 올라온 사람처럼 일체 말 한 마디 없이 간단한 도시락과 음료를 마구 던지다시피 건넸다. 서비스란 것은 아예 찾아볼 수도 없었다.

사흘 전 평양으로 오는 비행기 안에서 내 옆에 앉아 머리를 도리도리하던 강원도 원주 할머니는 어찌된 일인지 아주 숙연한 모습으로 눈만 감고 있었다.

"할머니, 괜찮으세요? 어데 아프신 데는 없고요?"

"아이고, 네 … 아픈 데도 없고 아주 좋아요."

"아드님이 나이에 비해 굉장히 건강해 보이던데요."

"예, 고마워 … 걱정해 주셔서. 걔는 원래 건강한 아이예요."

거기까지는 서로 정중한 대화가 이어갔지만 그다음이 문제였다.

"그나저나 이놈의 나라가 언제쯤이나 통일이 되려는지 … ."

할머니는 남북통일에 대한 신념, 기대, 방법에다가 한반도 주변 정세에 관해 일사천리로 잘 정리된 소신과 철학을 피력하는 것이었다. 대학에서 강의해도 될 만한 실력과 생각을 쏟아내는 할머니의 '통일론'은 정말 놀라운 수준이었다. 나는 할머니의 말씀을 경청하면서 발언이 중단되지 않도록 조심스레 유도해 나갔다.

평양으로 날아가던 기내에서는 말씀 한 마디 없던 할머니가 이렇게 아들 만나고 돌아오는 길에는 너무나도 놀라운 변화를 보이고 있으니 제일 놀란 사람은 바로 옆에서 지켜본 나였다.

그날 모자가 상봉하던 순간 북한의 아들이 큰 소리로 울면서 "어마이!" 하고 소리쳤다. 나는 그때 원주 할머니는 순간적인 충격으로 뒤로 쓰러지지 않은 채 아들을 부둥켜안고 엉엉 울부짖는 그 순간, 도리도리하던 뇌신경이 100% 정상적으로 돌아온 것이 아닌가 지금도 생각하고 있다. 그러면서 아들이 아직 북한 땅에 살고 있고 스스로 세상을 떠날 때는 다가오는 마당에 민족의 염원, 이산가족의 희망을 안고 빨리 통일이 되어야겠다는 생각이 뒤섞여 이렇게 반듯하게 정리된 '통일론'이 할머니 입에서 줄줄이 쏟아져 나오는 게 아닌가. 참 희한한 현장을 목격한 셈이다.

"어마이" 하는 아들의 말 한 마디에 십수 년 앓았던 도리도리 병이 기적처럼 한순간에 다 나아 버리는 것을 무엇으로 어떻게 설명할 수가 있을까?

아! 1천만 이산가족의 슬픔과 애환을 그냥 흘려버릴 수는 없다. 근 70여 년의 세월을 헤어져 서로 마주보며 총부리 겨눈 채 살고 있는 우리 민족의 비극을 무엇으로 어떻게 설명할 수가 있을까?

내일모레쯤에는 나도 좋든 싫든 이 지구촌을 떠나야 할 텐데 그때까지는 무슨 뾰쪽한 수가 없을까? 우리가 믿는 하느님만은 모든 걸 다 잘 아실 텐데, 어떻게 해야 하느님의 뜻을 헤아릴 수 있을까?

내가 8·15 해방 후 처음으로 북한의 고향 땅을 밟았듯이, 어쩌면 내일이라도, 아니면 몇 년 후라도 내가 이 지구촌을 떠나기 직전이라도 갑자기, 느닷없이 남북이 하나 되어 헤어졌던 겨레가 또다시 하나 되는 꿈이라도 꿀 수 있다면 얼마나 좋을까?

그나마 적십자의 이름으로 헤어졌던 가족이 이렇게 며칠 동안만이라도 만날 수 있다는 것은 '청소년적십자' 창립단원 입장에서는 둘도 없는 기쁨이 아닐 수 없었다.

평화의 상징 적십자

국제적십자는 1863년 제네바에서 젊은 지도자들이 숙의 끝에 전쟁, 자연재해 등의 희생자들과 기아선상의 난민들을 돌보기 위한 목적으로 만들어진 조직이다. 창시자 앙리 뒤낭(스위스)은 1858년 이탈리아 통일전쟁의 참화를 목격하고 여러 나라에 인도주의 단체의 결성을 제창하며 국제적십자 운동을 시작했다.

나는 1953년 부산 피란시절 적십자 활동에 뛰어들었다. 당시에 주로 미국 적십자사와 관련을 가졌던 이범석(전 외무부 장관)과 서영훈(대한적십자사 총재) 등이 나서서 청소년적십자 활동을 조직해 나갔다. 부산 시내에 있는 각 고등학교에서 대표급 학생 대여섯 명씩을 차출하여 '청소년적십자'(JRC: Junior Red Cross)를 만들어 갔다. 간단한 훈련을 마친 학생들은 차차 군부대 위문, 피란민 구호활동 등에 나섰는데, 국제적십자의 창립정신을 충실하게 본받아 실천한 것이었다.

정호용(鄭鎬溶), 이철(李澈), 이효빈(李孝彬) 등 친구 다섯 명과 함께 간단한 기본 교육과 훈련을 마치고 피란민 캠프나 군부대 위문 등에 나섰지만 주로 서영훈 청소년과장의 인솔하에 움직였다. 물론 이것이 계기가 되어 어른이 되어 사회에 진출한 뒤에도 우리 나름대로 모임을 갖고 그 이름을 '청우회'(靑友會)라 하여 주기적으로 만나기도 했다.

청소년적십자는 내가 회장을 맡고 이인호 서울대 교수, 정근모(鄭根模) 원자력 박사, 박상천 효성그룹 회장 등이 참여했고, 연락간사 역에는 김종칠 한국관광공사 부사장이 서영훈 대한적십자 총재의 지시에 따라 모임을 주선하곤 했다. 유엔 사무총장을 지낸 반기문도 시간 나는 대로 모임에 참석했다.

　가만히 따져 보면, 우리가 어렸을 때부터 적십자 활동을 한 것이 어쩌면 하나의 계기가 되어 어른이 되고 인생의 종말에 이르기까지 적십자정신을 가슴에 새긴 채 살아 온 게 아닌가 하는 생각을 하게 된다.

　적십자는 제1차 세계대전, 제2차 세계대전, 이란·이라크전쟁 등 분쟁이 있을 때마다 이산가족찾기 운동을 했다. 초기에는 전쟁포로들이 친구들의 이름을 적은 종이를 담뱃갑에 싸서 기차 밖으로 던지면 누군가 그것을 찾아서 적십자에게 갖다 줬다고 한다.

　전쟁이나 혁명이 일어나면 포로들과 시민들은 제네바조약에 따라 인권을 보호받고, 포로수용소와 시민구금시설은 국제적십자위원회(ICRC)에서 직접 현지를 방문하여 감시하기도 한다. 물론 이때에는 불편부당한 활동을 위해 중립을 지키게 되어 있으므로 영세중립국인 스위스 사람들이 감시활동을 해 오고 있다. 이러한 감시활동은 누구나 사람으로서의 가치와 권리를 존중받아야 한다는 인권의식에 근거한 활동이다.

미수(米壽) 기념사진 (2022.5.).
나는 손녀딸이 스위스에서 사다 준
적십자 모자를 늘 쓰고 다닌다.

'적십자'(赤十字) 하면 붉은 십자가(적십자), 붉은 달(적신월)이 상징이다. 이것은 전쟁 시 구호활동을 위한 차량이나 시설이 공격받지 않게 하려는 것이다. 대한적십자를 상징하는 배지는 흰 바탕에 붉은 십자가를 넣은 것으로 1990년대부터 통일했다. 나는 지금도 옷깃에 내가 창안해서 새로 만든 적십자 배지를 자랑스럽게 달고 다닌다.

그리고 적십자 모자는 우리 손녀딸이 초등학교 때 외할머니를 따라 스위스에 관광 갔을 때 선물로 사준 것을 줄곧 쓰고 다니고 있다.

"할아버지! 이거 꼭 쓰고 다니셔야 해요!"

우리 손녀딸 수지는 그때 이산가족 상봉을 계기로 내가 활동할 때 TV를 보며, '우리 할아버지는 적십자맨이구나' 하는 게 각인되어 있었기 때문이었다. 월북한 최덕신(崔德新) 외무부 장관 부인이 북쪽 이산가족 단장이 되어 김포공항에 내렸을 때 내가 트랩 입구에서 반갑게 마중하던 장면을 우리 손녀는 생중계를 통해 본 것이다.

한미 정상회담 때 워싱턴에서 만난 이명박 대통령은 첫마디가, "그 적십자 모자 되게 오래 쓰고 다니네"였다. 아마 모르긴 해도 얼마 남지 않은 내 인생의 종착역에서도 사람들은 내가 적십자 모자를 쓰고 있는 마지막 모습을 보리라고 본다.

'아, 적십자…. 고통받는 이웃을 위해 봉사하는 적십자 깃발이 휘날리는 한 우리 사회는 그래도 웃음꽃이 피어 있으리라.'

나는 그렇게 믿고 있다.

판문점 도끼만행사건

TBC 앵커맨 때 나는 미국의 앵커맨들처럼 TV 특집 프로그램을 꽤
나 많이 했다. 8·15 광복 후 조국이 남북으로 분단되고, 6·25 전
쟁을 끝내면서 1953년에 휴전협정을 맺은 곳이 판문점이기 때문에
나는 1976년 8·15 특집의 일환으로 판문점의 이모저모를 세상에
알리기 위해 현장으로 달려갔다.

우리가 특집용으로 여기 저기 돌아다니면서 촬영하고 인터뷰하는
과정에서 그곳에 상주하는 몇몇 장교들과 만나 이야기도 나누고 점
심도 같이하자고 한 것까지는 좋았으나, 청천벽력 같은 사건이 그
현장에서 터질 줄은 꿈에도 생각 못 했다.

공동경비구역에서 시계(視界) 확보를 위해 미루나무(popular) 가
지치기를 하던 미군들에게 북한 장교(박철 중위) 등이 시비를 걸면
서 미군 장교 2명을 도끼로 무참히 살해한 사건이 발생했다.

1976년 8월 18일 오전 10시경, 주한미군 경비중대장 아서 조지
보니파스(Arthur George Bonifas) 대위를 위시하여 소대장 마크 토
머스 배럿(Mark Thomas Barrett) 중위 등 11명이 판문점 공동경비
구역 안의 '돌아오지 않는 다리' 남쪽 유엔군 측 제3초소 부근에서
시야를 가린 미루나무의 가지치기 작업을 하는 한국인 노무자 5명의
작업을 감독, 경비하고 있었다.

북한 인민군 박철 중위와 다른 장교 1명, 그리고 15명의 부사관과 병사가 나타나 작업중지를 요구했다. 미루나무 위치가 유엔군 측의 관할에 속했기에 보수작업을 하는 데 문제가 없다고 판단한 보니파스 대위는 경비중대장 직권으로 작업을 계속하라고 지시했다.

인근 초소의 인민군 부사관과 병사 20여 명이 경비병력을 요청받고 트럭을 타고 도착했다. 박철의 공격명령에 따라 인민군 부사관과 병사들은 트럭에 실어 온 곡괭이, 몽둥이와 함께 노동자들이 작업에 쓰려고 가져왔던 도끼 등을 빼앗아 휘두르며 기습했다.

이들은 유엔군 측 지휘관과 장병들에게 집중공격을 가하여 경비 중대장 보니파스 대위와 배럿 중위가 이마에 중상을 입고 이송 중 사망했으며, 주한미군 부사관과 병사 4명, 국군 장교와 부사관과 병사 4명 등이 중경상을 입었고, 유엔군 트럭 3대가 파손되었다.

사건이 발생하자 미국 백악관에서는 특별대책반이 소집되었고, 미 국무부와 함께 '이 사건의 결과로 빚어지는 어떠한 사태에 대해서도 그 책임은 조선민주주의 인민공화국에 있다'는 공동성명을 당일에 발표했다.

또한 제럴드 포드 미국 대통령의 명령에 따라 스틸웰 주한미군 사령관은 문제의 미루나무를 베고 공동경비구역 내에 인민군이 설치한 불법 방벽(바리케이드) 등을 제거하기 위한 작전(Operation Paul Bunyan. 미국 동화 속 거구의 나무꾼 폴 버니언에서 따온 작전명)을 기본으로 F-4, F-11, B-52 폭격기 그리고 미드웨이 항공모함 등을 동원하는 대규모 무력시위 계획을 수립했고, 전투준비태세인 '데프콘

3'이 발령되기도 했다.

한편 이 사건을 보고받은 박정희 대통령은 즉시 철모와 군화를 준비시켰고, 다음 날 3군사관학교 졸업식에서 그 유명한 '미친개에게는 몽둥이가 약이다'란 명연설을 하게 된다.

자기나라 장교 2명이 살해된 사건을 그냥 넘길 수 없게 된 미국이 준비한 것이 사건의 발단이 된 그 미루나무를 공개리에 절단하는 작전이었다. 그런데 세계 최강 미국의 전략자산이 총동원된 응징작전이 고작 나무 한 그루 자르는 거라니…. 박 대통령은 기가 찰 노릇이었다.

박 대통령은 당시 스틸웰 주한미군 사령관에게 미루나무 절단작전의 경비는 우리 군이 담당하겠다고 제안했다. 스틸웰은 비무장을 전제로 박 대통령의 제안을 받아들였다. 박 대통령은 국방부 장관을 통해 50만 원의 격려금을 특전사 제1공수여단 박희도 준장에게 하사하고, 별도의 보복작전을 준비시켰다. 엄선된 64명의 특전사 결사대(김종헌 소령)가 분해한 M16과 수류탄을 숨기고, 카투사(미군부대에 속해 있는 한국군) 복장으로 미군의 미루나무 절단작업 경호업무에 투입하기로 했다. 육군 제1보병사단 수색대는 그 일대에 매복하며 만약의 사태에 대비하는 보복작전을 계획했다.

한편 평양에서는 미군 장교를 둘이나 살해했다는 보고가 올라오자 김정일을 포함한 수뇌부에서도 난리가 났다고 한다.

김정일은 즉각 철수하라는 명령을 내렸고, 미군 장교가 죽었다는 소식을 듣고 기절초풍한 김일성이 노발대발하면서 '이런 짓을 왜 했느냐'고 질책했다. 이에 김정일은 '미군의 의식적인 도발이다. 저들은 전쟁을 일으키려고 도발했다'고 뻔뻔한 거짓 보고를 올렸다. 당 비서들은 차마 김정일이 시켰다는 말은 못 하고 '인민무력부 놈들이 미쳐서 그랬다'고 보고했다.

김일성은 인민무력부장 최현을 불러서 쌍욕을 있는 대로 퍼부었고, 미국이 보복작전을 준비하자 김일성은 '사람이 죽었으니 유감을 표명하라. 푸에블로호 사건 때도 미국이 사과했지 않았는가?'라는 면피성 지시를 내렸다.

다만 북한은 이 사건을 좀 더 정치적으로 써 먹고 싶었는지 몇 시간 뒤에 스리랑카에서 진행 중이었던 비동맹회의에서 '이 사건은 미국 놈들 탓이다'라며 한미연합군을 질타하는 결의안을 제안했고, 결국 승인되기도 했다.

이후 사건의 주동자가 누군지 확실하게 밝혀지자마자 정세는 확실히 북한에 불리하게 돌아섰다. 기자들이 찍은 사진들이 신문에 실리자마자 주동자는 북한, 피해자는 미국이라는 사실이 명확하게 드러난 것이다. 북한은 긴급하게 수석대표회의를 요청했고 결국 김일성이 6·25 휴전 이후 처음으로 미군 측에 유감과 재발방지의 반성문을 제출했다. 나는 그때 TBC-TV 뉴스 첫머리에서 '평화'란 이렇게 지키는 것이라고 화난 목소리로 외쳤다.

처음에 미국은 '유감성명은 잘못을 인정하는 게 아니다'라면서 거부했다가 하루 지나서 결국 수락했다.

  소련이나 중국 측에서 보통 때 같으면 가만히 있을 리 없었다. 만약 북한이 사라지고 한국 주도의 통일이 이뤄진다면 미군이 북한 지역에 주둔할 것이 뻔한 일인데, 소련과 중국에게는 전혀 좋은 일이 아니기 때문이다. 그러나 보통의 경우에도 미국의 입장처럼 전면전은 아니지만 연백평야와 개성 등 휴전선 부근 일부를 타격하거나 탈환하는 정도라면 충분히 가능했으며, 이런 일을 벌인 이상 아무리 소련과 중국이 자국의 이익에 따라 북한 편을 들어주려고 해도 북한이 저지른 일이 유례가 없는 자살시위에 가까운 도발이라 중국과 소련도 외면했다.

  긴장상태인 위험한 장소에서 고작 나무 한 그루 때문에 미군, 아니 UN군 장교를 죽이고 전쟁 위기를 불러 온 북한의 이 정신 나간 짓거리는 소련과 중국을 욕보인 행위였다. 더욱이 당시는 소련과 중국이 모두 미국과의 데탕트를 추구하던 시기였다. 반공을 국시로 한 남한의 유신정권도 소련을 포함한 공산권 국가들과도 관계를 개선하려 노력하고 있었다.

  김일성은 수차례 브레즈네프와 마오쩌둥에게 2차 한국전쟁을 지원해 달라고 호소했다. 그러나 소련은 극도의 불쾌감을 표출하면서 김일성의 모스크바 방문까지 거절해 버리는 냉담한 반응을 보였다. 반면 마오쩌둥은 김일성을 베이징에 불러 막대한 원조를 약속하면서 사고치지 말 것을 당부했으나 북한 측이 사고를 치며 중국의 위신을 제대로 추락시켰기에 분노가 이만저만이 아니었다. 특히 김일성은 사건이 발생하고 며칠이 지나도록 중국 측에서 북한에 대한 상투적인 지지성명조차 내지 않는다는 사실에 속으로 당황하고 있었던 모양이다.

이 작전이 시행되기 전 군사분계선 부근에 '데프콘 2'가 발령되었다. 20여 명으로 이루어진 미군 공동경비부대들이 돌아오지 않는 다리 같은 판문점 주변의 주요 시설들을 안전하게 확보했고, 미 육군 공병 8명으로 이루어진 2개 팀이 전기톱으로 그 미루나무를 자르는 데 성공했다. 북한이 침묵했기 때문에 보복은 하지 않기로 결정하여 그대로 끝났다.

그런데 우리 특전사 결사대원들은 카투사로 위장한 채 M16 소총, 수류탄, 크레모아(지뢰), M79 유탄 발사기 등을 삽, 곡괭이 등 작업도구 밑에 감추는 식으로 트럭에 탑승하여 공동경비구역에 들어가 도끼와 몽둥이를 가지고 북한군 초소 4개를 파괴했다. 대원들이 초소에 접근해 손에 도끼와 소총을 들고 활보하며 초소를 난장판으로 만들었던 것이다.

북한군은 모조리 도망쳤다. 간간이 나타난 북한군은 독이 오른 특전사 대원들이 위협하자 욕을 퍼붓다가 사라져 버렸다. 당시 매복 작전을 수행한 1사단 수색대원들은 훗날 인터뷰에서 이러다 정말 큰일이 나는 것이 아닌가 할 정도로 살벌한 분위기였다고 밝혔다.

미국은 어디까지나 나무만 벌목하고 북한의 반응을 볼 계획이었기에 실제 전쟁을 수행할 전력을 동원하고도 위력 시위에만 그쳤다. 그런데 한국 육군 특전사 대원들이 북한 초소를 공격하자 대경실색했다.

미루나무를 자른 후에 특전사 대원들이 인민군 초소로 달려 나가자 엄청 당황했다고 한다. 미군이 전쟁발발을 우려해 결사대를 제지하자, 특전사 대원들은 북측 도로차단기를 제거하기 위한 진격에 불응하는 미 육군 트럭 운전병을 권총으로 위협하기도 했다.

특전사 결사대는 북한군이 특전사의 공격에 무력으로 대응할 경우 북한군을 과감히 사살한다는 계획을 세웠다. 다만 먼저 북한군을 사살하지는 말라는 명령이 내려져 있었다. 따라서 북한군에게 선제 공격을 당하는 대원들은 전사하게 될 것이므로 그야말로 죽음을 각오한 결사조의 투입이었다. 실제로 출동 직전에 유서와 손톱 등을 남기기도 했다.

초소를 부술 때 북한군 초소 병력들은 도주했지만, 곧이어 소총으로 무장한 병력들이 분계선을 따라 도열하여 대치하고 있었다. 하지만 발포 등의 공격은 없었고 모든 초소를 파괴하는 걸 구경만 했다. 초소를 파괴하는 동안 나머지 특전사 대원들도 소총으로 무장하고 북한군 출동 병력과 서로 마주보고 있었다.

미국은 북한이 혼자 사고 치고 난리를 치른 것이기 때문에 나무가 벌목되는 동안 북한이 도발을 가하면 대대적인 반격을 가할 생각이었다. 그러나 북한이 침묵하자 결국 미루나무 자르는 선에서 작전을 종결짓고 사태는 마무리 되었다.

그리고 그 자리에는 '도끼만행사건'에 희생된 자들을 위한 추모비가 세워졌다. 판문점 관람코스에 버스를 타고 추모비 앞을 지나는 것이 포함되어 있으며, 버스 안에서 이 추모비를 볼 수 있다.

판문점 도끼만행사건의 주범인 박철 중위는 판문점에서 소련 관광객이 남측으로 귀순하는 사건이 발생했을 때 미군에게 사살되었다고 소문이 나돌았지만 그 후 북한은 미국에게 직접적으로 시비를 걸거나 감히 무력도발을 하지 못했다.

미군을 건드렸다가 진짜로 지도에서 나라가 지워질 뻔한 경험은 북한 공산독재자들이 자기 주제를 깨닫기에 충분한 계기가 되었다. 북한은 미국이 쳐들어올까 봐 겁먹어서 1년 동안이나 준전시체제를 유지했고, 미군은 일단 폴 버니언 작전 병력을 철수시켰지만 이후 남북한의 군사력 증강 대결이 일어났다.

지금도 나는 판문점 도끼만행사건이 일어났을 때 유일하게 현장에 있었던 기자로서 생각을 더듬어 보곤 한다. 어쩌다가 내가 왜 그때 8·15 특집의 일환으로 남북 분단의 현장에 가 있었을까? 때때로 나는 신비스러운 느낌 같은 것을 갖게 된다. 기자는 현장을 뛰는 척후병이다. 그리고 사건 사고는 아무 때나, 특히 휴일이나 일요일에 일어난다. 24시간 취잿거리를 생각하며 존재하는 기자 노릇을 다시 했으면 좋겠다.

이 자리를 빌려, 그날 점심 약속까지 했던 두 미군 장교 보니파스 소령과 배럿 대위(추서)가 북한군의 무자비한 도끼만행으로 희생된 가슴 아픈 이야기를 전하면서 그들의 명복을 빈다.

문재인 제 19대 대통령은 특전사 1여단 제 3특전대대 본부 작전과에서 특전병으로 복무하던 시절, 이 미루나무 제거작전에 참여했다. 상병 계급으로 현장에서 직접 공격한 투입조는 아니었고 외곽에서 대기하던 대기조 소속이었다.

베트남전쟁과 한국

전 세계가 베트남전쟁 참전으로 한국을 비난만 했지, 그 누구도 가난한 나라 대한민국을 위해 쌀 한 톨, 기름 한 방울 원조해 주지 않았다. 그런 우리에게 그나마 조금의 원조라도 해 준 나라가 미국이었다. 미국 케네디 행정부는 과거 남로당의 행적을 의심하며 박정희 대통령의 정통성을 인정하지 않고 있었다. 그래서 그에 대한 보복조치로 당시 국가 1년 예산의 80%를 미국의 원조에 의존하던 우리는 당장 미국이 제공해 주는 원조(PL 480 식량 원조)를 중단당하는 위기를 맞게 되었고, 전 국민이 그야말로 아사(餓死)하는 길밖에 남지 않았음을 느껴야만 했다.

그런 위기의 순간에서 한국과 미국이 다시 우호적인 관계로 돌아서게 된 계기가 있었으니 그것이 바로 박 대통령의 베트남전쟁 참전 결의였다. 당시 우리에게는 주어진 선택의 길이라는 것이 없었다. 베트남전쟁에 참전해서 미국이 원조를 재개해 준다면 국민을 생각해서라도 받아들일 수밖에 없었던 것이 우리의 입장임을 옳게 알아야만 할 것이다.

반드시 기억해 두자. 이 세상의 그 누구도 '가난한 대한민국', '굶어 죽는 대한민국' 국민들을 위해 쌀 한 톨, 기름 한 방울 제공해 주지 않았음을 …. 그러면서 그들은 대한민국이 하는 일에 대하여 내정간섭을 시도하려고 했다는 것을 ….

나라가 가난하면 전 세계가 그 국가를 자신의 노예로 삼으려 하듯이 동물의 세계나 인간사나 강한 자만이 살아남을 수 있다는 원초적 진리임을 반드시 알아야 할 것이다.

다음은 당시 미국의 유명한 군사무기 제조업체인 맥도널드 더글라스사(社)의 사장이 한국을 방문해서 박정희 대통령을 만났었을 때의 얘기다(통역을 맡았던 조상호 당시 대통령 의전수석의 말을 정리한 것임).

1965년 한국의 베트남전쟁 참전으로 소원해진 미국과의 관계가 다시 우호적으로 회복되었고, 한국은 젊은이들의 희생을 대가로 많은 국민을 먹여 살릴 수 있는 만큼의 지원을 미국으로부터 받게 된다. 그 지원 중의 하나가 M-16 자동소총이었다. 이전에 한국에서 사용하던 무기는 단발식 카빈 소총으로서 M-16의 제조업체는 맥도널드 더글라스였다.

미 행정부의 지원을 받아 한국으로의 수출 건을 따내게 된 뒤 한국을 방문한 맥도널드 더글러스사(社)의 사장 데이비드 심프슨은 자신들의 무기를 수입해 주는 국가를 찾아 의례적인 인사치레를 하게 된다.

무더위가 맹위를 떨치던 여름 날, 심프슨 사장은 박 대통령 비서관의 집무실로 들어갔다. 이럴 수가! 비서관이 열어 주는 문 안의 집무실 광경은 심프슨의 두 눈을 의심케 했다.

커다란 책상 위에 어지럽게 놓인 서류더미 속에 자신의 몸보다 몇

배가 더 커 보이는 책상 위에 앉아 한 손으로 무언가를 열심히 적고 다른 한 손으로는 부채질을 하면서 무더운 여름 날씨를 이겨내고 있던 사람을 보게 되었다.

한 나라의 대통령의 모습이라고는 전혀 믿기지 않을 정도였다. 아무리 가난한 국가라지만 그의 행색은 도저히 대통령이라고 생각하기조차 힘들 정도였다. 박 대통령이 러닝차림으로 집무를 보고 있었다.

박 대통령은 손님이 온 것을 알고 예의를 차리기 위해 옷걸이에 걸린 남루한 양복저고리를 아무렇지도 않은 듯 꺼내 입었다.

대통령 비서가 심프슨 사장을 소개했다.

"각하! 미국 맥도널드사에서 오신 데이비드 심프슨 씨입니다."

박 대통령은 웃으며 손을 내밀어 악수를 청했다.

"먼 곳에서 오시느라 수고 많으셨소. 앉으시오."

대통령 집무실은 무척 더웠다. 무의식적으로 굳게 맨 넥타이에 손이 갔다.

"아, 내가 결례한 것 같소이다. 나 혼자 있는 이 넓은 방에서 그것도 기름 한 방울 나지 않는 나라에서 에어컨을 튼다는 게 큰 낭비인 것 같아서요… . 나는 이 부채 바람 하나면 바랄 게 없지만 말이오. 이 뜨거운 볕 아래서 살 태우며 일하는 국민들에 비하면 나야 신선놀음이 아니겠소. 이보게, 비서관! 손님이 오셨는데 잠깐 동안 에어컨을 트는 게 어떻겠나?"

심프슨은 그제야 한 나라의 대통령 집무실에 그 흔한 에어컨 바람

하나 불지 않는다는 것을 알았다. 그리고 지금까지 그가 만나 봤던 여러 후진국의 대통령과는 무언가 다른 사람임을 직감할 수 있었다. 그래서일까? 심프슨은 박 대통령의 말에 제대로 대꾸도 할 수 없을 만큼 작아짐을 느꼈다.

"아, 네. 각하!"

비서관이 에어컨을 작동하고 비로소 심프슨은 박 대통령과 업무에 관한 이야기를 시작했다. 예정대로 심프슨 사장은 한국을 방문한 목적을 박 대통령에게 자세히 설명했다.

"각하, 이번에 한국이 저희 M-16 소총의 수입을 결정해 주신 것에 대해 감사드립니다. 이것이 한국의 국가 방위에 크게 도움이 되었으면 하는 바람입니다. 그리고 이것은 저희들이 보이는 작은 성의입니다."

심프슨 사장은 준비해 온, 수표가 든 봉투를 박 대통령 앞에 내밀었다.

박 대통령은 봉투에 든 것을 꺼내 보았다.

"이게 무엇이오? 흠 … 100만 달러라! 내 봉급으로는 3대를 일해도 만져 보기 힘든 큰돈이구려."

차갑게만 느껴지던 그의 얼굴에 웃음기가 머물렀다. 그 순간 심프슨은 박 대통령 역시 뇌물 좋아하는 흔한 사람들과 전혀 다를 것이 없음을 알고 실망했다고 한다.

"각하! 이 돈은 저희가 보이는 성의입니다. 그러니 부디 … ."

대통령은 지그시 감았던 눈을 뜨고 심프슨 사장에게 말했다.

"이보시오! 하나만 물읍시다. 이 돈 정말 날 주는 것이오?"

"네. 물론입니다. 각하."

"좋소. 대신 조건이 있소."

박 대통령은 수표가 든 봉투를 심프슨에게 내밀었다. 그리고 자신에게 되돌아온 봉투를 보며 의아해하는 심프슨에게 말했다.

"자, 이 돈 100만 달러는 이제 내 돈이오. 내 돈이니까 내 돈을 가지고 당신 회사와 거래하고 싶소. 지금 당장 이 돈의 가치만큼 총을 가져오시오. 난 돈보다는 총으로 받았으면 하는데 당신이 그렇게 해주리라 믿소."

심프슨은 박 대통령의 이외의 반응에 당황했다.

"당신이 나에게 준 이 100만 달러는 내 돈도, 그렇다고 당신 돈도 아니오. 이 돈은 지금 내 형제, 내 자식들이 천리 타향에서 그리고 저 멀리 월남에서 피를 흘리며 싸우고 있는 내 아들들의 땀과 피와 바꾼 것이오. 그런 돈을 어찌 한 나라의 아버지로서 내 배를 채우는 데 사용할 수 있겠소. 이 돈 다시 가져가시오. 대신 이 돈만큼의 총을 우리에게 주시오."

심프슨은 낯선 나라의 대통령에게 왠지 모를 존경심을 느꼈다고 한다.

"네. 알겠습니다. 각하. 반드시 100만 달러의 소총을 더 보내도록 하겠습니다."

배웅하는 비서관의 안내를 받아 집무실을 다시 한 번 둘러본 심프슨 사장의 눈에는 다시 양복저고리를 벗으며 조용히 손수 에어컨을 끄는 박 대통령의 모습이 보였다. 키는 작지만 너무나 크게 보이는 한 나라의 참다운 대통령의 면모를 본 것이다.

박 대통령 이후 후임 지도자들, 부정부패를 일삼던 이들이 100만 달러를 받았다면 어떻게 했을까? 과연 이 나라에 국민과 국가를 생각하는 진정한 애국자는 누구일까? 일부에서 박 대통령을 비난하고 헐뜯으려 온갖 수단과 방법을 다하고 있는 것을 지켜보면 박정희라는 '위대한 대통령'에 대한 흠모의 정을 갖지 않을 수 없다.

베트남전쟁은 미국 입장에서는 패배한 전쟁이었다. 8년이라는 긴 세월 동안 인명피해만 5만 명에다가 1,200억 달러나 되는 큰돈을 그냥 하늘에다 뿌려 버린 패전으로 역사에 남게 되었다.

원래 미국은 유럽의 식민제국주의에 비판적이었다. 그런데 어쩌다가 '공산주의 봉쇄'라는 전략과 가치를 내걸고 인도차이나 분쟁에 개입하기 시작하는 바람에 빼도 박도 못 하고 늪지대에 빠지고 말았다. 미국인들은 제2차 세계대전에 승리한 자부심에 취하고 세계 최강의 압도적인 군사력을 과신한 나머지 베트남 같은 별것 아닌 나라의 저항의지 같은 것은 눈에 들어오지도 않았다.

민주당의 트루먼 정권은 인도차이나에서 벌어지는 국제공산주의 운동의 싹을 처음부터 잘라내야 한다고 믿었다. 그다음 아이젠하워 정권(공화당의 아이젠하워) 역시 도미노이론을 내세웠다. 그리고 뒤이어 집권한 케네디 대통령도 중국의 위협을 거론하며 인도차이나에서의 민족해방 투쟁을 '미국에 대한 도전'으로 간주했다.

케네디 대통령이 암살되자 대통령직을 승계한 존슨 대통령은 '미국이 남베트남을 포기할 경우 여타 동맹국들의 미국에 대한 신뢰가 무너질 것'이라고 걱정했다. 이처럼 미국은 자신이 주도하는 자본주의 경제체제를 유지하고 패권국으로서의 의무를 다하기 위해 베트남에 개입하는 길을 선택했으나, 결과적으로 패퇴했고 최강대국의 위신에 치명적인 상처를 입었다.

1963년 말 응오딘지엠(Ngo Dinh Diem) 정권이 붕괴되고 베트남 사태가 심각해지자 미국의 태도도 변하기 시작했다. 1964년 4월 23일 존슨 대통령은 "베트남전쟁에 다른 동맹국가도 참전해 줄 것을 희망한다"고 처음으로 밝혔다. 한국 정부는 베트남 정부와 긴밀한 협조를 통해 파병에 필요한 국내외 절차를 추진했다. 7월에 이르러 한국군 이동외과 병원 및 태권도 교관 파견에 관해 주한 UN군 사령관이 동의서를 수교했고, 31일에는 국회에서 파병동의안이 가결되었다.

결국 1964년 9월, 140명의 제 1차 한국군 군사원조단이 비전투부대로 베트남의 수도 사이공에 도착했다. 이것은 한국군의 사상 첫 해외파병이었다.

그 후 베트남 전세가 악화되고 한국군의 활약에 고무된 미국은 한국군의 추가파병을 적극적으로 요청하기에 이르렀다. 그해 12월 브라운(Winthrop G. Brown) 주한 미국대사가 박정희 대통령에게 한국군의 추가파병을 요청하면서 수반되는 모든 비용과 한국에 대한 경제원조까지 제안했고, 한미 양측은 합의했다.

이듬해 1965년 3월 비전투부대인 '비둘기부대'가 파병되었다. 4월 초 미국은 국가안보위원회에서 그해 10월까지 미군 15만 명과 함께 한국군 2만 1천 명의 파병 계획안(NSAM 328 작전)이 작성되었고, 존슨 대통령의 동의를 얻어 발효되었다.

그리고 5월 16일 박정희 대통령이 존슨 대통령의 초청으로 워싱턴을 방문하여 한미 정상회담을 할 때 미국은 정식으로 한국군 전투부대의 베트남전쟁 파병을 요청했다. 그러나 박 대통령은 만일 우리가 1개 사단 규모의 전투병력을 파병하게 되면 155마일의 휴전선을 따라 북한이 군사적 도발을 감행할 수도 있기 때문에 이에 대한 미국의 대책(군사 원조의 증대, 지속적인 경제 원조 등)을 들고 나와 끈질긴 미국 정부의 보상을 요구하기도 했다.

물론 1면 톱 기사였다. 백악관 북쪽 길 건너에 있는 영빈관(블레어하우스)에 머물고 있던 박 대통령 내외는 매일 아침 특별 항공기로 배달되는 한국일보를 받아 읽으며 흐뭇해했다.

동맹국의 전투병 참전이 시급했던 미국 정부로서는 한국 측의 조건을 거의 다 받아들이지 않을 수가 없었다. 박정희 정부의 파병 목적은 국제적 공산주의 확산 저지에 참여한다는 종전의 수준을 넘어, 한국군의 전투능력 향상과 현대화, 한미 유대관계 강화, 국위 선양, 경세성장이라는 실리를 두루 고려한 것이었다.

베트남전쟁에 한국의 전투부대가 처음 파병된 것은, 주월 한국군

사령부의 초대 사령관이었던 채명신 장군이 이끄는 청룡부대가 처음 베트남을 향해 출발한 1965년 10월이었다. 뒤이어 맹호부대도 베트남에 투입되면서 1965년에만 총 2만여 명의 장병이 참전했다. 이를 전후해 미국과 한국 정부 사이에는 한국군 전투부대의 추가 파병에 따른 세부 문제가 본격적으로 논의되고 있었다. 1966년에 전투부대 증파를 둘러싼 한미 간 협상 끝에, 3월 4일 발표된 '브라운각서'를 통해 한국군의 현대화 장비 지급, 참전 한국군에 대한 일체의 경비 부담, 해외참전 전투수당 지급, 베트남 건설사업 참여, 수출 장려 및 기술원조 증가, 경제개발 차관 제공, 경부고속도로 건설 지원 등이 약속되었다.

한국군은 1973년 3월의 최종 철수까지 8년여 동안 미군 다음으로 많은 총 34만여 명이 참전하여 5천여 명이 전사했다.

한국 정부가 베트남전쟁에 참전하게 된 배경은 정치적으로 한국전쟁 당시 공산화를 막기 위해 참전한 미국과 연합국에 대한 보답, 자유민주주의 국가로서 남베트남이 공산화되는 것을 막아야 한다는 명분과 정치·경제적 차원에서 실리를 추구하기 위해서였다.

결과적으로 한미 안보동맹은 강화되고, 경제적으로는 최하위 빈곤국가로서 약 10억 달러에 이르는 전쟁 특수(特需)와 미국과 베트남, 일본 등과의 통상증대를 통한 경제성장을 도모했고, 군사적으로는 한국군의 현대화를 이루는 데 성공했다. 그리고 부수적으로 한국의 국위 선양과 해외 진출 등에도 긍정적인 영향을 미쳤다고 할 수 있다.

그러나 한국군의 참전에도 5천여 명의 전사자와 1만 1천여 명의 전상자, 그리고 귀국 후 고엽제 등 후유증으로 5만여 명이 피해를 호소하는 등 직접적인 인적 피해 역시 결코 적다고 할 수는 없다.

또한 결과적으로 명분도 없이 실패한 전쟁에 뛰어든 미군의 용병 (傭兵)이라는 국내외의 비판과 수모를 받아야 하는 것은 물론이고, 베트남전쟁이 끝나고 세계적 냉전이 끝난 이후에도 오랫동안 베트남과의 관계를 개선하는 데 많은 장애를 감내해야만 했다.

― 6장 ―

박정희·존슨 정상회담

1965년 5월 17일 아침

여름 같은 봄 날씨. 엷은 구름 몇 조각이 백악관 지붕 위로 한가롭게
흘러가고 있었다.

나는 다른 기자들과 백악관 앞뜰 로즈가든(장미 정원) 한편에 줄
서서 박정희 대통령이 탄 미 해병 1호 헬기가 백악관 철책 너머 워싱
턴 기념탑(Washington Monument) 앞 넓은 잔디밭에 내리기를 기다
리고 있었다.

전날 존슨 미국 대통령의 전용기 편으로 미국에 도착한 박 대통령
일행은 과거 영국 식민지 시대의 고도(古都) 윌리엄스버그에서 하
룻밤을 보내고, 이날 아침 미 대통령 전용 헬기편으로 백악관으로
향했다.

워싱턴 특파원 시절
백악관 출입기자증

미 NBC방송 백악관 출입기자 존 챈슬러(나중에 NBC-TV 앵커맨)
기자도 그때 나와 함께 줄 서 있었다.

"헤이, 데이비드. 느네 대통령 참 유명한가 봐…."

나는 귀가 쫑긋하며 소스라치게 놀랐다. 당시 나는 한국 신문들
을 대표하여 풀기자로 취재하고 있었기 때문에 무슨 기삿거리 하나
라도 놓칠 순 없었다.

"우리 대통령이 유명하다고? 왜? 어째서?"

"야, 저것 봐…. 백악관 주변에 그리고 워싱턴 시내 가는 곳마다
'박 대통령 여기 왔다, 여기 왔다!'고 써 붙였잖아. 광고도 크게 하
고 말이야…."

이 싱거운 미국 기자는 깜짝 놀란 내 어깨를 툭 쳤다.

"아니야. 놀랄 것 없어, 농담이야. 너무 긴장하고 서 있길래 농담

한 마디 했어 ….”

“저길 봐. 주차장마다 ‘Park here! Park here!’(여기에 주차하세요) 하길래 농담 좀 했어. 미안해, 친구야.”

“예끼, 망할 녀석! 농담할 게 따로 있지. 깜짝 놀랐네.”

우리는 크게 웃으며 긴장을 잠깐 풀었다.

그러자 헬기에서 내린 박 대통령이 탄 전용 승용차 행렬이 군악대 나팔소리가 요란하게 울려 퍼지는 속에서 로즈가든으로 들어오고 있었다.

나는 취재기자 이전에 한국 사람으로서 갑자기 어떤 말 못 할 자부심 같은 게 가슴을 치는 바람에 약간 울컥하는 마음으로, 미국 대통령의 손을 잡고 가벼운 미소를 띠고 있는 우리나라 대통령의 모습을 지켜봤다.

함께 내린 대통령 부인 육영수 여사는 날씬한 한복차림에 화사한 미소를 띠고 주변에 웃음을 선사하는데, 우리 대통령은 6척 장신의 미국 대통령 앞에 너무나 왜소하게 보였다.

두 나라 대통령 내외가 단상에 오르자 저 멀리서 21발의 예포 소리가 조용한 하늘의 공기를 찢으며 우렁차게 퍼져 왔다. 양국 국가가 연주되고 의장대 사열과 두 정상의 환영사, 답사 등 연설이 끝나고 난 뒤 미국 대통령 전용 리무진에 함께 탄 한미 두 정상은 백악관을 출발하여 펜실베이니아 애비뉴를 몇 블록 거쳐 백악관 바로 건너편에 있는 영빈관 ‘블레어하우스’에 이르는 아주 짧고도 긴 카퍼레이드를 벌였다.

한미 정상회담장에서 미소를 짓고 있는 박정희 대통령(1965.5.17.).
나는 풀기자로서 김성진, 조용중 선배 등과 함께 현장에서 취재했다.

박 대통령 방미 당시, 유엔총회 빌딩을 방문하는 육영수 여사를
내가(중앙) 안내하기도 했다(1965.5.19.).

때마침 점심시간이었기 때문에 정부 공무원들, 회사 임직원들, 정부 부처 비서들 그리고 태극기를 손에 든 교포들, 무슨 영문인 줄도 모르고 뛰어 나온 어린이들…. 모두가 백악관 의전 비서실에서 미리 나눠준 태극기와 성조기를 흔들며 소리소리 지르고 있었다. 우리 대사관과 교포 단체들 그리고 특파원 가족들…. 모두 모두 손에 태극기를 들고 대통령의 행렬이 지나가자 "대통령 만세!"까지 부르며 울부짖었다.

내 친구 정인택(영어 이름은 토마스. 나중에 총리 특별보좌관)은 맨 앞줄에 서서 응원단장 노릇까지 하고 있었다. 그 바로 옆에는 이제 네댓 살밖에 안 된 정환, 영환(김성진 동양통신 특파원 아들) 군 등이 앞으로 뛰어 나와 열광적으로 환영하자 박 대통령은 만면에 웃음을 띠고 손을 흔들어 보였다.

우리나라 대통령에 대한 존슨 대통령의 국빈 환대는 정말 상상을 초월할 정도로 어느 때보다도 극진했고 정중했다. 역사상 처음 있는 일이었다.

1961년 11월 존 F. 케네디 대통령 때와는 딴판이었다. 그 당시에는 5·16 쿠데타로 정권을 잡은 박 대통령에 대한 의구심이 채 가시기 전이었지만 지금은 달랐다. 왜냐하면 이번에는 존슨 대통령이 1963년 존 F. 케네디의 암살로 느닷없이 대권을 거머쥐면서 더욱 복잡다단해진 베트남전쟁이 날이 갈수록 점점 수렁텅이로 빠져들고 있고, 우방 14개국의 참전을 끌어들이지 않을 수 없는 절체절명의 위기였기 때문이다.

이 와중에 우리나라 대통령이 그 가운데 서 있었다.

그래서 존슨 대통령은 무슨 짓을 해서라도 박 대통령을 설득해 용맹스러운 한국군을 베트남전쟁에 투입해야만 하는 정치적 도박판을 벌이고 있었던 것이다. 존슨 대통령은 의전에도 없는 짧은 카퍼레이드까지 벌이며 박 대통령 내외를 넘어지면 코 닿을 영빈관 블레어하우스까지 바래다주는 극진한 국빈 대접을 했던 것이다. 나는 그때만큼 눈물겹게 한국인으로서 자부심을 느낀 적이 없었다.

그날 오후 백악관에서 열린 제1차 한미 정상회담은 양측 통역〔조상호 의전수석, 크레인 박사(전주예수병원장)〕만 배석한 가운데 서로 준비한 메모를 교환하는 형식으로 약 30분 만에 끝났고, 두 대통령은 백악관 회의실에서 나와 백악관 앞뜰 로즈가든을 거닐면서 환담했다.

존슨 대통령은 느닷없이 서울서 따라온 수행기자들도 불러 함께 산책하자고 했다. 그런데 존슨 대통령은 갑자기 애견 두 마리를 끌고 나와 한 마리를 박 대통령에게 넘겨주면서 함께 걷자고 했다. 박 대통령은 얼떨결에 목줄을 받아들고는 조상호 수석에게 물었다.

"이 개를 끌고 어데 가자는 건가?"

풀기자로서 바로 뒤에 따라다니던 내가 박 대통령의 귀에다 대고 한마디 했다.

"지난번에 존슨 대통령이 고향인 텍사스에 갔다 돌아오면서 저 '블랑코'라는 애견을 반갑다고 귀를 잡아당겼어요. 그랬더니 개가 아프다고 깽깽거리는 모습을 AP통신 기자 아담 스미스가 찍어 온 나라에 전송하는 바람에 '전미애견가협회'에서 성명을 내고 '다음 선거 땐 존슨을 찍지 않겠다'는 성명을 내는 바람에 혼쭐이 났어요. 그래서 이참에 박 대통령께서 오시는 바람에 유권자들 앞에서 쇼하는 겁니다."

그러자 우리 대통령은 혼잣말로 뭐라고 중얼거렸다. 잘 듣지는 못했지만 '이런 별일 다 보겠네!'라고 하지 않았을까. 그때만 해도 우리나라는 여름철이면 보신탕으로 한여름 무더위와 싸워 이겨낼 때였다.

존슨 대통령은 블랑코를 끌고 백악관 동쪽 밖에 줄을 이은 수백 명의 관광객들에게 소리쳤다.

"나와 가장 가까운 우리의 우방 남한의 친구가 찾아왔어요. 바로 여기 계십니다. 위대한 대통령, 위대한 친구 박 대통령!"

관광객들은 무슨 소린지도 모르고 그냥 소리소리 지르면서 박 대통령을 환영하는 것이었다. 그러자 박 대통령은 약간 어색한 미소를 지으면서 손을 흔들어 화답했다.

오랫동안 미 하원 민주당 원내총무를 지낸 존슨 대통령의 손님접대 방법은 독특한 것이었다. 누구도 흉내 낼 수 없는 자상하고 철저한 존슨 스타일은 이미 미국 언론에서 수없이 다뤄서 모르는 사람이 없을 정도였다.

백악관 안으로 들어서자 존슨 대통령은 박 대통령에게 박물관 내부에서 눈에 보이는 모든 것을 알아듣기 쉽게 큰 목소리로 설명하면서 안내했다. 손님들의 대기실에 놓인 커다란 스크랩북을 펼쳐 보이면서 혼자 신이 나서 떠들어댔다.

"대통령 각하, 이 그림(시사만화)을 좀 보십시오. 내가 텍사스에서 말 타다가 떨어지는 장면인데 … 사실 나는 말에서 떨어지는 일이 거의 없는 사람인데, 언론에선 밤낮 내가 말에서 떨어지는 만화만 그리고 있으니 … 제대로 그릴 줄도 모르면서 … 쯧쯧쯧."

박 대통령은 웃으면서 바로 뒤에 서 있던 나와 박권상(동아일보), 조용중(조선일보) 기자 등을 돌아봤다.

"이것 좀 봐. 잘 그렸네."

우리도 아무 생각 없이 그냥 따라 웃었다. 그때의 박 대통령의 모습은 시골 고향의 착한 아저씨의 모습이었다.

나는 그러면서 속으로 생각했다. '와! 이렇게 순진하게 보이는 사람이 저렇게 무서운 군사 쿠데타를 이끌었다니 …!' 정말 믿기 어려운 사실이었다.

그렇지 않아도 나는 장면 총리실 출입기자 때 5·16 쿠데타를 맞은 다음 '국가재건최고회의' 출입증을 받고 앉았다가 워싱턴으로 왔다. 그때 경제부장이었거나 국방부 출입기자였던 베테랑 선배 기자들은 거의 모두 한꺼번에 어딘가로 군 트럭에 실려 갔는데 나는 기자 초년병 올챙이인지라 잡혀가지도 않고 출입증이 나왔다.

하지만 공보실에서 던져주는 삐라 같은 기삿거리를 본사에 전달하는 배달원 같은 존재였고, 이 방 저 방 들여다보다 혼쭐이 나는 가

런한 올챙이에 불과했다.

그러다 워싱턴에 와서 보니 정말 언론의 천국 같은 느낌이었다. 워싱턴포스트, 뉴욕타임스 등 주요 언론이 한 줄짜리 기사라도 자기네 대통령을 칭찬하는 걸 단 한 번도 보지 못했다. 더욱이 내가 좋아하는 민주당 출신 존 F. 케네디 대통령이 저렇게 인기 있고 매력적인데도 미국의 주요 언론들은 왜 저렇게 나쁘게만 쓸까? 동방의 분단국가에서 온 올챙이 기자로선 도무지 이해할 수가 없었다.

미국의 유력한 신문 뉴욕타임스만 하더라도 'All that fits to print'(기사화하기에 적절한 모든 기사)를 싣는다는 슬로건을 내세우고 무차별 폭격하는 모습을 보고 나는 아연실색했다. 한국 같으면 저런 기사를 쓴 녀석은 남산(중앙정보부)에 불려가서 밤새 시달리고 발바닥에 수십 대 곤장 맞고 나올 텐데 … 미국은 그런 게 없으니 ….

워싱턴 특파원을 함께한 동아일보 진철수 형(전 AP통신 지국장)은 취재담당 부국장 때 쥐도 새도 모르게 남산에 끌려가 발바닥 곤장 수십 대를 맞았다. 집에 돌아와 쉬는 동안 동료 후배들이 위문차 찾아오면 옛날 중국 여성들이 노예로 팔려가기 전에 발을 작게 만든 전족을 했던 것처럼 힘들게 걸으며 멍든 발바닥을 감추려 했다.

이날 백악관에서 시사만화철을 박 대통령과 함께 본 수행기자들은 남다른 감회에 사로잡혀 있었다. 특히 진철수 형이 부국장 때 남산에 불려가 혼쭐이 날 때 편집국장이었던 박권상 선배는 그때도 특별한 관심을 보이며 시사만화 스크랩북을 이리저리 넘겼다.

"보긴 뭘 봐, 이 사람아 … !"

옆에 있던 조선일보 조용중 부국장이 큰 소리로 말하자 두 대통령은 그 소리에 함께 자리를 떴다.

존슨 대통령이 무슨 방법을 다해서라도 박 대통령의 마음을 사려고 즉흥적으로 이리 뛰고 저리 뛰고 하는 바람에 백악관 의전실은 초비상에 걸렸다.

존슨 대통령은 느닷없이 큰 소리로 말했다.

"서울서 온 기자 여러분! 갑작스레 말씀드려 좀 미안하기 하지만 오늘 저녁 박 대통령 내외분을 위한 만찬에 모두 와 주시기 바랍니다. 정식으로 초청합니다!"

모두들 깜짝 놀라고 어리둥절했다. '이게 무슨 날벼락이냐?', '이게 웬 떡이냐?' 백악관 의전실이 벌컥 뒤집혔다.

그건 그렇고 만찬 후 파티에 참석하려면 예복(턱시도)을 입어야 하는데 … 이걸 어쩌지? 하는 표정으로 모두 날 쳐다보는 것이었다. 그러자 자리를 함께했던 동양통신 김성진 특파원이 말했다.

"그럼 말이야, 마침 여기 있는 데이비드(봉두완)가 지난겨울 결혼할 때 내가 좀 도와줬거든 … 펜실베이니아 7가에 있는 결혼예복 대여점에 가서 턱시도를 빌려 입으면 될 거야 … ."

그 소리에 모두들 흥분하기 시작했다. 어서 그리로 당장 가자는 것이었다. 나는 우리 버스를 우선 숙소인 스미스호텔로 돌렸다.

"지금부터 기사를 써서 보내야 할 사람은 일단 숙소로 가서 몇 시까지 기사를 쓴 다음 모두 그쪽으로 함께 가도록 하겠습니다."

버스 안에는 내가 홍종철 문공부 장관과 함께 앉았고, 이후락(李厚洛) 청와대 비서실장은 그냥 서 있었다.

그러자 마음씨 좋은 정부 대변인 홍 장관이 한마디 했다.

"이봐, 이 실장! 오랜만에 역사적인 한미 정상회담이 이렇게 성공해서 기쁜 날이고 또 여기 언론인들이 정말 고생 많이 하는데 돈 좀 내 놔!"

그러자 이후락 실장은 짜증 섞인 목소리로 대꾸했다.

"돈이 어디 있노? 돈이 ….."

이 소리에 기다렸다는 듯이 성격이 깐깐한 조선일보 조용중 선배가 내뱉듯이 한마디 했다.

"야, 관둬라 관둬. 우리 돈 보따리 싸 가지고 왔다. 원 참, 치사하게 ….."

그 바람에 모두들 "와!"하고 함성을 터뜨렸다. 결국 한 사람당 2백 달러를 배분하고 나서야 조용해졌다.

나는 풀기자로 심부름했기 때문에 발언권이 좀 있었다. 그래서 서울방송에 근무하던 중 뉴욕 시러큐스대 대학원에서 공부하다가 워싱턴으로 날아온 내 친구 김규(나중에 TBC 상무) 한테도 출입기자는 아니었지만 특별히 2백 달러를 줬다. 모두가 기분이 한결 좋았다.

한미 정상회담은 예정보다 길어졌다. 모두가 40여 분이나 지연된 이유에 대해 궁금해 하고 있었다.

드디어 두 정상은 배석했던 양국 수행원들과 함께 우르르 백악관 서쪽 밖으로 나왔다. 수십 명의 기자들이 진을 치고 있는 사이에서 존슨 대통령은 한마디로 사과 발언을 했다.

"언론인 여러분, 미안합니다. 정상회담이 좀 길어져서 이렇게 늦게 나온 것을 양해해 주시기 바랍니다. 실은 저쪽 옆에 계신 장기영 부총리가 어찌나 끝까지 물고 늘어지는지 … 이것저것 대폭 양보해 주느라고 이렇게 늦었습니다. 박 대통령께서는 저렇게 훌륭한 참모들을 거느리고 계십니다. 다시 한 번 사과드립니다. 언론인 여러분, 기다리게 해서 … ."

존슨 대통령은 마치 하원 원내총무 때 하던 식으로 정중히 사과하고 칭찬하면서 분위기를 이끌어가고 있었다. 그런데 그때 하늘에서 벼락이 떨어지는 소리가 들려왔다. 장기영 부총리였다.

"이봐, 봉두완 씨! 지금 존슨 대통령이 말한 거 말이야, 편집국장(홍유선)한테 그대로 전달해서 크게 보도하라고 해!"

모든 시선이 갑자기 나를 향해 몰려왔다. 나는 갑자기 진땀이 날 정도로 창피해서 몸 둘 바를 몰랐다.

나는 속으로 중얼거렸다.

'아니 이 양반이 보자 보자 하니까 이젠 별소리 다 하네!' 얼마 전까지 한국일보 발행인으로 일할 때도 눈 딱 감고 고래고래 소리 지르는 나쁜 버릇이 있었는데, 감히 대통령들 앞에서 이게 무슨 짓인가? 그의 별명(왕초)처럼 … 그 성질 어데 가겠나?'

한참 후에 풀기자로 같이 뛰던 동양통신 특파원 김성진 선배(한국일보 4기, 문공부 장관)는 나를 보자마자 한마디 했다.

"나 원 참, 이 작자들 내가 보낸 기사까지도 한국일보에는 자기네 봉두완 특파원 발이라고 쓰고 앉았으니 … ."

그래서 내가 우스갯소리를 했다.

"형, 그러니까 한국일보에 그냥 있지 괜히 왔다 갔다 해 가지고는 … ."

한미 정상회담(1965년 5월 17일) 관련
미 국무부 복안이 담긴 비문 요지

박 대통령은 미국이 한국을 계속 지원하고 한일 국교정상화 이후에도 한국을 일본 통제권 안으로 밀어 넣지 않는다는 보장을 요구하고 있다. 그런 보장을 얻게 되면 그는 한일 국교정상화 협정을 비준하는 데 필요한 국민의 지지를 얻는 문제에서 유리해질 것이다. 박 대통령은 농촌 출신인데 부끄럼을 타면서도 아주 영리한 사람이다. 그는 키가 작은 데 대해 콤플렉스를 갖고 있어 처음 만나면 공식적이고 딱딱하다. 그러나 기분이 편해지면 상대방의 솔직한 태도에 잘 반응한다. 그의 한 가지 취미는 승마이다.

월남 정부는 추가적인 한국군 파병을 요청하고 있다. 우리는 한일 국교정상화와 관련하여 도전을 받고 있는 박 대통령이 그 난관을 극복하기 전에는 이 월남 파병 문제를 의논해선 안 된다고 생각한다. 한국 측은 이번 방미 기간에 추가 파병의 대가로서 추가 원조를 얻을 수 있지 않을까 탐색전을 벌일 것으로 예상되므로 이 시점에서는 우리가 나서서 구체적 논의를 하지 말아야 한다고 생각한다.

(참고로 당시 한국 측은 만약 2개 사단을 파병하면 휴전선에 공백이 생겨 북한이 무슨 짓을 할지 모른다며 완강히 버텼다. 대신 1개 사단을 보내되 그 사단에 2개 사단 못지않은 최신 장비를 갖추게 하면 같은 효과를 거둘 수 있지 않겠느냐는 타협안을 갖고 있었다. 한국으로서는 1개 사단만 보내고 대신 최첨단 무기를 갖추니 꿩 먹고 알 먹는 식이었다. 미국도 결국 추가 사단 파병보다는 최첨단무기를 지원해 주는 편이 더 효과적이라는 외교적 판단을 내린 것으로 보인다. 백악관 서재에서 열린 제 1차 한미 정상회담에는 두 대통령이 통역만 데리고 대좌했다.)

존슨   우리는 한국에 대해선 가능한 모든 원조 수단을 동원할 작
정입니다. 주한미군은 그대로 주둔시키겠습니다. 어떤 병력 감축안도
생각하지 않고 있습니다. 만약 병력을 조정해야 할 일이 생기면 각하
께 먼저 알려드리고 사전에 충분히 상의하겠습니다. 한일 국교정상화
회담이 순조롭게 진행되고 있어 다행입니다. 이는 오로지 각하의 지도
력 덕분이라고 믿습니다. 한일 회담이 성공적으로 마무리되면 월남에
서 양국이 서로 협력하는 데도 도움이 될 것입니다.

박정희   한일 회담은 오는 6월 초나 중순까지 마무리될 것입니다.
협상을 방해하려는 무책임한 세력이 있지만 우리는 적극적인 대국민
홍보 등 다각적인 방법으로 일본과의 합의에 도달하고야 말 것입니다.

존슨   요사이는 외국에 대한 원조안을 의회에서 통과시키는 것이
더욱 어렵게 되고 있습니다. 다행히 한국이 월남에 2천 명의 병력을
보낸 것이 의회를 설득하는 데 좋은 역할을 했습니다. 각하께서는 월
남에 한국군을 추가로 파견할 수 있습니까?

박정희   그 문제는 좀 더 연구 검토해 봐야 하겠습니다. 국민들 사
이에는 너무 많은 병력을 월남에 파견하게 되면 휴전선 방어력이 약화
되고 북한의 모험을 유발하지 않을까 걱정하는 이들이 많습니다. 그렇
지만 우리는 월남에 병력을 증파할 생각을 갖고 있습니다.

존슨   2개 사단을 보낼 수 있을까요? 그렇게 하면 전쟁 수행에 큰 도움이 되겠는데요 ….

박정희   한국이 월남전에 병력을 증파할 수 있다는 것은 나의 개인적 견해입니다. 한국 정부가 이 문제를 연구해 봐야 합니다. 이 시점에서는 결정할 수 없는 문제입니다.

존슨   우리는 한국에 필수적인 물품의 수입, 개발 차관, 기술 원조, 그리고 평화 목적의 식량 지원에 대해서 돈을 대겠습니다. 한국에 대한 미국 측의 인상이 지금처럼 좋았던 적은 일찍이 없었습니다. 로스토 박사도 한국을 방문하고 돌아와서 '경제 분야에서 큰 발전이 있다'고 보고했습니다.

박정희   주한미군의 철수에 대해서 워싱턴으로부터 아무런 말들이 나오지 않기를 정말 바랍니다. 그런 얘기가 나올 때마다 국민들이 불안해하므로 우리가 월남을 돕기가 매우 곤란합니다.

존슨   한국의 안보는 충분한 병력과 예산으로써 보장될 것입니다. 아무리 적은 주한미군을 철수시킨다 하더라도 반드시 각하와 사전에 의논한 다음에 하도록 하겠습니다. 나는 호주, 필리핀, 뉴질랜드도 월남을 원조해 주기를 기대하고 있습니다. 월남에서 우리가 이기기 위해서는 여러 나라로부터 7만에서 8만 명 사이의 병력이 파견되어야 할 것입니다. 지금 브라운 대사가 작업하고 있는 것으로 알고 있습니다만 주한미군 지위에 관한 행정협정은 독일의 예를 따를까 합니다. 그러나 각하의 이번 방문 기간 중에 그 협상이 결론나지는 않을 것 같습니다.

박정희　　이 협상은 너무 오래 끌고 있습니다. 많은 국민들, 특히 야당은 불만이 많습니다. 각하께서 빨리 결론을 내리라고 지시해 주셨으면 합니다. 1967년 제 1차 경제개발 5개년 계획을 추진할 생각입니다. 한국은 미국의 계속적인 원조를 필요로 합니다.

존슨　　우리는 제 2차 세계대전 이후 약 1,000억 달러의 대외원조를 했고 16만 명의 장병들이 죽거나 다쳤습니다. 몇 나라들이 행동하는 것을 보면 의회로부터 원조 허가를 받아내기가 매우 어려워 보입니다. 예컨대 수카르노 대통령이 미국 공보원의 도서관들을 불태웠을 때 의회 인사들은 인도네시아에 대한 원조를 전면적으로 중단시키려 했습니다. 한국이 월남을 지원한 것은 그런 점에서 매우 현명한 조치였습니다. 한국의 월남 파병은 다른 나라에도 자극이 되어 호주와 뉴질랜드 같은 나라들이 월남 지원에 동참하도록 만들고 있습니다. 한국이 월남에 1개 사단을 더 증파해 주시기를 거듭 희망하는 바입니다."

예복을 빌려 입고

우리는 버스를 타고 펜실베이니아 7가에 있는 예복 대여점으로 갔다. 그 가게 주인은 나를 알아보면서 반가워했다. 그날따라 혼자 상점을 지키고 있었다.

예복 10여 벌을 빌리러 왔다고 하니까 눈이 둥그레졌다.

"뭐라고요?"

함께 갔던 동료 기자들은 내가 주인하고 이야기하는 동안 이미 매장 뒤에 있는 창고에 쳐들어가 이것저것 마구 꺼내 입어 보면서 아수라장을 만들었다. 가게 주인은 금세 울상이 되었다.

"제발(please), 제발…."

나는 아수라장을 정리하기 위해 창고에 들어갔다.

"내가 한 사람씩 챙겨드릴 테니 제발 질서 좀 지켜 주세요!"

모두가 정신없이 돌아갔다. 가게 주인하고는 아무 상관없이 손님들이 그냥 알아서 자기 예복과 구두를 챙겨 입었다. 이미 가게 주인은 모든 걸 포기하고 말았다.

"헤이, 조! 걱정 마. 내가 다 알아서 처리해 줄 테니까."

내 말에 가게 주인은 안정을 되찾은 표정이었다.

"이봐, 데이비드. 알아서 하는 건 좋은데 내가 손님들한테 잘 해드려야 하잖아. 그런데, 이거 뭐…."

"야, 걱정 마. 우리가 다 알아서 할 테니까."

"고맙긴 하지만 이건 손님한테 예의가 아니라서 … 좀 … . 그 대신 한 벌에 12달러로 해 줄게 … ."

"괜찮아, 임마! 하여간 고맙다."

"그런데 무슨 일이야? 갑자기 모두들 이렇게 온통 … ."

"우리 대통령을 위한 국빈 만찬에 존슨이 갑자기 서울서 온 기자들을 초청하는 바람에 … ."

그제야 가게 주인은 역시 알았다는 듯이 고개를 끄덕였다.

"그래서 내가 그 녀석(that guy) 안 좋아해. 마음에 안 들어. 난 공화당이야."

나는 가게 주인에게 존슨도 괜찮은 대통령이라고 설득까지 했다.

느닷없이 달려들어 예복을 차려입은 한국 기자들은 11가에서 17가까지 걸어서 가기 시작했다. 그 시각까지만 해도 시간이 꽤 많이 남았기 때문에 길가에 있는 가게도 좀 들여다보고 쇼핑도 하라고 했는데 한참 걸어가다가 누군가가 한마디 했다.

"야, 저기가 내셔널프레스빌딩(14가, 전국기자협회)인데 이러다간 좀 늦을 수도 있어!"

제대로 알지도 못하면서 한 말에 모두가 갑자기 뛰기 시작했다. 머리를 짧게 깎은 동양인들이 뛰는 걸 보던 할머니가 물었다.

"이봐, 젊은이 … 어데서 무슨 큰 행사가 있나? 저렇게 많은 중국집 웨이터들이 가는 걸 보니 … ."

"예, 맞습니다. 아주 중요한 행사가 있어서 우린 빨리 가야 해요. 미안합니다, 할머니!"

"아, 그렇군요. 잘들 지내세요. Good luck!"

그날 저녁 백악관 동쪽 빌딩 연회장(East Room)에서 벌어진 박 대통령 내외를 위한 만찬에는 약 150명의 정계, 관계, 실업계, 언론계 인사들이 초청되었다. 우리는 만찬에 이어 벌어지는 음악회와 무도회에만 초청되었다.

무도회가 시작되자 키가 6척이 넘는 존슨 대통령은 우리 대통령 부인 육영수 여사한테 먼저 찾아와 정중히 손을 내밀었다.

"저와 함께 춤추시겠습니까?"

"예스, 땡큐."

우리나라 퍼스트레이디는 주저함이 없이 얼굴에 미소를 띠며, 앞으로 나갔다. 그리고 둘은 가운데 서서 1분쯤 춤을 추기 시작했다. 모두들 경쾌한 왈츠 선율에 맞춰 빙빙 돌며 춤추기 시작하자 잠시 후 존슨 대통령은 자기 부인 레이디 버드에게 다가가 박 대통령과 춤을 추라고 했다. 하지만 정작 박 대통령이 춤추기를 거부하자 장내 분위기가 확 바뀌고 말았다. 그러면서 박 대통령은 뒤에 서 있던 박종규 경호실장에게 말했다.

"우린 그냥 가지 뭐 … 이제 … ."

춤추던 육영수 여사는 이를 눈치 채고 춤추기를 중단하고 박 대통령과 함께 정중히 자리를 떴다.

박 대통령 내외를 현관까지 모시고 나온 존슨은 아무 일 없었다는 듯이 껄껄 웃으며 귀빈들을 현관까지 걸어가 환송하고 난 뒤 연회장

으로 돌아와 큰딸 린다를 불러 스케이팅 왈츠를 신나게 추면서, 큰
소리로 외쳤다.

"어서 모두들 나와서 춤춰요!"

큰딸 린다(Lynda)와 작은딸(Lucy)은 새벽 1시까지 친구들과 신
나게 놀았다고 그 이튿날 조간(워싱턴포스트) 사교 면에 사진과 함께
크게 실었다.

존슨 대통령의 딸들은 여름방학 때면 꼭 아르바이트하는 모습이
신문 방송에 소개되곤 했다.

큰딸 린다는 유명한 여성지 매콜즈(McCall's)에서 아르바이트했
고, 작은딸 루시는 조지타운 동네에 있는 안과 병원 수습 간호사로
일했다. 미국에 처음 간 나는 모든 게 희한해 보였다.

"아니, 대통령 딸들이 여름방학 때 그렇게도 할 일이 없나? 우리
박 대통령 딸들보고 신문사, 잡지사에 가서 돈 몇 푼 받으면서 아르
바이트하라면 하겠나?"

나는 미국에 살면서 모든 게 우리와 많이 다른 미국 사회의 의식
구조에 대해 상당한 충격을 받기도 했다. 더욱이 내가 잘 아는 청년
(미 상원의원, 버지니아 주지사)이 현역 해병 대위 때 백악관에 배치
되어 근무한 것이 인연이 되어 나중에 대통령의 큰딸과 연인관계로
발전하고 결국 정계에 진출한 것을 보면서 미국 사회의 단면을 잘
이해하기에 이르렀다.

그 시절의 교훈

1964년에 남한의 경제력은 북한의 절반 수준이었다. 수출 1억 달러, 1인당 국민소득 100달러. 세계 120여 개국 중 북한은 40위권, 남한은 100위권 밖의 최빈국이었다.

6·25 전쟁 후 10년 동안 남한은 정치적으로 자유민주주의를 향한 시행착오를 계속했고, 경제적으로는 미국 원조가 줄어들면서 만성적 빈곤에 시달렸다. 반면, 같은 기간 북한 경제는 소련과 동유럽 공산권 경제의 활성화에 힘입어 상당한 성과를 올렸다. 이웃 일본은 1964년 도쿄올림픽을 개최하면서 패전국에서 다시 경제 강국으로 일어서고 있었다.

대한민국 안보와 경제는 훅 불면 날아갈 정도로 취약했다. 박정희 대통령은 5·16 쿠데타 이후 1963년 실시된 대통령 선거에서 윤보선(尹潽善) 후보에게 간신히 이긴 후 새해를 맞았다.

경제개발 5개년 계획은 외화 부족으로 제대로 시작도 못 하고 있었다. 마침내 '수출 제일주의' 결단을 하게 된다. 그러나 수출할 물건이 없었다. 결국 여성들의 머리카락을 잘라서 팔기 시작했다. 구로공단이 조성되면서 가발산업으로 발전했고, 드디어 1969년에는 수출 1위 품목이 됐다.

박 대통령이 독일 정부가 제공한 항공기 편으로 독일을 방문, 우리 광부와 간호사들 앞에서 눈물의 연설을 하고 파고다 담배 500갑을 선물로 주고 온 것도 1964년이다. 그러나 이런 노력만으로는 턱없이 부족했다. '매국노', '전쟁용병' 비난을 각오하고 한일 국교정상화와 베트남전쟁 파병을 결단했다. 박 대통령의 '내가 죽은 뒤 내 무덤에 침을 뱉어라!'라는 말은 영원히 기억될 것이다.

그렇게 10년 … 1974년 가까스로 북한 경제를 따라잡았다.

1964년은 대한민국 도약의 원년(元年)이다. 6·3 사태를 겪으면서까지 대일청구권 자금을 받았고, 이는 경부고속도로와 포항제철 등 산업인프라 구축의 종잣돈이 됐다. 베트남전쟁 파병은 한미동맹을 진정한 혈맹으로 강화시켰고, 짧은 기간에 수출 및 국내 산업발전, 해외 경험 축적의 부수적 효과를 올렸다. 그리고 파병 세대는 1970년대 '산업전사'로 변신하여 중동의 사막에서 세계인을 경탄시켰다. 젊은이들의 피땀은 세계 경제가 오일쇼크로 휘청거릴 때 '경공업-중공업' 도약을 이루어내는 원동력이 됐다.

한때 〈응답하라 1994〉 드라마가 화제를 모았다. 물질적 풍요, 정치적 민주화가 이뤄진 1994년 대학생들이 40대가 되어 학창시절의 낭만을 회고하는 내용이다. 이들의 꿈과 사랑, 도전과 성취 모두 아름답다. 그러나 잊어서는 안 될 사람들이 있다.

1960년대 머리카락을 잘라 팔아야 했던 소녀들, 학업을 포기하고 장시간 노동을 했던 여공들, 독일 탄광과 월남 정글에서 목숨을 걸었던 젊은이들, 1970년대 사막에서 돌관 작업을 마다하지 않았던 산업전사들의 희생과 헌신이 없었다면 어떻게 됐을까.

1964년의 교훈은 선명하다. 우리 국민은 자식 세대에 무식과 가난을 물려주지 않기 위해 고난을 견뎠다. 그리고 지도자는 결단했다. 박정희 대통령은 신년사(연두 교서)에서 '남에게 의존하지 않고 먹고살 수 있는 토대를 닦자!'며 '내 스스로 삽과 괭이를 들고 증산과 검약에 앞장설 것'임을 약속하고 국민 동참을 호소했다. 최대한 소통하면서 필요할 땐 악역을 피하지 않았다.

박 대통령은 존슨 대통령을 만나러 가면서 김포공항에서 그 속내를 밝혔다.

"다시는 빈곤과 굴욕이 없는 자주, 자립의 역량을 배양해야겠습니다. … 이 기회에 한 가지 소신을 밝혀 둘 것은 우리가 공짜라는 무상원조에만 지나치게 기대고 살아왔던 부끄럽고 낡은 과거로부터 크게 한 걸음 나아가 떳떳하게 빌려 쓰는 장기 차관(借款) 등의 호혜적인 국제협력에도 큰 노력과 관심을 기울여야 하겠다는 것입니다."

아니나 다를까 미국은 당시 한국의 약점을 잘 알고 있었다. 사탕을 주듯 열악한 경제사정을 이용해 베트남에 병력 파병을 요청했다. 백악관에서 열린 제1차 한미 정상회담에서 존슨 대통령은 박 대통령에게 "한국이 월남전에 병력을 1개 사단을 보낼 수 있을까요?" 하고 물었다.

1965년 5월 17일의 한미 정상회담은 30분 만에 끝났다. 그런 다음 존슨 대통령은 박 대통령과 로즈가든을 거닐며 환담했다. 존슨 대통령은 한 마디 한 마디 할 때마다 박 대통령을 즐겁게 해 주려고 무척 애쓰는 모습이었다.

이날 오후 5시 2차 정상회담을 시작하며 존슨 대통령은 말했다.

"내년에 나는 30억 달러 규모의 군사, 경제 원조 예산을 의회에서 통과시켜 줄지 좀 걱정이 돼서 몇몇 우방국 원수들의 방미를 좀 미루고 있습니다."

박 대통령이 말을 받았다.

"한국은 잘 훈련된 60만 명의 군대를 갖고 있습니다. 우리 군은 미군과 어깨를 나란히 하고 공산주의와 싸울 것이며 따라서 지금으로서는 미국의 지원에 의존하지 않을 수 없습니다."

"박 대통령 각하의 그런 다짐은 정말 감동적입니다."

박 대통령은 이제 발표할 '공동성명서'에 들어갈 '기술 및 응용과학 연구소 건립안'에 대해서도 이를 기꺼이 받아들이겠다고 말했다.

존슨 대통령이 한마디 했다.

"각하나 나나 과거에 젊었을 때 초등학교에서 교편을 잡은 적이 있지 않습니까? 그러니 과학교육에도 신경을 써야 합니다. 도움이 필요하시다면 나의 과학담당 고문을 한국에 보내겠습니다. 동의하신다면 이 대목도 공동성명에 넣으면 어떨까요?"

한국과학기술연구소(KIST)는 이렇게 탄생했다.

당시 한미 정상회담의 의제는 그야말로 다양했다. 베트남전쟁에 파병되는 우리 장병들의 복지문제, 전투장비, 장병들의 봉급, 새로운 무기체계, M16 소총 제조공장, 그리고 '우리 장병들은 베트남

한미 정상회담 당시
장기영 부총리(1965.5.17.).
그는 언제나 박 대통령과
함께 현장을 뛰었다.

전선에서 하루라도 김치 없으면 못 싸운다'며 김치공장 설립 등 미국
대통령으로선 도저히 알아들을 수 없는 세세한 의제까지도 밀어붙
이면서 당시 회담에 배석했던 부총리 겸 경제기획원 장관 장기영은
전직 한국은행 부총재 시절 밀어붙이던 스타일로 존슨 대통령을 압
박했다. 그리고 '미국이 약속한 1억 5천만 달러의 개발 차관도 매년
미 의회의 승인을 받아서 지급될 것이다'라는 항목도 '매년'이라는
어구만 떼어버리도록 하면서 일사천리로 회담을 끝냈다.

김성진 동양통신 특파원과 한국일보 특파원이었던 나는 풀기자로
열심히 박 대통령의 방미관계 기사를 써 보냈다.

마지막 날 주미 한국대사(김현철) 관저에서 박 대통령은 아쉬운
소리를 한마디 했다.

"실은 여기 와 보니까 … 내 주변에 미국을 아는 사람이 별로 없어 …
이 사람 빼놓고 … ."

그러고는 옆에 서 있는 이후락 비서실장을 손으로 가리켰다.

"이 사람도 그냥 뭐 대사관에 무관으로 일한 경험밖에 없고 … ."

그러면서 대통령은 마치 하소연이라도 하듯 했다.

"그러니 임자들 임기 끝나면 돌아와서 날 좀 도와주면 좋겠어."

그런데 그 엄숙한 순간에 내가 왜 그랬는지는 몰라도 분위기에 맞지도 않는 말을 내뱉고 말았다.

"무슨 기자가 청와대에 들어가 일합니까!"

도대체 그때 내가 왜 그런 당치도 않은 소리를 했는지 지금도 그 생각만 하면 진땀이 난다.

내 옆에 조용히 앉았던 김성진 특파원은 귀국 후 청와대 대변인을 거쳐 문화공보부 장관이 됐다. 내가 당돌하게 거부의사를 밝힌 것이 감투를 못 쓴 빌미가 된 것 같다. 솔직히 말하면 박 대통령이 다시 내 의중을 떠봤다 해도 공직은 극구 사양했을 것이다.

— 7장 —

5·16 쿠데타

이번 혁명은 제가 했습니다

1961년 5월 16일.

박정희 소장을 비롯한 대한민국 육군 일부 세력이 일으킨 쿠데타로 장면 정권의 제 2공화국은 출범 9개월 만에 무너졌다.

외무부와 총리실을 출입하던 나는 그날 새벽 미 UPI통신 종군기자였던 언론계 중진 서인석 한국일보 정치부장으로부터 전화를 받고 어리둥절했다.

"이봐, 데이비드, KBS 새벽방송 들어 봤어?"

"아니오, 못 들었는데요. 무슨 일 있나요?"

"응, 무슨 군인들이 혁명을 했다면서 계속 떠들어대고 있는데 ···. 하여간 좀 있다가 시청 앞에 있는 그 다방에서 만나지."

우리는 지금의 롯데호텔 자리에 있던 다방에서 만나기로 하고 시청 앞으로 갔는데, 때마침 달려온 경향신문 정치부의 윤금자 여기자와도 거기서 우연히 마주치게 되었다. 윤 기자가 나의 팔짱을 끼고 지나가는 꼴이 보기 싫었는지 혁명군 장교 한 사람이 공중에다 대고 '탕탕' 카빈총을 쏘아댔다. 우린 깜짝 놀라서 그 다방에 뛰어 들어갔다. 시청 앞에서 덕수궁에 이르는 큰길을 따라 엄청 많은 병력이 도열해 있었다.

'확실히 뭔가 터졌구나.'

며칠 후 태평로에 있는 국회의사당(중의원)에서 군인들이 무슨 발표를 한다고 하여 우리는 모두 그리로 갔다. 공수부대 장병들이 일일이 신체검사하듯 검색한 후 취재기자들을 차례로 들여보냈다. 나는 서인석 선배와 함께 중간쯤에 자리 잡았고, 내 옆에는 평소 잘 알고 지내던 뉴욕타임스 통신원 윤호근(尹浩根) 선배가 뉴욕타임스 도쿄 특파원과 함께 자리하고 있었다.

오전 11시쯤 되니까 미군 카키복을 입은 젊고 잘생긴 청년이 검은 안경을 쓰고 연단 위에 올라 꾸벅 인사했다.

"안녕하십니까? 국내외 언론인 여러분! 저는 예비역 육군 중령 김종필입니다."

당시 그의 나이 36세였다. 생전 들도 보도 못한 사람이 이 많은 기자들을 모아 놓고 무슨 말을 하려는지 궁금했다. 말하자면 이번에 군인들이 나서서 난리를 부리는 걸 공식적으로 설명하려는 듯했다.

여러 얘기 중에서도 뚜렷이 기억에 남는 말이 있었다.

"이번 혁명은 제가 했습니다."

글쎄 네가 했는지 누가 했는지 그와는 상관없이 한동안 무슨 연설이나 설명 같은 걸 줄줄이 엮어 가는 동안 나는 그냥 '너 지껄여라 난 죽었다'는 그런 심정으로 듣고만 있었다.

그 옆에서 영어로 통역하는 김 소령은 내가 평소에 알고 지내던 사이였다. 또렷한 음성으로 설명하는 카키복 사나이와는 달리, 마이크를 통해 전달되는 그의 영어 발음과 목소리가 제대로 전달이 안 됐다. 그러던 중 도쿄에서 날아온 뉴욕타임스 특파원은 갑자기 자리에서 벌떡 일어나더니 앞으로 나가며 소리소리 질렀다.

"이봐요, 무슨 소린지 잘 안 들려요. 좀 큰 소리로 말해 주시고 … 또 당신 말이야 … 김 뭔가 … 이번 쿠데타를 당신이 했다고 조금 전에 말했는데, 내가 다른 소스에서 들은 건데 당신이 아니라 무슨 별 두 개짜리가 했다던데."

나는 겁이 덜컥 났다. '괜히 이 녀석 옆에 앉았다가 큰일 나는 거 아냐?' 올챙이 기자는 혼자 겁먹은 채 좌불안석이었다.

그러자 단상의 카키복 사나이가 힘주어 말했다.

"다시 말씀드리지만, 이번 혁명은 제가 했습니다. 그렇게들 알고 계시면 됩니다."

무슨 대통령 담화 같은 그 한마디로 장내 분위기를 휘어잡는 것이었다. 김 중령은 시종 차분하고 정리된 목소리로 5·16 군사혁명의 당위성과 필연성을 설명하기 시작했고, 우리는 항상 들고 다니는 기자수첩에다 열심히 받아쓰느라고 정신이 없었다.

우리는 기자회견이 끝나자마자 우르르 밖으로 밀려나갔다.

나는 마침 평소부터 알고 지내던 김 소령을 붙들고 다시 물어봤다. 그의 애칭은 지미였다.

"헤이 지미, 정말 저 사람이 혁명했대?"

"이거 봐, 데이비드. 저 양반이 그렇다고 말했잖아. 낸들 뭐 …."

그래서 5·16 쿠데타는 김종필(육사 8기생)의 주동으로 이뤄진 것으로 세상에 알려지기 시작했다.

기자회견장을 나오면서 나는 은근히 걱정이 앞섰다.

'그나저나 장면 총리는 어떻게 된 거야?'

나는 같은 가톨릭 신자로서 장면 총리를 꽤나 좋아했다. 그리고 비서실장을 비롯해 공보비서관(송원영 전 경향신문 정치부장) 등과는 자주 얼굴을 보는 사이였는데 총리조차 행방이 묘연한 게 마음에 걸렸다.

1961년 5월 15일, 쿠데타 전야, 그날도 장면 총리는 장도영(張都英) 참모총장의 말을 믿으며 평상시와 다름없이 반도호텔 809호실에서 집무를 했는데, 새벽 2시 장도영은 총리 경호실로 급하게 전화를 걸었다.

"30사단에서 장난하려는 것을 막았습니다. 지금 해병대, 공수부대가 서울로 들어오려는 것을 한강 다리에서 막고 있습니다. 그러니 아무 염려 마시고 그저 그런 일이 있었다는 것만 알고 계십시오."

여전히 무사하다는 말이었다.

얼마 후 곧 총성이 요란하게 들렸다. 그제야 장면 총리는 신변에 위험을 느끼게 되어 경호원만 대동하고 우선 반도호텔 건너편 미 대사관으로 갔다. 하지만 문은 굳게 잠겨 있었다. 장면 총리 일행은 다급하게 무교동 골목을 빠져 청진동을 거쳐 중학동 한국일보사 건너편 미 대사관 직원들이 거주하는 사택의 문을 두드렸지만 문을 열어주지 않았다. 어디로 가야 하나?

우선 피신할 곳이 급했다. 그때 장면 총리의 머리에는 혜화동 가르멜여자수도원(봉쇄수도원)이 떠올라 차를 몰고 그쪽으로 갔다. 다행히 문을 열어 주어 장면 총리는 그곳에서 숨어 지낼 수 있었다. 그러면서 굳게 믿었던 미국 정부와 군부의 후속조치를 기다리고 있었지만 미국 정부는 한국의 안보를 몹시 불안하게 보고 있던 중이었다. 이를 계기로 새로운 카드를 만지작거리고 있었던 것이다.

장면 내각의 각료들 대부분이 체포되고 장면 총리와 갈등을 빚고 있었던 윤보선 대통령마저 '올 것이 왔다'며 혁명 지지를 선언했다. 그러자 혜화동 수도원에 숨어 있던 장면 총리는 장도영 참모총장의 권유에 따라 이틀 후 18일 오후에 중앙청으로 나왔다.

우리 취재진은 '장면이 나타났다'는 제보에 따라 중앙청 서쪽 게이트에 대기하고 있었다. 총리실 고문으로 있는 휘터커(Donald Paul Whitaker)의 포드 자동차를 타고 온 장면 총리는 안경도 쓰지 않은 채 담담한 표정으로 총리실 회의장에 나타났다. 잠시 후 엄숙한 분위기에서 진행된 긴급비상국무회의에서 내각총사퇴를 결의한 장면 내각은 군사혁명위원회(장도영 의장)에 정권을 넘겼다.

곧이어 기자들이 모인 회의장 밖으로 나온 장면 총리는 담담한 어조로 내각총사퇴를 결의한 후 정권을 군사혁명정부에 넘긴다는 짤막한 발표를 했다. 미국에서 날아온 CBS 기자는 장 총리에게 "지금 발표사항을 영어로 좀 말씀해 주실 수 없을까요?"라고 요청하자 장면 총리는 아무런 거리낌 없이 그대로 해 주었다.

표정도 없이 지나가다가 우연히 기자를 만난 것처럼 담담하게 내각총사퇴를 결의한 비상국무회의 내용을 영어로 발표하는 모습에서 나는 장면 총리의 새로운 모습을 보았다.

그때 발행된 '대한화보'라는 월간지 표지에는 내각총사퇴를 발표하는 장면 총리의 바로 뒤에 서 있는 내 모습이 대문짝만 하게 실리기도 했다.

얼마 후 판문점 남북회담에 취재차 나갔더니 북한 기자 한 사람이 그 화보를 가지고 와서 보이더니 퉁명스럽게 소리쳤다.

"이봐요, 동무. 무슨 기자가 이렇게 총리 뒤에 서 있어? 기자는 무슨 기자야? 특무야 특무!"

특무란 말하자면 정보부 요원이라는 뜻이었다.

젊은 군인들의 정풍운동

처조카사위인 김종필 예비역 육군 중령의 뜻을 받아 5·16 쿠데타를 주도한 박정희 육군 소장은 그 이튿날 참모총장 장도영을 의장으로, 자신은 부의장으로 하는 군사혁명위원회를 발족시켰다. 곧이어 이를 국가재건최고회의로 개편하고, 1962년 12월 31일까지 전국의 모든 정치인 활동을 중단시켰다.

육사 8기생들과 더불어 쿠데타를 성공시킨 김종필은 국정을 총괄하는 새로운 정부조직으로 중앙정보부를 만들고 전면에 나서질 않았다. 그러나 그는 배후에서 모든 것을 조직, 조정, 지휘, 감독하기 시작했다. 대외적으로는 군사혁명위원회를 실질적으로 주도한 박정희 부의장이 나서서 국정 전반을 이끌어 갔다.

당시 육군 장교들의 사정을 보면, 6·25 전쟁 이후 조직이 갑자기 비대해지고 그 때문에 인사적체가 발생하면서, 승진이 막혀 버린 중견 장교들의 불만이 극심했다. 말하자면 그 앞 기수들까지는 대령 이상으로 빠르게 진급했으나, 8기부터 승진에 제동이 걸리며 적체되는 바람에 대령 계급장을 못단 중령들이 대량으로 발생했다.

예를 들면, 당시 대한민국 육군참모총장이던 장도영은 나이 20대에 사단장, 30대에 참모총장이 되었으나, 불과 3살 연하의 김종필은 계속 중령에서 벗어나지 못하는 딱한 신세가 되었다.

실제로 박정희 정부가 아닌 장면 민주당 정부에서 수립한 경제개발 5개년 계획을 추진하면서 재원 마련에 어려움을 겪어야 했고, 이 시기의 군인들은 사회구조상 질적으로는 한국에서 가장 우수한 시스템 속에서 경험을 쌓은 엘리트였지만, 그 당시 군인 월급으로는 일가족을 부양하기도 어려웠던 것이다.

때문에 부정부패, 물자횡령과 뇌물이 오가는 암담한 상황이었고, 당연히 이에 뜻있는 청년 장교들이라면 불만과 좌절을 느낄 수밖에 없던 상황이었다.

한 예로 1953년 기준으로, 대한민국 전체의 민간인들 중에서 미국 유학생은 7백 명이 좀 안 되었는데, 미국으로 유학 간 장교만 해도 1천 명이나 되었으니 민간 정치인들과 일반 공무원들의 행정 시스템과 업무처리 능력이 당대 군인들에 비해서 현저히 떨어지는 수준이었다.

1961년 2월 군의 정풍운동에 앞장섰던 육사 8기 김종필 중령이 강제 예편당하게 되자 그와 함께 비밀리에 쿠데타를 모의한 동기생들은 어차피 그해 5월 말 모두 예편이 예정된 상태에서 구체적인 계획에 착수하게 된다. 예비역으로 자유의 몸이 된 김종필은 일단 청파동 집을 처분한 여유자금으로 활동을 시작해 자유롭게 여기저기 돌아다니면서 쿠데타 음모를 조직적으로 꾸며 나갈 수 있었다.

혁명 주체가 그냥 육군 중령들의 모임쯤으로 부각될 경우를 우려해 김종필은 일단 부산의 군수기지사령관으로 나가 있는 박정희 소장을 앞세우기로 했다. 박정희는 김종필의 처삼촌이라는 점에서 8

기생 모두의 합의하에 일단 대외적으로 이번 계획에 명목상 우두머리가 되도록 했다.

우리가 중앙청 장면 총리실에 출입할 때 장도영 육군참모총장이 지휘하는 육군에서 느닷없는 하극상 문제가 터져 나와 정가가 한동안 술렁거리기도 했다. 그때(4·19 직후) 김종필 중령은 군 수뇌부의 부정부패, 무능의 문제를 제기하면서 3성 이상 장군들의 퇴진을 요구하는 정군(整軍) 운동을 주동했다.

김종필은 "군대만 제대로 서 있다면 대한민국은 버틸 수 있다. 정치가 아무리 썩고 못마땅해도 군이 굳건하다면 문제는 시간이 해결해 줄 수 있기 때문이다"면서 당돌하게 나섰지만, 별 두세 개짜리 수뇌부들은 "저 건방진 자식, 중령 놈이 뭘 안다고 날뛰는 거야?" 하며 거품을 물었다.

김종필이 감방에 갇혀 있을 때 헌병감 조흥만 준장과의 대화이다.
〔《김종필 증언록》(김종필, 와이즈베리, 2016) 중에서〕

조흥만   이봐. 자진해서 사표 좀 내 줘야겠어.
김종필   못 냅니다. 군법회의에 넘겨주십시오. 법정에서 남길 말을 다하고 나가겠습니다.
조흥만   이제 좀 그만해라. 옷을 벗고 나가면 하극상 사건도 불문에 부쳐 주겠대.
김종필   군법회의에서 '이 썩은 장군들을 다 쫓아내 군을 아주 깨끗하게 만들어야 한다. 그 뒤에 나도 군을 떠나겠다'고 말해야겠습니다.

이틀 뒤 다시 돌아온 조흥만은 예상치 못한 이야기를 꺼냈다.

"정 그렇다면 자네 처삼촌(박정희 소장)을 가만두지 않겠다. 자네들이 박 장군을 업고 혁명을 한다면서? CID(범죄수사대) 포함해 헌병대 인원 700명을 모두 투입해 박 소장을 빨갱이로 만들어 결판내겠다."

박 소장에게 씌웠던 좌익 혐의는 6·25 전쟁을 통해 모두 벗겨진 상태였다. 문관에서 소령으로 복귀했고, 미국 유학을 거쳐 육군 소장까지 승진하지 않았나? 참모총장의 협박은 김종필에게 군과 박정희 사이에 선택을 강요하는 셈이었다.

김종필은 결국 굴복했다. 군복을 벗기로 했다. 1961년 2월 15일이었다.

군복을 벗고 집에 돌아온 날, 김종필은 13년 군 생활을 불명예스럽게 마감한다고 생각하니 억울하고 원망스러워 화가 났다. 엉엉 소리를 내면서 울었다. 결혼기념일 10주년이기도 한 그날 부인은 하염없이 우는 그의 등을 토닥여 줬고 그는 결심했다.

'이제는 정군이 아니다. 혁명을 할 때다.'

그 후 그는 자유로운 몸으로 박정희 소장이 있는 대구로 갔다.

"이제는 혁명을 해야겠습니다! 세상에 기회는 여러 번 오지 않습니다. 한 번 왔을 때 잡아채야 합니다. 이제부터는 앞장서서 저희들을 이끌어 주셔야 하겠습니다."

김종필이 힘주어 말하자, 박정희가 대답했다.

"그래, 알겠다."

박정희와 김종필의 가슴에 품은 뜻은 2월 19일을 기점으로 맹렬한 실천으로 전진했다.

5·16 쿠데타 성공 후 김종필은 정권 유지의 칼자루로 중앙정보부를 만드는 과정에서 당시 '혁명위원회 의장'이었던 장도영을 제거하지 않고는 뜻을 이룰 수 없다고 판단했다.

혁명위원회 의장, 계엄사령관, 육군참모총장 등 온갖 감투를 다 쓰고 있는 장도영은 어느덧 자기 세력을 구축할 수 있는 여건을 거의 다 갖추고 있었기 때문에 여차하면 박정희의 손발을 다 제거하고 자기 나름의 친정체제를 만들어 후사를 도모할 수도 있었다는 게 김종필의 생각이었다.

24시간 장도영의 움직임을 지켜보던 김종필과 육사 8기 동기들은 일단 장도영 제거에 모두 적극적이었다. 그들의 불만은, 5·16 거사 모의 과정에서 장도영을 지도자로 추대하려 했으나 확답을 하지 않았고, 쿠데타 후에도 이래저래 태도를 분명하게 하지 않으므로 일단 처단해야 한다는 데 의견의 일치를 이뤘다.

육사 8기생들은 혁명에 무임승차한 장도영을 그냥 두고 볼 수 없었다. 그래서 김종필은 5월 말부터 장도영 제거 준비에 들어갔다. 그리고 장도영은 반혁명죄로 새벽녘에 자다가 체포되었으나 처단 직전 미국으로 달아났다.

5·16 쿠데타가 일어날 때 박정희는 배후에 있으면서 당시 육군참모총장이었던 장도영을 계엄사령관으로 내세웠는데 시간이 흐르면서 꼭두각시에 불과했던 장도영이 슬슬 이름값을 하려 하자 젊은 장

교들의 제거 대상이 되었던 것이다.

육군참모총장이었던 장도영은 마침 장면 총리로부터 '쿠데타 모의를 알고도 보고를 하지 않았다'고 질타를 받는 박쥐 신세가 돼 버렸다. 거의 30년이 지난 1990년에 김영삼(YS)이 노태우, 김종필 등과 3당 합당을 한 후 목적을 이룬 뒤 김종필(JP)을 몰아낸 '토사구팽'(兎捨狗烹)의 원형은 김종필의 장도영 제거였다.

5·16 쿠데타 주동세력들은 예비사단 병력과 포병단, 해병대, 공수특전단 등을 동원하여 1961년 새벽 서울을 비롯하여 대구시, 부산시 등의 방송국 등 주요 시설을 무력으로 점거했다.

이들은 주한 미국대사관의 공식적인 반대 성명에도 불구하고, 육군참모총장 장도영 중장, 장면 총리와 앙숙관계에 있던 윤보선 대통령 등을 회유하여 장면 총리를 사퇴시키고, 거사 60시간 만에 합법적 정부인 제2공화국을 무너뜨렸다. 행정부, 국회, 대법원의 역할을 포함한 대한민국의 전권을 군사혁명위원회로 가져왔다.

당시 우리의 사회상도 5·16 쿠데타를 성공시킨 요인이 되었다. 1960년의 4·19 (학생) 혁명으로 4월 26일 이승만 대통령이 하야하자, 대한민국 정부는 당시 외무부 장관이던 허정(許政)을 수반으로 하는 과도 내각으로 구성되었다. 허정 내각은 사회 혼란을 수습하고 각계각층의 의견을 수렴하는 개혁정책을 펼치기엔 시간적 제약이 있었고, 내각에 당시 민주당 인사가 참여하지 못하여 구체적인 개혁을 진행하지 못했다. 1948년부터 10년이 넘는 이승만 독재정치가 한국 사회에 남긴 해악은 너무나 지대했고 국민들의 요구는 너무나

넘쳐나기만 했다.

이후 제2공화국이 수립되어 윤보선 대통령, 장면 총리와 민주당이 장악한 의회를 중심으로 정부가 수립되기는 했지만, 여전히 국정은 혼란스러웠고 집권여당인 민주당은 신파(총리파), 구파(대통령파) 간 갈등으로 정쟁은 더욱 심해졌던 것이다. 무엇보다 10여 년 동안 억눌려 온 욕구들을 쏟아내는 데모도 연일 끊이지 않았다. 오죽하면 '데모를 하지 말자'는 데모마저 나왔으니 가히 그때 당시의 상황을 짐작할 만했다.

이집트 쿠데타도 군인들에게 대의명분을 제공했다. 이집트의 민족주의 성향의 장교모임인 자유장교단은 친영(親英) 파루크 국왕 퇴위를 요구하며 쿠데타를 일으켰다. 이집트는 제1차 세계대전 후 영국으로부터 독립했지만 영국군은 중동의 원유수송로인 수에즈운하에 군대를 주둔시키는 등 이집트의 핵심 이권을 장악하고 있었다.

영국과 결탁한 왕실, 귀족, 대지주 등 지배층의 사치와 부패도 극에 달했다. 이스라엘 건국을 막기 위한 1차 중동전쟁(1948년)에서도 패배했다. 이 때문에 청년 장교, 언론인, 교사 등 성장하는 이집트 중산계급들은 국왕과 귀족이 지배하는 구질서를 타파하는 주축이 되었다.

'부패한 군대 때문에 전쟁에서 패배했다. 국익을 해친 반역자들을 이집트 국민들이 용납하지 않을 것을 확신한다'는 자유장교단의 혁명공약에 이집트 국민들이 절대 지지를 보낸 것은 당연한 결과였다.

쿠데타 성공으로 왕정이 막을 내리면서 연장자인 나기브가 이듬해 이집트공화국의 초대 대통령으로 취임했지만, 혁명을 실질적으로 주도한 나세르가 곧 실권을 장악하면서 2대 대통령에 올랐다. 그는 대통령에 취임한 후 이집트 민중의 숙원이던 수에즈운하에서 영국군 철수 요구를 관철시키고 전격적으로 국유화를 단행했다.

5·16 군사쿠데타의 주역인 김종필도 나세르를 자주 언급한 데서도 알 수 있듯이 이집트의 급진적 민족주의는 1950~1960년대 구식민지 국가의 젊은 엘리트들에게 무시할 수 없는 영향력을 미쳤다.

1972년 8·3조치 | 재벌의 탄생

1973년은 1차 오일쇼크로 전 세계의 경제성장이 멈췄던 해였다. 승승장구하던 미국, 일본, 북유럽 국가들은 1973년을 기점으로 성장률이 하락하기 시작했다.

하지만 아이러니하게도 한국의 기업들은 1973년을 기점으로 계열사가 늘어나기 시작했는데, 그 이유는 1972년 8월 3일 박정희 대통령이 발표한 '사채(私債) 동결 조치' 때문이었다. 이 조치로 재벌이 탄생했다. 박 대통령은 재벌을 경제성장의 주춧돌로 삼은 것이다. 영어로, 'Chaebol - Conglomerates'라는 특이한 명칭을 가진 한국적 재벌기업은 이렇게 해서 대한민국 경제의 꽃으로 피어나게 된다.

믿기진 않겠지만 지금 대한민국을 이끄는 대기업 현대와 삼성, LG 같은 기업도 그 당시엔 모두 사채 빚에 허덕이며 밤마다 부도를 걱정하면서 회사를 운영해야 했다. 은행이 돈이 없었기 때문이다. 그 당시에 국민들은 저축할 여유가 없었으니 이자는 매우 비쌌고, 기업이 열심히 일해서 사채업자들에게 돈을 가져다주는 꼴이었다. 하지만 사채업자들은 조직폭력배는 물론 유력 정치인들과 연계되어 대한민국을 장악하고 있었기 때문에 그 누구도 손댈 수 없었다.

박정희 대통령은 전 세계적인 불황 속에서 기업 활성화를 위해 사채 빚을 해결하지 않으면 안 된다고 판단, 1972년 8월 3일 전격적인 사채동결 조치를 발표한 것이다.

이는 그때까지 기업들이 사채업자에게 빚졌던 계약관계를 모두 '무효'로 만든 것이다. 이는 분명히 반민주적이고 폭력적인 조치였다. 사채업자들의 권리를 빼앗은 것이다. 하지만 사채 빚 때문에 어려움을 겪었던 기업들은 환호성을 질렀다.

그런데 야당과 일부 언론은 '독재'라며 박정희 대통령을 신랄하게 비난했고 사채업자들의 저항도 극심했다. 그들과 연결된 정치인, 조직폭력배도 같이 합세하여 대한민국은 표현할 수 없을 만큼의 혼돈에 빠지고 말았다. 1972년 10월 유신이 등장한 바탕에는 박 대통령의 장기 집권에 대한 욕심이 크게 작용한 게 사실이다. 그러나 미국과 중공 간의 관계개선 등 국제적인 환경변화도 빌미를 주었고 국내적으로는 기업의 앞길을 가로 막는 사채라는 암적 요소도 그 원인 중의 하나로 작용했다고 할 수 있다.

박정희 대통령은 10월 17일 국회 해산 및 헌법을 정지시키고, 전국에 비상계엄령을 선포했다. 제3공화국 헌법을 파괴하는 유신헌법이 1972년 12월 27일 국민투표에서 91.5%의 지지로 통과된 후 유신시대가 시작되었다. 그 결과, 지하에 숨어 있던 돈은 하는 수 없이 은행으로 흘러 들어갔고, 자본시장을 통한 기업의 자금 조달은 1971년 39억 원에서 1973년 545억 원으로 급증했으며, 1973년 1분기 GNP성장률은 전년 대비 19% 상승했다. 단 1년 만에 일어난 일이었다.

박정희 대통령은 사채업자들에게 '은행에 돈을 넣고 기업에 투자

'하면' 돈의 출처를 묻지 않을 것이며 세금도 감면해 줄 것이라고 했다. 그리고 기업들에게는 최대한 더 많은 자회사를 만들고 일자리를 창출하면 세금 혜택을 주는 방법으로 경제 활성화를 이끌었다. 그때 구성된 것이 대한민국의 성장을 이끈 30대 그룹이다.

대한민국의 재벌은 이렇게 비정상적인 방법으로 탄생하게 되었고, 비정상적인 성장을 이루게 된다.

사람들은 박정희 대통령에 대해 경제발전은 잘한 일이지만 독재는 잘못했다고 이야기한다. 하지만 이는 모순이다. 독재가 아니었으면 사채업자들을 막을 수도, 비정상적인 경제 조치도 취할 수 없었다. 모든 것을 바꾸기 위해 사회를 뒤집고, 그로 인해 피를 흘렸고 발전했다. 단순하게 잘한 것, 잘못한 것으로 구분할 수 있는 것이 아니다.

그는 사채 동결, 유신독재와 같은 비정상적 조치를 통해서라도 기업을 활성화시켜야 한다고 생각했고, 나라의 백년대계를 위해 모든 비판을 감수하고 독단적으로 나라의 정책을 추진했다. 그는 그것이 옳다고 믿었다. 많은 사람들이 그를 '위대한 대통령'이라고 한다.

그리고 현재 부국강병을 이룬 대한민국이 있다. 역사에 '만약'이라는 가정은 없다. 다만 결과만 있을 뿐이다. 혼란의 시대를 겪었고 대한민국호는 찬란하게 성장했다.

인류를 발전시키는 것은 다수의 군중들이 아니라 소수의 천재들이다. 연료 없이는 자동차가 움직이지 않는다. 누군가 의도적으로 연료를 넣고 시동을 걸어야 움직이는 것이다. 한국이 이루어낸 경제 발전은 '한강의 기적'이 아니며, 한국인들이 뛰어나서도 아니다. 소수의 천재들이 있었고, 그들을 지휘한 지도자가 있었을 뿐이다.

한국에 기적은 경제발전이 아니라 '박정희 대통령'이라는 존재이다. 그러한 천재 같은 지도자가 있었기에 기적 같은 부국강병을 이끌어 낼 수 있었다.

쿠데타에 대한 소회

여하튼 내가 보기에 그 무렵부터 박 대통령의 권력에 대한 집착은 더욱 심해졌고, 급기야는 이듬해 유신체제라는 유례없는 '영구집권체제'를 선포하기에 이르렀다.

당연히 유신체제는 국내외로부터 격렬한 반발에 부딪치게 되고 마침내 재야인사들, 종교계, 학생들까지도 들고 일어나 이에 항거하기 시작했다. '남북 간의 경쟁을 이겨 나가기 위해서는 우선 대한민국부터 국론의 통일을 이루고 국력을 극대화하기 위해서는 유신체제가 불가피하다'는 논리와는 달리, 국론이 여러 갈래로 나누어지는 슬픈 현실에 직면하기에 이르렀다.

이와 같은 긴박하고 긴장된 상황에서도 나의 천생 직분인 '앵커맨'의 역할과 기능을 망각하지 않은 채, 살얼음판에 서 있는 내가 박 대통령에게 술김에 '제발 이제 대통령 좀 그만 하십시오!' 하고 당돌하게 내뱉은 이면에는 아마 이런 생각이 오랫동안 잠재의식으로 축적되어 있었던 게 아닌가 하는 느낌을 지울 수 없었다.

쿠데타로 정권을 잡고 무려 18년이란 세월을 보내며 초근목피(草根木皮) 의 가난에 찌든 나라를 이렇게 세계가 부러워하는 선진국으로 만들어 5천 년 만에 처음으로 백성들이 이팝(쌀밥) 을 먹게 한 그 위대한 업적은 높이 평가되어야 한다. 하지만 이른바 민주주의를 한다는 나라에서 1인 독재를 이렇게 장기화하도록 내버려 둔다는 것은 자라나는 젊은 세대에게 도저히 납득이 가지 않는 대목이었다. 정 그렇다면 오히려 새마을 정신을 이어갈 후임 집권자로 하여금 못다 한 꿈을 이어받게 하여 역사에 길이 빛나는 '민족중흥'의 영웅으로 남도록 할 수는 없었을까? 나는 그런 생각을 가끔 했다.

그러면서 5·16 쿠데타 후 우리들에게 당돌하게 말한 JP를 항상 마음에 두고 있었다. "혁명은 제가 했습니다!" 하고 온 천하에 밝혔던 김종필로 하여금 미완(未完)의 혁명과업을 완수토록 하면 되지 않을까?

5·16 쿠데타가 났을 때 정치부 기자로 총리실에 출입했던 나에게는 왠지 몰라도 장면 총리가 정말 마음에 드는 정치인이며, 어른이었다. 특히 내가 천주교에 입교한 지 2년 만에 가톨릭 신자가 정권을 잡게 되었다는 막연한 기대감, 만족감 그리고 자신감 같은 게 갑자기 용솟음치는 바람에 올챙이 기자 시절은 정말 내 인생의 황금기 같았다.

그런데 하루아침에 그것이 물거품처럼 되어 버리니 말할 수 없을 만큼 참담했다. 그래서 혁명을 일으켰다는 군인을 볼 때마다 약간의 증오심과 불편한 감정이 뒤섞여 한동안 깊은 고뇌에 빠지고 말았다.

지금은 광화문 네거리 미국 대사관 땅에 있던 건물을 '국가재건최고회의' 본부로 하고 그 빌딩 한구석에 기자실이라고 만들어 놓았다. 출입기자증을 발부할 때 마치 범죄자들을 데려다 증명사진 찍듯 했다. 만들어 놓은 최고회의 출입기자증이라는 것도 흑백사진으로 아주 볼품도 없으려니와 그것조차 발부받아야 할 선배기자들은 갑자기 모습이 사라져 나는 하루 종일 창고 같은 기자실에서 그냥 벽만 쳐다보고 있었다.

내가 제일 좋아해서 졸졸 따라다니던 한국일보 정치부장 대우 서인석 선배나, 항상 출입기자실 기도 노릇해 주던 씩씩한 사나이 문창탁(文昌鐸, 상공일보 기자) 선배 등은 아무리 찾아다녀도 한동안 나타나지 않았다. 나는 외롭고 슬펐다.

이런 유능한 선배들은 5·16 쿠데타를 실제로 일으킨 김종필 중앙정보부장이 만든 정당(민주공화당) 당원에 뽑혀 단기 연수 — 일종의 봉쇄교육을 받고 있다는 걸 나중에 알아냈다. 서인석 선배는 얼마 후 집권당인 공화당 대변인, 그리고 아주 훗날 문창탁 선배는 공화당 길재호(吉在號) 사무총장 밑에서 사무차장까지 했다.

반면, 국방부 출입기자였던 선배들이나 경제부 기자를 했던 선배들은 거의 모두 행방이 묘연해서 연락할 수가 없었다. 모두 무슨 부정부패와 연루되어 혁명군한테 붙잡혀간 게 분명했다. 나야말로 올챙이 중에 올챙이인지라 부정부패와는 하등 연관성도 없을 뿐 아니라 명색이 신문기자라지만 기자답게 보이거나 행동할 수 있는 입장도 아니었다. 그러니 잡혀갈 이유가 없었다.

'훌륭하게 사는 것이 최선의 복수'라는 영국 속담이 있다. '바람을 심는 사람은 폭풍을 수확한다!'는 성서 말씀도 있고 보면, 나는 어쩌면 '바람만 일으키고 수확도 제대로 못 하고 떠나는 바보 같은 사람이 아닌가' 생각도 하게 된다.

—8장—
영원한 빛 김수환 추기경

빛은 어둠을 이긴다

지금은 무엇보다 누가 먼저 민족의 화해와 일치를 위해 손을 내밀어 악수를 청하고 하나가 되도록 노력하느냐가 중요한 때다. 누가 6·25 동족상잔의 비극을 일으켰고, 누가 조지 오웰의 《1984》에서처럼 온 인민을 헐벗고 굶주리고 탄압받는 창살 없는 감옥으로 몰아넣었느냐를 따질 때는 아니다.

　김대중 대통령처럼 꾸준히 햇볕을 쪼이며 어둡고 컴컴한 사회를 밝혀야 한다는 생각을 하는 것도 일단 평가할 만하다. 또한 우리 천주교회에서 그동안 알게 모르게 대한적십자 창구를 통해 수백억 원어치의 사랑의 선물을 북녘 동포에 전달하며 사랑의 손길을 보낸 것도 남북이 하나가 되는 길목에서 눈길을 끄는 대목이 아닐 수 없다.

서울 마포구 성산동 본당의 주임으로 사목한 김병일 요셉 신부는 6·25 때 어린 나이에 홀로 유엔군을 따라 남쪽으로 왔다. 그러나 어디도 갈 곳도 없었던 소년은 그때 유엔군 군종신부(필리핀 출신)의 도움으로 소신학교(小神學校)에 들어가 나중에 사제서품을 받게 되었다. 1·4 후퇴 때 황해도 봉산군 사리원 집 문지방까지 쫓아 나오는 모친께는 잠시 갔다 오겠다고 했지만 분단 4반세기 동안 서로의 안부조차 알 길이 없었다.

1970년대 남북 적십자회담으로 물꼬가 트이고 7·4 공동성명으로 남북화해의 희망이 보였지만, 남북을 두 쪽으로 나누어 통치하던 독재자들은 오히려 집안 단속에만 혈안이 되고 영구집권에만 정신을 쏟았다.

김병일 신부는 그때부터 기도를 시작했다. '몇 사람이 모여도 성령과 함께' 하는 소그룹 기도모임을 이끌어가면서 남북이 어떻게 하든 하나가 되도록 성모님께 매달렸다.

그때마다 성모 마리아처럼 인자했던 북에 계신 어머니를 그리며 김병일 신부는 열절한 기도를 올렸다. 그리고 몇 명 안 되는 평신도들과 뜻을 모아 '천주교한민족복음화추진본부'(나중에 천주교한민족돕기회)를 만들어 대표 지도신부가 되었다.

서부전선 최전방 철책선 위에 우뚝 선 '까치봉 고지'에 '기도의 집'을 짓고 북녘의 하늘을 보며 주일마다 미사를 봉헌했다. 신자들의 기도시간에는 임진강 건너에서 들려오는 북한 인민군 초소의 확성기 소리로 헷갈릴 때가 한두 번이 아니었지만 '한민족복음화추진본

통일기원 미사를 마치신 김수환 추기경님과 함께

부' 회원들은 "주님, 나를 당신의 도구로 써 주소서"라는 성 프란체
스코의 기도로 시작하여 '우리의 소원은 통일'이라는 마침 성가로 끝
을 맺으며 성모님께 기도했다.

 그러는 동안 그곳 '통일동산'의 종교부지 2,300평을 14억 8천만
원에 토지공사로부터 매입하여 천주교 서울대교구에 바쳤고, 매해
6·25 때면 그곳 광장에서 수천 명의 이산가족들, 장애인, 나환우,
군인, 청소년적십자 회원들, 그리고 일반 신자들이 한데 어울려 김
수환 추기경님, 주교님들과 사제 공동집전으로 미사를 봉헌하고 나
서 '북한동포돕기 걷기대회'를 가지곤 했다.

 14년 동안 6·25 통일기원 미사를 이끌어 주셨던 김수환 추기경
님은 딱 한 번 참석하지 못했다. 철원에서 천주교 춘천교구 주관으
로 하는 전국적 규모의 '통일기원대회'에 명예대회장이 되어 그쪽 행

김수환 추기경님이 집전한 통일기원 미사에는 당시 대통령 후보인
김대중 총재와 이회창 의원도 참석했다(1996.6.23.).

사를 주관해야 했기 때문이다.

추기경님이 참석하여 주재하시는 통일기원 미사에는 '한민족돕기
회' 고문인 김대중 총재, 이회창 총재를 비롯하여 수많은 정치권 인
사들이 참석했고, 주최 측에선 다가오는 대선에서 누가 대통령에 당
선되어 집권하게 되더라도 통일을 향한 한민족돕기 운동은 더욱 활
발하게 전개되리라고 다짐했다.

나는 애초에 김대중 선거캠프에 들어갈 생각은 전혀 안 했다. 그
런데 대선이 있기 1년 전쯤 마포에 있는 호텔 2층 일식당에서 만난
날, 그의 처남이자 나의 경복고 동창인 이성호와 함께 마주 앉았던
김대중 총재는 내 얼굴을 보며 딱 부러지게 말했다.

"우리 당에 부총재 중에 전라도는 한광옥뿐이여!"

사실 나의 고향은 황해도다. 부총재를 맡으라는 제의였다. 그러
나 내가 지금 북한 선교 목적의 한민족돕기회 일도 크게 벌여 놓고

있고, 또 추기경님이 이끌어 가시는 민족의 화해와 일치를 위한 교회 사업이 절정에 이르고 있었다. 정치권으로 발을 들여 놓기에는 내가 너무나 교회 사업에 깊이 묶여 있다는 사실 등을 설명하자, 김 총재는 다짜고짜 한마디 하는 것이었다.

"내가 김수환 추기경님께 말씀드릴 테니께."

그걸로 나는 대화를 끝내고 나왔다. 그렇지 않아도 나하고 가깝게 지내던 이종찬 전 원내총무가 제주도에 내려가 김대중 대통령 만들기에 열중하고 있을 때였다.

또 다른 '천주교한민족돕기회' 고문인 이회창 총재는 나하고는 거의 맞는 게 별로 없었지만, 우선 나는 그의 정직함과 고지식한 면이 오히려 마음에 들었다. 나는 평소에 우리나라 정치권의 부패상에 꽤나 부정적인 생각을 해왔던 터라 이회창 정도의 정직한 리더가 집권하면 그게 계기가 되어 나라 안팎이 어느 정도 부패로부터 자유스러워지지 않겠느냐 하는 생각을 은밀히 하고 있었다.

내가 TBC 앵커맨 때 역촌동에 앞뒷집을 짓고 살던 이회창 총재의 친구 오성환 대법관의 아이들과 우리 아이들은 아주 가까운 친구들이었다. 한번은 밤 12시 통행금지 전에 오성환(吳成煥) 대법관 집에 몰려온 이회창 대법관과 내 경복고 동창 이한동 군은 우리 집 대문을 발로 차며 소리소리 질러댔다.

"야, 이 새끼, 벌써 자냐? 지금 몇 신데⋯."

나는 그 소리에 이불 속으로 들어가면서 자는 척했다. 왜냐하면

오성환, 이한동 등은 워낙 두주불사인 데다가 나는 매일 아침 8시
땡 치면 TBC 〈뉴스전망대〉라는 라디오 뉴스프로그램을 진행해야
했기 때문이다. 그 시간에 폭탄주 마시기에 동조했다가는 도저히 그
날 하루를 견디기 어려워 오성환 판사댁의 3차 회동에는 미안하지만
참여할 수가 없었다.

어쨌든 그렇게 오랫동안 지속된 우리들의 우정과 보수적 이념을
바탕으로 맺어져 있는 흐름을 제치고 진보적 성향의 김대중 후보 진
영과 인연을 맺는다는 것은 사실상 힘든 일이었다. 그래서 나는 중
립을 지키기로 마음먹었던 것이다.

김대중과 이회창의 악수

김대중 '천주교한민족돕기회' 고문이 대통령에 당선(1997년 12월. 15대 대선)되었으니, 천주교 쪽에서도 축하행사를 해야겠다는 생각이 들었다.

그래서 총재인 김수환 추기경님을 찾아갔다.

"추기경님, 이제 우리 고문 중에 한 분인 김대중 총재가 대통령에 당선되었으니 우리 교회 차원에서도 당선 축하를 해드려야 하지 않겠습니까? 당선 축하미사를 봉헌한다든가⋯."

"아, 그거 미처 생각 못 했군. 그래, 그래요."

추기경님은 너무 반가워했다.

"봉 회장, 얼른 이거 김옥균 바오로 주교님(총대리 주교)께 말씀드려서 실행하도록 해요!"

"알겠습니다."

이렇게 해서 대통령에 당선된 김대중(토마스 무어) 고문을 위한 당선 축하미사를 준비하기 시작했다.

우선 서울 시내 200여 본당의 총회장을 비롯하여 전·현직 사목위원들을 중심으로 행사장을 메우도록 했고, 김대중 당선자 측과 몇 차례 협의를 거쳐 그날의 일정을 조절해 나가기로 했다. 때때로 일이 잘 안 풀릴 때에는 우리 나름대로 당선자 측과 협의를 거쳐 결정했는데 주로 김대중 후보 곁에서 언론계 인사들과 교류를 했던 박지원(전 국정원장) 요셉 형제가 나서서 조정하기도 했다.

토요일 오전 11시에 시작되는 축하미사에 맞춰 김대중 당선자는 10시 30분까지 주교관으로 김수환 추기경님을 예방하여 담소를 나누기로 했다. 그 후 두 분이 나란히 걸어서 대성당 쪽으로 간 다음, 추기경님은 제대 뒤의 사제실로 가고 당선자 내외는 오른쪽 문을 통해 입장하여 제대 앞에 마련된 특별석에 앉기로 했다.

마침 폴란드 대통령에 당선된 바웬사 내외가 방한 중 미사에 참례했을 때 사용했던 의자들을 다시 꺼내 사용하기로 했다.

'천주교한민족돕기회'의 또 다른 고문이었던 이회창 후보의 자리 마련은 내가 본당 신부와 협의 끝에 명동대성당 사제관에서 미사 전에 잠깐 앉아 있다가 걸어서 동쪽 문으로 들어와 맨 앞자리에 앉도록 하는 방안이 채택되었다. 원래 이회창 후보는 지방에 내려가기로 되어 있었으나 추기경님의 간곡한 당부로 이날 축하미사에 참석하게 된 것이었다.

그 며칠 전 나는 김수환 추기경님께 당선자 축하미사에 관한 보고 말씀을 드리는 가운데 이회창 낙선자의 미사 참례문제를 꺼냈다.

"추기경님, 어차피 두 분의 한민족돕기회 고문 중 한 분이 당선되었고 한 분이 낙선했는데, 이회창 고문이 당선된 김대중 고문의 축하미사에 참례하는 게 남 보기에도 그렇고 예의 아닙니까?"

"그래, 그래, 좋은 생각이야. 한번 연락해 봐, 봉 회장!"

추기경님이 아주 반기시는 바람에 내가 직접 전화했다.

이회창 고문은 내 전화를 받고 기뻐했다. 그래서 내가 자초지종을 설명하면서 그날 꼭 와서 함께해 줬으면 좋겠다고 말했다. 그랬더니 이 고문은 약간 부정적인 반응을 보였다.

"봉 형제! 나 그날 지방(충청도)에 갈 약속을 해 놨는데, 이걸 어떻게 하지?"

"아, 그럼 잠깐 기다려 봐요. 추기경님 바꿔 드릴게 ….."

추기경님은 반갑게 전화를 하면서 간곡하게 그날 좀 참례해 주셨으면 좋겠다는 말씀을 하는 것이었다.

추기경님이 전화를 끊자 나는 황급히 물어봤다.

"추기경님, 이회창 총재 오겠대요?"

"오시겠대. 고향 선영(先塋)에 들르고 다른 일도 있긴 한가 봐."

나는 너무 기뻤다. 내가 고문으로 모시는 두 분이 선거도 끝나고 화해하는 뜻으로 온 국민이 보는 앞에서 미사 참례를 함께하는 모습이야말로 지극히 가톨릭적이지 않은가!

우리는 이회창 총재로 하여금 그날 명동대성당 주임신부 사제관에 미리 와 있다가 미사시간에 맞춰 성당 동쪽 문으로 입장하여 맨 앞자리에 나와 함께 앉도록 했다. 비서실장 신경식 의원을 비롯하여 우리 셋은 나란히 앉아 대통령 당선자를 위해 함께 기도했다.

가톨릭교회에서는 영성체 예식에서 서로 평화의 인사를 나누기로 되어 있다. 평화 예식 중에 예수님의 뜻을 실천하는 대목에서, 사제는 이렇게 기도한다.

"주 예수 그리스도님, 일찍이 사도들에게 말씀하시기를 '너희에게 평화를 두고 가며 나의 평화를 주노라' 하셨으니 저희 죄를 헤아리지 마시옵고 교회의 믿음을 보시어 주님의 뜻대로 교회를 평화롭게 하시고 하나 되게 하소서. 주님께서는 영원히 살아 계시며 다스리시나이다."

그런 다음 사제는 모두에게 "평화의 인사를 나누십시오!" 하면, 모든 신자들이 서로, "평화를 빕니다!" 하고 인사한다.

이 대목에서 내가 옆에 앉은 이회창 총재를 일으켜 세웠다.

"이봐요, 지금 나가서 앞에 앉은 김대중 당선자 내외한테 평화인사를 하고 와요!"

"지금?"

"그렇지. 지금, 어서!"

이회창 총재가 다가가자 김대중 당선자는 자리에서 일어나 두 손을 마주잡고 어찌나 반기며 인사를 나누던지. 승자와 패자의 아름다운 모습은 참으로 가톨릭다운 평화의 모습 그 자체였다.

누가 아무 말도 안 했는데 갑자기 장내에서 줄기찬 박수가 터져나왔다. 자리로 돌아온 이 총재에게 나는 한마디 했다.

"아주 잘했어요! 정말 잘했어. 훌륭해!"

미사가 끝날 무렵 추기경님은 기분이 꽤나 좋아 보였다.

"오늘 당선자를 위해 이렇게 많이 오셔서 축하해 줬는데 김 총재께서도 한 말씀하셔야죠?"

김 총재는 기다렸다는 듯이 제대 옆 연단에 올랐다.

"존경하는 추기경님, 이회창 총재님, 그리고 이렇게 바쁘신데도 많이 오셔서 축하해 주신 사목회 여러분, 감사합니다. 정말 감사합니다."

김 총재는 정중히 감사 인사를 하고 특유의 유머 감각을 살려 웃기기 시작했다.

"더군다나 말이요, 나는 여러분들께서 아시다시피 선거에 재수 삼수까지 해서 고생고생 끝에 이번에 당선되았는디, 이번엔 정말 혼났당께요! 이회창 총재께서 어디서 갑자기 나타나셨는지 그냥 '초전박살'로 나오시는데 하마터면 또 떨어질 뻔했당께요!"

대성당 안에 빽빽이 들어앉은 1천 5백 명의 신자들이 갑자기 '와!' 하며 박장대소했다. 대성당 안에서 이렇게 손뼉 치며 소리를 내서 좋아하는 건 흔치 않은 일이다.

김 총재가 말을 이었다.

"제가 그때 일본에서 잡혀와 가지고 현해탄에서 물에 빠져 죽을 뻔했었는디 … 정말 하느님 아니었으면 그냥 갈 뻔했당께요! 기관실 옆 어데에 팔다리 다 묶여 앉히고, 이제나 저제나 바닷속으로 던져져서 죽나 그러는디 … 이상한 일이 있었어요.

정보부 요원 같은 사람이 지나가면서 한마디 하는데, '나도 김 선생 찍은 사람이여!' 하더라구요. 말씨는 경상도 말투인데 '거 참, 이상하다' 하면서 이러다 잘하면 살아날 수도 있지 않을까 하고 순간적으로 생각하고 있는데, 갑자기 내 뒤에서 어떤 키가 장대만 한 청년이 그 묵직한 손으로 내 어깨를 꽉 잡더라구요. 그래서 나는 느닷없이 소리쳤구만요! '아이구 주님, 예수님! 예수님 맞죠? 저 좀 살려

주세요. 아이고 정말 살고 싶어요, 꼭 좀 살려 주세요, 주님!' 하고 쏟아지는 눈물을 억제하지 못하고 확 소리쳐 울어 버렸당게요!

그러고 나서 어찌된 영문인지 위에서 비행기 소리도 들리고 하더니 나중에 어찌어찌 풀려났는데 … 제가 그래서 살아서 돌아와 가지고 여기 계신 추기경님부터 찾아뵈었구만요. 그때 여쭈어 봤죠? 추기경님, 그때 그분이 예수님 맞죠? 그렇죠?"

대성당 안에서 갑자기 '와!' 하고 웃음이 터져 나왔다. 추기경님은 가볍게 미소 지으며 별 말씀이 없었다.

"저거 보세요. 저렇다니까요. 추기경님이 말씀을 안 하시니까 저도 정말 아리까리하단께요!"

또 한 번 장내가 파안대소했다.

역시 노련한 정객의 면모를 여지없이 보여 준 에피소드였다.

그 후 대통령에 취임한 김대중 형제는 가톨릭 신자답게 평화와 화해를 말하는 정치를 했다. 전직 대통령들을 청와대로 초치해 국정을 논하고 화해를 이루려는 제스처를 어느 역대 대통령보다 확실하게 모범적으로 실천한 집권자가 아닌가 생각된다.

한번은 연희동 자택으로 찾아간 나에게 전두환 전 대통령은 놀라운 말을 했다.

"봉 위원장은 김대중 총재하고 잘 알잖아!"

"예, 잘 압니다. 제가 하는 천주교한민족돕기회 고문이십니다."

"김대중 대통령 잘 도와드려. 특히 외교관계, 미국관계 말이야.

대통령이란 자리가 생각보다 꽤나 힘들어. 봉 회장이 나서서 좀 도
와드려!"

"예, 알겠습니다."

와 정말 놀라운 일이다. '김대중 대통령을 좀 도와드려!'라는 전
두환 대통령의 한마디에 나는 많은 것을 생각하지 않을 수 없었다.

한때 생사를 담판하던 두 사람 사이의 관계가 20년 세월 동안 이
렇게 달라졌는가.

기도는 핵무기보다 강하다

15년 동안 지속된 한민족돕기 통일기원 미사에서 김수환 추기경님이 언제나 강조하신 것은 '기도는 핵무기보다 강하다'는 내용의 말씀이었다. 그러면서 추기경님은 민족의 화해와 일치를 위해 끊임없는 기도운동의 중요성을 역설하시면서 평신도들 중심으로 줄기차게 추진해 나아갈 것을 당부하기도 했다.

그렇다. 기도는 확실히 핵무기보다 강하다. 끈질기게 하느님한테 매달려 기도하다 보면 틀림없이 기적 같은 일이 일어난다. 그 작은 예가 바로 그 6·25 통일기원 미사를 봉헌하던 파주 탄현면 땅에 서울대교구가 '통일기원 성전'을 짓게 된 일이다. 청주교구에 오래 계시던 정진석 주교님이 서울대교구장으로 오시고 나서 한 말씀 했다.

"이봐요, 봉 회장도 북한에서 온 피란민 아니야? 종교부지인 그 땅을 어째서 그냥 내버려 두고 있어?"

정 주교님은 가능하면 모든 노력을 경주하여 우리의 종교부지에 '통일 성전'을 건립하면 좋겠다는 뜻을 강력히 피력했다. 교구의 뜻을 따라 '성전 건립추진위원장'에 임명된 후 나는 교구장님(평양교구장 서리)의 말씀대로 성전 건립에 앞장서게 되었다.

단 하나, 정진석 대주교님은 '통일 성전'이라는 이름보다 실제로 우리 민족의 화해와 일치를 함축하는 다른 이름, 예를 들어 '참회와 속죄'를 지향하는 성전으로 건립하는 게 어떨까 하는 의견을 내비치

시기도 했다.

"봉 회장도 파리의 몽마르트르 언덕에 세운 성전(참회와 속죄)을 가봤지 않아? 그게 뭐냐 하면 말이야. 옛날 '보불전쟁'(프로이센-프랑스 전쟁) 때 프로이센의 지도하에 '통일 독일'을 이룩하려는 비스마르크의 정책과 그것을 저지하려는 나폴레옹 3세의 정책이 충돌해 전쟁이 발발했지. 그 전쟁의 상처와 아픔을 치유하기 위해 세워진 프랑스 파리의 몽마르트르 언덕 사크레쾨르 대성당을 의미상의 모델로 삼아 다시는 이 땅에도 그런 전쟁이 재현되어서는 안 되겠다는 의미로 짓자는 얘기야."

파주시 탄현면 통일성당 부지에 자리 잡은 기도의 집은 추기경이 되신 정진석 교구장님의 뜻에 따라 결국 '천주교 참회와 속죄의 성당'으로 명명되어 민족의 화해와 일치를 위한 기도의 집으로, 분단으로 인한 사회적 갈등을 해소하고 민족의 평화 정착에 기여하는 성전으로 우뚝 섰다. 바티칸의 뜻에 따라 이 성전은 현재 서울대교구에서 의정부교구로 넘겨졌다.

서울에서 자유로를 따라 달리면 임진강 건너 북녘 땅을 가까이에서 바라볼 수 있는 오두산통일전망대에 갈 수 있다. 그 바로 가까운 곳에 '참회와 속죄의 성당'이 있다.

우리나라는 남과 북이 분단되어 서로에게 많은 상처와 아픔을 주고 있는데 우리는 그 상처와 아픔을 치유하고 화해와 협력으로 상생의 길을 찾는 노력이 필요하다는 것이 교회 어른들의 말씀이다.

"종교적 교류를 통하여 신앙 안에서 이념적 대립을 극복하고 일치와 평화의 길을 찾아 통일의 그날을 준비하기 위해서도 '민족화해센터'가 필요하다"는 정진석 추기경님의 뜻에 따라 그곳에 별도의 센터 건물을 세웠다.

그리고 의정부교구 차원에서 강물 흐르듯 조용히 통일기도모임을 지속해 오고 있다. 바티칸의 지시대로 '통일 성전'이 의정부교구로 넘어가지 않고 그대로 인구가 많은 서울대교구 관할로 남아 있었다면 오히려 '통일 기도 운동'은 놀라운 확장세를 보였겠지만 그렇지 못한 것이 아쉽기만 하다. 다행히 가톨릭교회 차원에서 민족의 화해와 일치를 위한 기도운동이 활발히 전개되고 있기 때문에 그나마 명맥을 유지할 수 있어 다행이다.

참으로 묘한 것이 어떻게 내가 6·25때 석 달 동안 피란 갔던 곳 — 파주군 탄현면 기세울이라는 동네에서 '남북통일과 민족의 화해와 일치'를 위한 '통일기원 미사'를 15년 동안이나 지내게 되었을까?

내가 한 일은 하나도 없다. 어찌어찌하다 보니 한국토지공사 땅(종교부지 2,300평)을 매입하게 되었고, 그곳에서 15년 동안 '6·25기념 민족의 화해와 일치를 위한 기도모임'을 가졌다. 내가 건축위원장이 되어 거기에 '참회와 속죄의 성당'(The Catholic Church of Repentance and Redemption)을 건립하게 되었는지 정말 기묘하고 신비스럽기만 하다.

하느님의 뜻은 참으로 신비롭고 불가사의한 게 많다. 좌고우면하지 말고 그냥 콱 믿으면 우리 주님께서 알아서 하신다는 것을 이제야 확실히 증언하게 되었다. 기적과 같은 일과 흔적이 여기저기에서 나타나 결국 서울대교구에서 구상하고 추진했던 일이 현실로 나타났다는 점에서 나는 항상 신비스러운 느낌을 갖게 된다.

물론 이 모든 일에 교구장인 김수환 추기경님, 그리고 그 후임이었던 정진석 추기경님, 당시 서울대교구 총대리였던 염수정 추기경님이 큰 바다로 흘러 들어가는 강물처럼 줄줄이 이어졌다는 것은 참으로 놀라운 일이다.

아, 천주교! 어쩌다가 대학생 때 가톨릭에 입교하게 된 나는 이제 곧 이 땅을 떠나야 하는 나이 미수(米壽)의 할아버지가 되었지만 나는 저 하늘나라에 가서도 할 말은 있다. 우선 김수환 추기경님이 매년 6·25 때만 되면 미사강론에서 "열절한 기도는 핵폭탄보다도 강하다!"고 하셨는데 '그럼 어찌하여 아직도 남북이 하나가 되지 않았나요?' 하고 물어볼 생각이다. 그리고 '어찌하여 하느님은 우리 한반도를 하나로 다시 묶어 주시지 않고 근 80년의 세월을 그냥 지구상에 유일한 분단국가로 남겨 두고 계시나요?' 등 기자로서 물어볼 질문이 꽤 많다.

물론 하늘나라에 가는 길이 어딘지 아직 잘 모르지만, 여기처럼 복잡하진 않겠지 뭐 …. 그렇지 않아도 옛날부터 사람이 죽은 다음엔 어디로 가는가, 어떻게 되는 건가에 관해 별의별 궁금증을 다 가지고 있었는데 세계적인 문호 윌리엄 셰익스피어는 '햄릿 왕자의 독백'을 통해 그 의문을 남겼다.

To be or not to be, That is the question

(살아 부지할 것인가? 아니면 죽어 없어질 것인가? 그것이 문제다!).

아, 죽는다, 잠잔다. 그게 다야. 그리고 꿈을 꾸겠지. 그런데 어떤 꿈을 꾸게 될 건가? … 미지의 세계로 떠난 사람들은 돌아오지 않고 … To die, to sleep—To sleep —perchance to dream. Ay, there's the rub! For in that sleep of death what dreams may come. … The undiscover'd country, from whose bourn No traveller returns, …

그렇다. 내가 아무리 유능한 기자 출신이라고 하더라도 하느님 보시기엔 정말 한심한 녀석임엔 틀림없는데, 무작정 덤벼들며 질문하겠다면 너그러우신 하느님도 버럭 화를 내시겠지. 성서 말씀을 들여다보면 하느님께서도 화를 꽤나 많이 내시더라구. 그러시면 안 되는데, 하기야 하느님도 사람을 많이 닮으셔서 … 흐흐흐.

김수환 추기경의 반(反)유신 강론

1958년 자유당 때 영세를 받은 나는 김수환 추기경님에게 그렇게 가까이 다가가지는 못했다. 앵커로 많은 보도를 해도 김 추기경님이 뉴스의 한가운데 서시는 일은 드물었다. 그러나 1971년 성탄 때 김수환 추기경님은 종교인으로서 한국 민주주의를 지키는 데 과감히 앞장서 나오셨다. 모든 국민들이 김수환 추기경님을 존경하고 뒤따르게 된 것은 이때부터다. 김 추기경님은 TV로 전국에 생중계된 성탄 미사 강론에서 박정희 대통령의 집권 연장 의도를 직설적으로 비판한 것이다. 옷소매에서 미리 준비한 강론요지를 꺼내 거침없이 말을 이어갔다.

"정부 여당에 묻겠습니다. 비상대권을 대통령에게 주는 것이 나라를 위해서 유익한 것입니까? 그렇지 않아도 막강한 권력이 있는데 그런 법을 또 만들면 오히려 국민과의 일치를 깨고 그렇게 되면 국가 안보에 위협을 주고 평화에 해가 될 것입니다."

추기경님의 강론은 충격적인 것이었다. 그날 태어난 아기 예수님조차 놀라서 앙 하고 울음을 터뜨렸을 것 같았다. 구세주의 탄생이나 이웃사랑 실천과 같은 판에 박은 듯한 소리에만 익숙했던 많은 국민들은 깜짝 놀라 추기경님의 강론을 새겨들었다.

청와대 역시 발칵 뒤집혔다. 마침 이 방송을 보고 있던 박 대통령은 불같이 화를 내며 KBS방송을 당장 중지시키라고 명령했다. 하지만 그때 KBS 카메라 피디 등 제작요원들은 그냥 별 생각 없이 명동대성당 건너편 골목 음식집에서 식사를 하고 있던 중이었다. 그러니 어떻게 방송을 중단할 수 있었겠는가. 추기경님이 하고 싶었던 말은 모두 전국에 생방송으로 나가고 말았다.

추기경님이 강하게 문제를 제기한 비상대권이란 무엇인가. 쉽게 말하면 국회의 권한까지 대통령이 다 갖고 국회 동의 없이 긴급조치를 발동하겠다는 것이었다. 사실 그때는 이미 박정희 대통령의 말한 마디 한 마디가 곧 법이었다. 3선 개헌을 국민투표에 부쳐 통과시키고 제 7대 대통령으로 취임하여 장기 집권체제를 공고히 다진 상태였다. 그런데 왜 김수환 추기경님은 성탄의 기쁨을 노래하고 구세주의 탄생을 선포해야 할 자리에서 그처럼 엄청난 발언을 했을까. 그때는 권력의 횡포가 극도로 심했기 때문에 누군가 나서서 올곧은 지적을 해야 했다. 많은 국민들은 KBS와 같은 공영방송은 처음부터 믿지 않았고 그래도 봉두완이 눈치껏 몇 마디 말하는 TBC〈뉴스 전망대〉아침 8시 라디오에 귀를 기울였지만 봉두완이라 한들 무슨 그런 뾰족하고 시원한 말을 할 수 있었겠는가.

그러나 공교롭게도 추기경님의 그 충격적인 발언은 그날 아침 165명의 목숨을 앗아간 대연각호텔(신세계백화점 건너편) 대형화재 때문에 묻혀 버리고 말았다. 만약 그때 대연각호텔 화재가 발생하지 않았더라면 상황은 어떻게 됐을까. 물론 김수환 추기경님 개인에게는 엄청난 압력이 가해졌겠지만 그에 따른 민주화의 불길이 더욱 거세겨 박정희 정권에 종말을 가져왔을지도 모를 일이다.

그렇게 되면 부하의 총에 대통령이 비명에 가는 일이 발생하지 않을 수도 있었겠다. 무슨 엉뚱한 소리같이 들릴지 모르지만 역사란 한순간의 사건이나 사고에 따라 그 가는 길을 달리할 수 있으니까 말이다.

김 추기경님이 강론하던 1971년 성탄절 아침 9시 50분경. 대연각 호텔 1층 주방 안에 세워둔 프로판 가스통이 폭발했다. 그 불길은 순식간에 호텔 건물 전체로 번졌다 . 같은 시간 박 대통령은 김수환 추기경님에 대한 응징조치를 협의하기 위해 관계장관들을 청와대로 긴급 호출하려던 계획을 일단 미룬 채 현장에 대통령전용 헬기까지 투입하는 등 화재 진압에 전력투구할 수밖에 없었다.

이런 일이 있은 후 청와대의 야당이라고 불렸던 육영수 여사는 대통령과 추기경님 간의 불편한 관계를 완화하기 위해 일종의 중재안을 내놓았다. 진해 해군사관학교 졸업식에 김 추기경님을 함께 모시고 가자고 제안했다. 대통령 특별 열차로 무려 7시간을 마주 앉아 달리는 동안 박 대통령은 국정 전반에 대한 이야기를 줄기차게 했고 추기경님은 줄곧 듣고 있기만 했다. 박 대통령은 심각한 표정으로 김 추기경님에게 정치에 너무 개입하지 말라고 당부했지만 한국 가톨릭교회를 상징하고 대표하는 추기경 아닌가. 그 자리에서 추기경님은 "언제나 하느님의 뜻에 따라 정의의 편에 서겠다"는 말만 되풀이할 수밖에 없었다고 한다.

1998년 김 추기경님이 천주교 서울대교구장 직에서 물러난 후 가톨릭 언론인들과 마주 앉아 그때의 숨은 이야기를 털어놓았다. 27년 전의 에피소드였다.

"지금 가만히 생각해 보면 말이야, 박 대통령은 나라를 꽤나 사랑한 분이었어 …. 가난에서 벗어나려고 애쓴 훌륭한 지도자였지. 우리도 하면 된다는 신념을 굳게 믿고 밀어붙였던 지도자였지. 그 때문에 반발하는 양심세력들과는 늘 부딪쳤고.

우리가 말이야, 서울역을 떠나 대전을 거쳐 경북 김천역을 막 지날 때 일이야. 대통령은 이후락 비서실장에게 갑자기 철도청장이 여기에 타고 있느냐고 물은 거야. 이 실장이 철도청장 대신 철도청 차장이 타고 있다고 하니까 좀 오라고 하라는 거야. 헐레벌떡 철도청 차장이 오자 '이봐 임자, 조금 전에 지나친 역사 옆에 큰 나무가 쓰러져 있는 걸 봤냐'고 묻더군. 당황한 철도청 차장이 '미처 못 봤다'고 하자 '해당 역장에게 연락해서 쓰러진 나무 잘 일으켜 세우라고 해' 그러는 거야. 헐벗은 산에 나무를 심자고 캠페인을 벌이던 때였지만, 그래서 나는 '아하! 이 사람이 그렇게까지 지시하는 걸 보니 너무 나라를 사랑해 잘못하면 독재도 할 수 있겠구나' 하는 생각이 순간적으로 들었지."

추기경님은 대통령이 탄 열차가 줄기차게 달리는 동안 약 500m 간격으로 경비 경찰이 받들어총 자세를 취하며 서 있는 걸 보고 '꼭 저렇게 해야 하는가' 하는 마음도 생겨 또 한 번 막강한 권력에 대한 묘한 감정을 느끼지 않을 수 없었다고 회고했다. 대통령이 나라를 사랑하고 아끼는 것까지는 이해하겠지만 줄기차게 국가발전에만 전력투구하다 보면 그늘진 곳이나 소외된 국민을 외면하거나 등한시할 수도 있다는 생각도 들었다고 말했다.

위대한 성직자

성직자들의 현실참여에는 긍정과 부정의 주장이 맞부딪칠 수는 있지만 어떤 종교든 절대로 세속의 일에 간여하지 않겠다는 다짐은 난센스라고 본다. 불의의 정치를 두고 침묵하는 종교는 사실 종교 본연의 의무를 저버린 것이 아닐까. 종교가 어떻게 인권 탄압과 사욕만 채우는 정치세력을 용인할 수 있을까.

김 추기경님은 1976년 3월 1일 이른바 3·1 명동사건과 김대중 구명운동에도 나섰고, 정치 현장에서 저항하는 그 당시의 사형수들을 구명하는 일에도 앞장섰다. 그래서 일부에서는 김 추기경님을 사회주의자나 '빨갱이'로 매도하기도 했다.

40여 년이 지난 오늘날에도 일부 인사들은 추기경님의 행동을 손가락질하거나 공개적으로 비판한다. 참으로 딱한 일이다. 나는 지난 세월, 천주교한민족돕기회와 라자로돕기 운동을 하면서 명예총재였던 김수환 추기경님을 새롭게 볼 수 있는 기회가 있었다. 김수환 스테파노, 그는 가장 인간적인 사람이었다. 온화하면서도 민주주의에 대한 신념 그리고 인본사상이 투철한 신앙인이었다고 자랑스럽게 말할 수 있다.

1987년 6·10 항쟁 때 명동대성당 구역 안에서 농성 중인 시위대를 진압하기 위해 찾아온 가톨릭 신자 이상연 내무부 장관에게 추기경님은 이렇게 말했다.

"경찰이 들어오면 제일 먼저 나를 보게 될 것이고, 나를 쓰러뜨리고야 신부님들을 볼 것이고, 신부님들을 쓰러뜨리고야 수녀님들을 볼 수 있을 것이다. 농성 학생들은 그다음에 볼 수 있을 것이고…."

공안 책임자인 이상연 장관은 고개를 숙이고 무릎을 꿇은 채 아무 말을 못 했다. 그는 결국 전투경찰 투입이 도저히 불가능하다고 대통령에게 보고했다고 한다.

당시 명동대성당 외곽경비 책임자였던 이완구 경비대장(후에 국무총리)은 명동대성당 사제관의 수석사제였던 경갑실(景甲實, 사도 요한) 신부를 틈틈이 만나 데모 주동 학생들을 강제 연행하지 않고도 문제를 풀 수 있는 무슨 해결방안이 없을까 하고 수시로 머리를 맞대고 협의했다고 한다. 그러던 중 앰뷸런스를 이용하는 묘안을 냈다. 쓰러진 학생들을 긴급 후송한다는 명분으로 성모병원 앰뷸런스를 불렀다. 주교관에서 농성 중인 학생들을 그 차에 태워 사이렌을 울리며 경비경찰 저지선을 뚫고 유유히 나갔다. 물론 경갑실 신부는 검은색 신부복에 로만칼라를 하고 차 앞좌석에 앉아 탈출을 성공시켰다.

그런 두 사람의 인연도 묘했다. 서로 원수처럼 으르렁거리다가 때로는 머리를 맞대기도 했던 이완구 경찰경비대장은 결국 경갑실 신부를 찾아와 세례를 받고 천주교 신자가 되었다. 두 사람은 안타깝게도 불치의 병인 혈액암에 걸려 강남성모병원의 같은 병실에 입원했다가 하느님의 은총으로 한동안 사회활동을 재개했다. 경갑실 신부는 후에 가톨릭 종합대학교 설립책임자로, 이완구 경무관은 충남지방경찰청장, 충남도지사에 이어 국회의원을 지냈고 우연히 거의 똑같은 시기에 백혈병이 재발해 또 다시 같은 병원에 입원했다. 지금은 둘 다 하늘나라에 가 있다.

1979년 10월 26일 박정희 대통령이 세상을 떠났을 때 김수환 추기경님은 추도사를 통해 "인간 박정희가 하느님 앞에 섰습니다"라며 자비를 빌었다. 그리고 추기경님 자신도 평화신문을 통해 신도들에게 의미 있는 인사를 했다.

"가슴 아파하지 말고 나누며 살다 가자. 많이 가진다고 행복한 것도, 적게 가진다고 불행한 것도 아닌 세상살이, 죽을 때 가지고 가는 것은 마음 깨끗이 유지한 것과 이웃에 복(福) 만들어 둔 것뿐. 살아갈 날도 많지 않은데 언제나 사랑하는 마음, 감사하는 마음으로 살아가자."

가시는 길 배웅하며

내가 김수환 추기경님을 마지막으로 뵌 것은 돌아가시기 약 2개월 전인 2008년 성탄 직후였다. 그 겨울 나는 성라자로마을에서 한센병 가족들과 성탄전야 미사를 하고 미국으로 떠나기에 앞서 아침 일찍 서울성모병원으로 갔다. 문병 겸 출국 인사를 하기 위해서였다. 마침 백성호 비서신부 집전으로 병실 안에서 미사를 봉헌했다. 눈에 띄게 쇠약해진 추기경님은 병상의 침대에 그냥 앉은 채로 미사가 진행됐다. 그런데 '성령 청원'의 일치 기원을 청할 때 병상의 추기경님이 느닷없이 소리 내어 홀로 성가를 부르기 시작했다.

"장하다. 순교자 주님의 용사여, 높으신 영광에 불타는 넋이여 ⋯."

그 자리에 있던 모든 사람이 깜짝 놀랐다. 아직 영성체 순서도 남아 있고 마침예식도 있는데 난데없이 성가를 부르시다니, 모두 어리둥절할 수밖에 없었다. 힘겨워하며 끝까지 노래를 이어가지 못하는 추기경님을 대신해 우리 부부와 간병인, 비서수녀(노 율리안나) 등이 나머지 소절을 받아서 불렀다.

나는 흐르는 눈물을 감당하지 못하고 목이 멘 채 그냥 따라 부르다가 "칼 아래 쓰러져 백골은 없어도 푸르른 그 충절 찬란히 살았네"라는 대목에서는 더 이상 소리 내어 노래를 부를 수가 없었다. 추기경님도 노래를 중단한 채 눈을 감고 앉아 있었다.

추기경님은 어찌하여 밑도 끝도 없이 〈순교자의 노래〉를 불렀을까? 나는 한순간 두려운 생각도 들었다. 혹시 추기경님은 이 미사가 끝나면서 1868년 무진박해 때 순교하신 할아버지 김보현 요한을 따라나서는 건 아닐까? 무진박해로 아버지를 잃고 유복자로 태어난 김 추기경님의 아버지(김영석) 그리고 경북 군위에 정착해 옹기장사를 하다가 만난 어머니(서중하)의 넋을 따라나서는 건 아닐까? 느닷없이 선종하신다면 …. 나는 별의별 생각을 다하고 있었다. 다행히 미사가 끝나고 침대에 앉아 계시던 추기경님은 율리안나 수녀와 간병인의 도움을 받으며 그 자리에 누웠다.

지난 30여 년간 성인 같은 노 사제를 옆에서 지켜봤지만 그렇게 갑자기 성가를 홀로 부르시는 모습은 처음 목격했다. 그 순간 나는 추기경님을 모시고 벨기에 '반느' 성지에 갔을 때가 생각났다. 당시 성라자로마을 원장 김화태 신부와 내가 이중창하듯 소리 높여 부르던 가톨릭 성가 61번 〈주 예수와 바꿀 수는 없네〉. 추기경님도 함께 불렀던 그 성가.

내가 "주 예수 그리스도와 바꿀 수 없네. 세상 어떤 것과도 …"를 조용히 부르자 추기경님도 눈을 감고 그 노래를 부르는 것 같았다. 노 사제는 오랜 단식투쟁을 하는 사람처럼 식사를 전혀 안 하시고 처방된 약도 복용하지 않았기 때문에 정신만 겨우 놓지 않고 있을 뿐 차마 눈으로 보기 민망할 만큼 쇠약해져 있었다.

하지만 온 힘을 다해 정신을 모으고 〈순교자의 노래〉를 부르시는 추기경님, 하루라도 늦지 않게 이 세상을 떠나 고향으로 하느님나라로 가고 싶어 하시는 노 사제. 아 이럴 때 나는 뭘 어떻게 이 안타까운 추기경님의 마음을 편하게 거들어 드리고 가시는 길 기쁘게 해 드릴 수 있단 말인가. 나는 마음속으로 얼마나 연약한 인간이냐며 자책만 하고 있었다.

성인들이 가신 길을 따라나선 추기경님은 병상에서도 늘 '죽음의 의미', '부활의 뜻', '생명의 의미'를 되씹으며 마지막 생애의 심지를 불태우고 있었던가. 그 자리에서 나는 얼떨떨하여 준비도 안 된 말씀을 드렸다.

"추기경님, 많은 사람들이 하느님 뜻대로 되시도록 기도를 많이 하고 있습니다."

그 말은 들은 노 사제는 눈을 지그시 감은 채 나지막하게 말씀하셨다.

"고마워."

이 시대의 성자(聖者) 김수환 추기경님은 2009년 2월 19일 하느님의 나라로 가셨다. "감사합니다. 서로 사랑하세요"라는 말을 남기시고.

나는 추기경님의 선종 소식을 미국에서 듣고 임종을 하지 못한 것을 못내 애석하게 생각하며 근처 성당에서 기도하며 가시는 분을 배웅했다.

미국에 있다가 귀국하면 매년 천주교 용인묘지를 찾는 것이 내 습관이다. 천주교 용인묘지에는 나의 아버지와 어머니가 함께 누워 계시고 바로 건너편 사제묘소에 김수환 추기경님이 전임교구장이셨던 노기남 대주교와 나란히 누워 계신다. 그리고 1958년 나에게 가톨릭 영세를 주신 초대 서강대 이사장 진성만 베드로 신부님도 그 옆 언덕에 있는 예수회 사제묘소에 계신다. 몇 년 전에는 사순절 전인데도 추기경님의 묘소를 찾는 이들이 줄을 섰다. 개인적으로나 단체로 찾아와 끊임없이 연도를 바치는 신자들. 참으로 가슴이 뭉클했다. 나는 추기경님 앞에 서서 귀국 보고를 했다. 그리고 그해 4월 5일 주님 수난 성지 주일에는 천주교 서울대교구장 정진석 신부님 집전으로 추도 미사를 올렸는데 수많은 사람들이 천주교 용인묘역을 뒤덮었다. 명동대성당으로 줄기차게 몰려왔던 40만 인파들, 그 물결을 다시금 느끼며 위대한 노 사제의 명복을 빌었다.

—9장—

라자로돕기 운동

신앙으로 꽃핀 성라자로마을

경기도 의왕의 모락산 기슭에 자리 잡고 있는 한센병 가족들의 보금자리, 세계적으로 이름난 성라자로마을에는 원래 360명이 넘는 불행한 나환우들이 살고 있었다.

6·25 전쟁이 끝나고 평화가 다시 찾아 왔을 때 우리 모두가 다 힘들었지만 특히 그때는 전쟁의 참화 속에서 겨우 목숨을 건진 상이군경과 아무도 돌보지 않는 나환우(癩患友)들이 정말로 갈 데도 없고 먹을 것도 없어서 당장 거리로 뛰쳐나올 때였다.

목발을 짚고 사람들에게 덤빌 듯 구걸하는 역전의 용사들과 올 데 갈 데도 없이 떠돌아다니는 나환우들은 하루하루 살아남기 위해 온갖 혐오스런 일을 다 할 수밖에 없었다.

"저기 상이군인들이 나왔다!"

"저기 문둥이들이 나타났다!"

누가 소리치면 아이 어른 할 것 없이 모두가 도망치곤 했다. 그때 우리 모두가 하루 세 끼 제대로 먹을 것이 없었다.

6·25 전쟁의 와중에 미국인 가톨릭 신부 캐롤 안 주교는 미국 군 종사제로, 평양교구장 서리로 우리나라에 와 있었다. 캐롤 안 주교가 그때 있는 돈, 없는 돈 긁어모아 처음에는 1천 5백 달러로 의왕 모락산 기슭에 나환우들을 위한 쉼터를 마련해 준 게 계기가 되어 세계적인 나환우촌인 오늘의 '성라자로마을'이 생겨났다.

6·25 후 보좌신부로 성라자로마을 원장으로 잠깐 부임했던 이경재 알렉산델 신부는 노기남 주교님의 지시로 미국으로 건너가 교구 재정을 위해 몇 년 동안 모금활동을 펼쳤다. 귀국하자마자 본인의 요청으로 서울교구를 떠나 이곳 성라자로마을로 돌아왔을 때 모든 한센 가족들은 쌍수를 들어 환영했다. 그리고 72세를 일기로 선종할 때까지 이경재 신부님은 온갖 힘을 다하여 만든, 온 세계인이 부러워할 정도의 '한센가족의 보금자리' 성라자로마을을 뒤로 남긴 채 1998년 그 유명한 '그대있음에' 라자로돕기 자선음악회를 며칠 앞두고 우리 곁을 떠났다.

그때 라자로돕기회장이었던 나는 정말 정신이 없었다. 자선음악회 막바지까지 챙기랴, 선종하신 원장 신부님을 떠나보내랴 힘든 순간순간을 보내야 했다.

한국의 '다미안(Damien) 성인'이라는 이경재 신부님을 떠나보내

244

'라자로돕기 50년 특별봉사상'을 받은 기념으로 성라자로마을에서 나환우 가족과 함께.
박현배 야고보 원장 신부님을 모시고(2020년).

고 나서 치른 예술의전당 자선음악회에서 내가 무대에 올라 눈물 흘리며 인사 말씀을 하자 관객석에서도 모두 함께 울었다.

그렇게 우리 모두는 이경재 신부님을 사랑했고 한센가족들도 하와이 몰로카이섬에서 평생 한센인들을 돌보시다 성인품에 오르신 다미안 신부님을 생각하며 슬퍼했다.

그 후 한동안 괜히 혼자서 걱정하고 슬퍼하며 하늘만 쳐다보고 있었는데, 어느 날 생판 알지도 못하는 신부님이 우리 마을에 나타나 여기저기 서성거리며 사람들과 인사를 나누고 있었다.

그때 라자로돕기회장직을 맡고 있던 나는 로만칼라를 하고 계신 그 신부님을 처음 만나 물었다.

"신부님, 어떻게 오셨어요?"

신부님은 아주 겸손한 태도로 답했다.

"아 예. 여기 살러 왔습니다."

"누구 허락 맡고 오셨는데요?"

"아 예. 주교님이 갑자기 이리 가라고 하셔서 … 이렇게 … ."

"아, 그럼 혹시 여기 원장 신부로 오셨나요?"

"아 예. 그냥 여기 한센병 가족들 돌보며 살라구요."

"아니, 하구 많은 높은 성당 가실 데도 많을 텐데 어쩌자고 여기를 … 쯧쯧. 평소에 죄 많이 짓고 사셨나 보군요. 이런 데까지 쫓겨 나오신 걸 보니까."

"글쎄 말이에요. 주교님이 뭘 잘못 생각하셨는지 이 산속에 들어가라고 하셔서 명령받고 왔습니다. 여기 회장님이시죠?"

"예, 그동안 이경재 신부님이 황해도 고향분인지라 라자로돕기회장하고 있었는데 이제는 땡 쳤죠 뭐 … ."

"아, 그러시군요. 수고 참 많으십니다."

"수고는 뭘요. 신부님, 여기 잘못 오신 거 아시죠? 보통 힘든 게 아닙니다. 알고나 계세요?"

"예, 잘 알겠습니다. 열심히 해야죠 뭐 … . 많이 좀 도와주시기 바랍니다."

"아이고, 됐어요. 그만 … 여기 얼마나 힘든지 알기나 하세요?"

"사람 사는 데라 힘든 일도 있을 거고 보람도 있겠죠 뭐 … ."

"아이고 신부님, 이거 큰일 났네. 여기는요 … 경기도 평택성당 같은 데가 아니라고요. 세상에 문둥이라고 하는 한센병 환우들하고만 하루 종일 같이 지내는 곳이에요. 알기나 하세요?"

"아 예. 좀 알 것 같긴 합니다만, 회장님이 좀 도와주시면 좋겠습니다."

"아이고 됐어요. 신부님, 저 누군지 모르세요? 욕 잘하고 성질 더럽고 막가파라는 거 아직 잘 모르시나 봐, 되게 순진하시네. 어데서 오셨는지는 몰라도⋯."

"예, 저도 회장님을 TV나 라디오를 통해 좀 알고 있습니다. 막가파인 줄은 잘 몰라도⋯."

그날 당장 우리는 둘이 마주 앉아 소주 두 병을 마시며 전쟁터에서 다시 만난 전우처럼 된 소리, 안 된 소리 떠들며 금세 술친구가 되었다.

생전 처음 만난 신부님은 어느새 10년 지기가 되었고 오늘까지 어쩌면 세상에서 제일 가까운 사제-평신도 사이로 남아 있는 것도 보통 인연이 아니다.

참으로 이상한 인연이었다. 그리고 지극히 인간적인 한 사람의 사제를 잘 알지도 못하면서 그렇게 몇 시간 만에 좋아하고 사랑하게 될 줄은 꿈에도 생각 못 했던 기적 같은 일이었다.

그분은 김화태(제르바시오) 신부님이다. 나는 전에도 몇 차례 회장직을 맡았으나 그분을 도와 또 10년을 회장으로 일했다.

신부님과 나는 한마음 한뜻으로 세상을 떠난 이경재 신부님이 못다 한 일을 기적적으로 마무리하기 위해 하느님께 영광을 드리는 사제와 평신도로서 하루하루 너무 재미나게 지냈다.

우리는 동남아로, 아프리카로 거의 안 간 데가 없을 만큼 뛰어다니며 아직도 힘들어 하는 가난한 나라의 한센병 환우들을 위해 엄청난 일을 해냈다. 매년 예술의전당에서 하는 라자로돕기 자선음악회 '그대있음에'를 통해 걷은 돈으로 아프리카, 중국, 동남아에 널려 있는 한센병 가족들을 위해 지금까지 도움의 손길을 보내고 있다. 참으로 기적 같은 일이었다.

이제 우리나라는 세계 10대 경제강국의 반열에 오르게 된 것도, 나병 자체가 깡그리 없어진 엄연한 현실도 나는 정말 기적처럼 느껴진다.

잊을 수 없는 기적은 또 있다.

라자로마을에 사는 어느 부부의 아들은 신부님의 배려로 어렸을 때부터 성당에 다니면서 미사를 봉헌하는 신부를 도와 복사(服事, altar boy) 일을 했다. 어찌나 똑똑하고 열심인지 담당했던 수녀님은 항상 입버릇처럼 '애는 틀림없이 최고의 신부가 될 거야' 라고 했다. 그 아이는 깨끗한 신심과 수녀님들의 사랑에 힘입어 신학교를 우수한 성적으로 나와 사제 서품을 받게 되었다. 그리고 천주교 관례에 따라 자기가 자라난 곳 성당에서 사제서품 후 첫 미사를 봉헌하고 모든 신자들에게 첫 강복을 주게 되어 있었다.

나는, 내 친구 아들이 사제가 되어 첫 미사를 내가 회장으로 있는 성라자로마을 예쁜 성당에서 집전한다는 사실에 너무 흥분한 나머지지 서울에 있는 신문사 종교담당 기자에게 특종이라며 취재를 종용하고 김화태 신부님께 알려 드렸다. 그랬더니 신부님은 느닷없이 펄쩍 뛰었다.

"회장님, 그건 안 됩니다. 아직 … 신문사에 전화 좀 해 주세요."

"아니, 신부님 … 왜요?"

"회장님, 일단 제 말씀대로 해 주세요!"

신부님은 완강했다.

새 신부가 탄생한 날, 신학교를 우수한 성적으로 나온 새 신부는 우리 마을 가족들 앞에서 첫 미사를 봉헌하며 줄곧 기쁨과 감동의 눈물만 흘리고 있었다.

"성부와 성자와 성령의 이름으로 … ."

"아멘 … ."

그리고 한참 북받치는 울음을 참으면서 이어갔다.

"우리 주 예수 그리스도의 은총과 … 하느님의 사랑과 … 성령의 친교가 여러분 모두와 함께 … ."

이 순간 오히려 나는 흐르는 눈물을 억제하지 못하고 손수건으로 눈물을 닦아내기 시작했다. 우리 마을 자매님들은 모두 한결같이 눈물을 닦으며 새 신부의 미사 집전이 이어지기를 기다렸다.

새 신부가 어렸을 때부터 졸졸 따라다니던 수녀님도 울음을 참지 못해 잠깐 밖으로 나가 눈물을 훔치고 돌아오는 모습이 보였다.

나는 맨 앞자리에 앉아 이 아름다운 사제의 얼굴도 제대로 쳐다보지 못한 채 눈물만 줄줄 흘리고 있었다.

새 신부는 그대로 용기를 내어 미사 통상문을 읽어 내려갔다.

"형제 여러분, 구원의 신비를 합당하게 거행하기 위하여 우리 죄를 반성합시다."

잠깐의 침묵 속에 고백 기도를 올리면서 나는 많은 생각을 했다.

아, 정녕 우리는 생각과 말과 행동으로 죄를 많이 짓는구나! 인간이 똑같이 태어났는데도 어릴 때부터 '저 아이는 장애인이야. 같이 놀지 마' 하지 않았는가? '저 아이는 나환우 집 아이야.' 손가락질하지는 않았는가?

나는 물었다.

"신부님, 어찌하여 부모가 라자로마을에 있다고 아무 흠도 없는 '미감아' 아이를 환자 취급합니까?"

"그게 좀 서울 같은 대도시와 시골이 아직은 차이가 있어서요."

"무슨 차이요?"

신부님 얘기 속에는 나환우들에 대한 일반사회의 보이지 않는 벽이 아직도 상존해 있다는 뜻이었다.

"너희는 모두 이것을 받아먹어라. 이는 너희를 위하여 내어줄 내 몸이다."

영성체 시간에 주교님이 주시는 빵과 보통 신부님이 주시는 빵(예수님의 몸)이 다르다고 생각하는 사람들이 있을 수 있기 때문에 그러시는 것 같았다. 그렇다고 나환우 집 아들이 무엇이 어떻다고?

바로 몇 년 전까지만 해도 나와 무척 가까웠던 한센인 친구가 푸

넘하듯 하던 말도 새삼스럽다. 한센인의 아들로 태어난 80대의 '미감아'(未感兒) 할아버지는 전남 고흥군 소록도 병원에서의 이야기를 쭉 늘어놓으면서 기자 앞에서 의미 있는 한마디를 남겼다.

"내 자식만큼은 '문둥이' 낙인이 안 찍혔으면 해서 지금도 내가 선뜻 모든 것을 밝히기가 좀 두려워요. 옛일이 생각나고 가끔은 보이지 않는 눈총도 있는 것 같아서요."

그래서 할아버지는 자식들과 떨어져 혼자 소록도로 왔다고 한다. 그만큼 상처가 깊고 아직도 완전히 가시지 않은 사회적 시선이 두려웠던 것이다.

내 참! 지금이 어느 땐데 ….

나는 기가 차서 할 말을 잊었다.

다미안 신부

2009년 10월 11일 교황 베네딕토 16세는 성베드로 대성당에서 한센병 환우들의 목자로 헌신하다 스스로 그 병에 걸려 세상을 떠난 다미안(Damien, 1840~1889) 신부 등 5명의 복자들에 대한 시성식(諡聖式)을 엄수했다. 나는 영광스럽게도 이 엄숙한 시성식에 참석할 수 있었다.

다미안 신부는 벨기에 출신으로 1873년 33세 때 하와이 몰로카이섬에 자원했다. 그는 한센병 환우들에게 사목자, 의사, 상담사, 가족이 되어 주며 사랑과 자비로 한센인 800여 명을 성심성의껏 돌봤다. 자신이 한센병에 걸리지 않아 환우들의 고통을 제대로 이해하지 못하는 것을 안타까워했던 다미안 신부는 결국 그토록 바라던 한센병에 스스로 전염돼 1889년 4월 15일 49세를 일기로 선종했다.

다미안 신부는 한센병은 물론 에이즈(AIDS)와 같은 희귀 난치병을 앓고 있는 이들과 버려진 아기들, 억압받는 여성, 차별받는 소수 공동체 등 소외당한 이들을 위한 성인으로 선포됐다.

로마 교황청의 특별 배려로 성라자로마을과 직·간접적으로 관련 있는 다섯 명의 대표단이 다미안 신부의 성인 시성식에 초대됐다.

성라자로마을의 최고책임자였던 최덕기 바오로 주교를 비롯하여 김화태 제르바시오 직전 성라자로마을 원장 신부, 조욱현 토마스 현

원장 신부, 그리고 봉두완 다위 라자로돕기회장과 유럽라자로돕기회장 정형근 베드로 형제 등이 영광스럽게 시성식에 참석하여 감격적인 순간들을 지켜볼 수 있었다.

이날은 마침 예보에 없던 비가 갑자기 내리는 바람에 바티칸 당국의 종용으로 베드로광장에 운집했던 참가자들이 모두 베드로 성당에 몰려드는 바람에 약간의 혼란이 있었다. 하지만 금세 장내 질서가 회복되었고 시성식 진행에 전혀 차질이 없었다.

교황 베네딕토 16세는 시성식 강론에서 "오늘 탄생한 새로운 성인들은 시대의 흐름에 역행하면서까지도 하느님의 숭고한 뜻을 저버리지 않았던 사제와 수도자들"이라면서 "우리 모두 당신 앞으로 초대되어 새로운 성인의 탄생이란 거룩한 은총을 허락해 주신 하느님께 감사드린다"고 말했다.

이날 새롭게 성인품에 오른 인물 중에는 폴란드의 지그문트 펠린스키 대주교(1822~1895)도 포함됐다. 또 스페인 도미니코회의 프란치스코 콜 기타르트 신부(1812~1875)와 스페인 출신의 트라피스트회 수도자 라파엘 아르나이즈 바론(1911~1938)도 나란히 성인이 되었다. '가난한 이들의 작은 자매회' 창립자인 잔 주강 수녀(1792~1879)도 성인품에 올랐다.

이경재 신부

'나도 다미안 신부처럼 되고 싶습니다. 문둥병에 걸려 그들과 함께 죽어가고 싶습니다.'

가톨릭 신학생 때 우연히 《다미안 신부의 생애》를 읽고 70 평생을 오로지 주님을 따라 주님의 뜻대로 한결같이 성라자로마을에서 한센인 가족들과 생사고락을 같이하던 '나환자들의 대부' 이경재 알렉산델 신부. 그는 1998년 5월 11일 46년간의 삶을 깨알같이 메모한 육필수기를 남기고 선종했다.

그는 1951년 12월 24일 성탄 전야, 경기도 의왕시(당시 수원)의 모락산 기슭 성라자로마을의 한센병 가족들과의 첫 인연을 맺은 순간의 감동을 이렇게 적었다.

"내 생전에 처음 나환자를 본 것이다. 무서움은 하나도 없었다. 20평 정도의 텐트 성당에서 나환우들에게 고해성사를 주고 미사를 올렸다. 일주일 후 그들은 다시 찾아와 성라자로마을로 아주 들어와 달라는 제의를 했다. 너무 뜻밖의 제의였다. 그 후 그 말을 잠시도 잊을 수 없었다."

이경재 신부의 구라(救癩) 사업은 결국 인간의 영혼을 구원하기 위한 것, 인간다운 삶을 구현하자는 것이었다. 특유의 온화함으로 생전의 이 신부는 엄청나게 많은 사람들의 이웃이 되었다.

8 · 15 광복 후 우리나라는 정치적으로나 사회경제적으로 혼란 상태에 있었고, 그 틈을 타 강제수용을 당했던 일부 나환우들이 수용소를 탈출해 자위책의 하나로 수 명 또는 수십 명씩 도처에 집단부락을 형성하여 걸식하는 근거지로 삼았다. 그리하여 서울을 비롯한 큰 도시는 이들의 문전걸식 때문에 많은 어려움을 겪었다.

가톨릭구제회 안 캐롤 주교(Rev. Msgr. George Carroll)가 1950년 6월 서울과 인천 일대의 부랑걸식하는 나환우들을 수용 보호하기 위해 오류동에 있는 성(聖) 라자로원을 설립한 것이 우리나라에서의 천주교 구라사업의 효시가 되었다. 그 후 6 · 25 전쟁으로 해산된 그들을 1951년 7월 현재의 모락산 기슭 성라자로마을로 옮겨 살게 된 것이다. 당시 나환자 수는 72만 7천 명으로 추산되었는데, 1970년 초부터는 소록도의 국립나병원 외의 국립기관은 모두 정착마을로 전환되었다.

이러한 때에 당시 수원 북수동 천주교회 보좌 신부로 있던 이경재 신부가 1952년 3월 9일 성라자로마을 초대 원장 신부로 자원해 왔다. 하지만 성직자로서의 사명감과 노력만으로 폐허의 땅을 나환우들의 보금자리로 가꾸기에는 너무도 어려움이 많아 부임한 지 2년 만에 건강 악화로 성라자로마을을 떠날 수밖에 없었다.

1970년 건강을 회복한 이경재 신부는 미국 생활 10년을 정리하고 성라자로마을 원장 신부로 자원하여 부임했다. 그리고 그해 12월 19일 충무로에 있는 장미그릴에서 뜻있는 유력인사들과 함께 '라자로돕기회'를 만들어 오늘에 이르게 되었다.

초대 회장에는 이경재 신부의 은사인 류홍렬 박사(서울대 교수)를 추대하고, 실무책임자로는 신태민 경향신문사 부사장, 김태운 경향신문 사회부장 등이 중심이 되어 오늘의 라자로돕기회를 실무적으로 만들어 나갔다.

성라자로마을은 세계적으로도 인정받는 한센인들의 낙원으로 발전했고 대한민국의 많은 유력인사들이 합류한 라자로돕기회는 한동안 세계 14개국의 나환우들을 돕는 국제적 규모의 단체로 발전하기도 했다.

이렇게 엄청난 구라사업도 모두 우리 국민들의 성금보다 이경재 신부가 미국, 일본 등 선진국을 돌아다니면서 거두어들인 성금으로 이루어졌기에 좀 아쉬움이 없지는 않다.

나환우들의 아버지인 다미안 신부를 신학생 때부터 무척 좋아하고 흠모하던 이경재 신부는 '나환자'라는 낙인 때문에 사회에서 소외당하고 서러움을 받아야 하는 이들을 사회인과 똑같은 형제이며 자매라고 강조하면서 스스로 이들과 한평생 같이 살고 있다는 것을 큰 보람으로 여겼다.

세계적인 규모의 성라자로마을이 오늘에 이르기까지 전 생애를 바쳐 사명감과 남다른 노력으로 공헌한 이경재 신부의 사제는 가히 '한국의 다미안 성인'이라고 부를 만하다. 물론 이런 가톨릭 사업에는 정신적 지주 역할을 한 노기남 대주교(서울대교구장)와 돕기회 총재였던 김수환 추기경님을 비롯하여 성라자로마을 수녀들과 봉사자들, 국내외의 라자로돕기회 회원들의 엄청난 노력이 그 뒤에 있다.

남모르게 도움을 주고 있는 모든 이들의 숭고하고 따뜻한 "사랑의 씨앗은 머지않아 싹트리라"는 게 한국의 '다미안 성인' 이경재 신부가 남긴 마지막 말이다.

라자로돕기 운동

라자로돕기 자선음악회 때면 나는 언제나 이경재 신부님의 생각을 떨쳐 버릴 수가 없다. 1970년대에 이 음악회를 시작한 신부님은 어쩌면 한국의 다미안 성인이라고나 할까? 동·서양의 두 신부님은 한 평생을 한센병 환자들과 함께하다 하늘나라로 돌아가신 공통점이 있다.

황해도 서흥 출신의 이경재 신부님도 말끝마다 '나도 다미안 신부처럼 문둥병에 걸려 그들과 함께 죽어가고 싶다'고 했다. 50여만 명의 나환자를 직·간접적으로 돌봐 오신 이경재 신부님은 느닷없이 1998년 5월 11일 라자로돕기 자선음악회를 며칠 앞두고 불치병으로 선종했다. 나는 그때 라자로돕기회장이었다. 성모병원으로 찾아가 신부님께 자선음악회 준비상황을 말씀드렸다. 신부님은 걱정이 태산이었다.

"표는 다 팔렸어요?"

"신부님, 빨리 병이나 나으세요! 음악회는 저희들이 알아서 할 테니 ….."

나는 화난 사람처럼 짜증 섞인 목소리로 투덜거렸다.

며칠 후 신부님은 홀로 하늘나라로 떠나셨다. 하늘이 무너지는 것 같았다. 최덕기 주교님 집전으로 영결미사를 치르는 와중에도 나는 며칠 앞으로 다가온 자선음악회 생각 때문에 눈물을 흘릴 마음의 여유조차 없었다. 장례를 잘 치르고 나자마자 개막되는 자선음악회 생각으로 며칠 동안 나는 정신없이 지냈다.

아, 그런데 이게 웬일인가!

음악회가 열리던 날 예술의전당은 발 디딜 틈도 없이 초만원을 이루었다. 라자로돕기회장으로 감사인사를 하러 무대에 올라간 나는 목이 메고 가슴이 떨려 눈물부터 쏟았다.

행사를 주관한 나는 무슨 말을 해야 할지 모른 채 단상에 올랐다.

"아마 하늘나라에 올라가신 이경재 신부님께서도 오늘 이렇게 많은 분들이 우리 가족들을 위한 자선음악회에 초만원을 이루신 것을 기뻐하시며 여러분들의 사랑에 감사하실 것입니다."

앞자리에 앉았던 많은 사람들이 모두 손수건을 꺼내어 눈물을 흘리는 모습이 보였다.

이렇게 성인과 같은 우리나라의 사제가 시작한 국내외 한센병 가족들을 돕기 위한 자선음악회 '그대있음에'(김남조 시인 명명)는 이제 제 37회를 맞이하게 되었으니 남다르게 감회가 새로울 수밖에 ….
이 음악회에는 명예총재이셨던 김수환 추기경님이 거의 한 번도 빠짐없이 참석했다. 오래전 우리 곁을 떠나신 김 추기경님은 선종하시기 전 그 힘들고 병약한 몸을 이끌고 나타나 관람석을 꽉 메운 인파로부터 쏟아지는 존경과 사랑의 박수갈채를 받기도 했다.

공연이 끝나면 으레 라자로돕기회장단과 수원교구장, 성라자로 마을 원장 신부 등이 단상으로 올라가 출연진들과 함께 '내가 살아가는 동안에'로 시작되는 〈사랑으로〉라는 노래를 합창했는데, 나는 걸음걸이가 불편한 김 추기경님이 무대에 올라가지 못하도록 우리 집사람에게 신신 당부했다. 추기경님은 우리의 합창이 끝나자 청중들과 함께 자리에서 일어나 열심히 박수치며 기뻐하셨다. 그리고 그게 마지막이었다.

김수환 추기경님은 1960년대 우리나라가 어려울 때 지학순 주교 (원주교구장) 등과 함께 이경재 신부의 안내를 받아 미국의 여러 성당을 돌며 미사 집전도 하고 교포 사목도 하면서 미국 교회에서 주는 재원 마련에 앞장서기도 했다.

한번은 미국 뉴욕의 브루클린교구 성당에서 미사 집전하고 받은 돈을 담당 미국 신부가 건네면서 농담을 던졌다.

"여기 미화 200달러를 드립니다. 그러니까 200번 미사 집전해 주셔야 해요."

"이런 망할, 백정 놈의 새끼 …."

지학순 주교가 대뜸 소리 지르며 쫓아갈 듯하니, 그 미국 신부가 걸음아 날 살려라 36계 도망쳤다는 웃지 못할 에피소드도 있었다.

그만큼 우리는 6·25 전쟁 후 거의 초근목피 삶을 버텨갔고 우리 교회도 예외는 아니어서 서울대교구(교구장 노기남 주교)는 이경재 신부를 미국에 파견하여 이렇게 아르바이트를 시키기도 했다. 이경재 신부의 외사촌 동생인 정진석 추기경님도 로마에서 유학 중에 방학 때마다 미국에 건너와 이경재 형님 신부를 도와 아르바이트하던 중 교황으로부터 주교서품을 받기도 했다.

'그대있음에' 자선음악회는 줄곧 세계적인 규모였고 국내에서도 성악가 이규도, 조수미 등을 비롯해 송창식 등 내로라하는 연예계 정상급 인사가 총출동했고, 성라자로마을을 직접 찾아가 위문 공연 하는 게 유행처럼 됐었다. 1960~70년대에는 영화배우 최은희 씨가 교장으로 있던 안양여자예술학교 학생들이 줄곧 마을을 찾아와 우리 가족들을 위문했고, 그 때문에 최은희·신상옥 감독 내외는 북한에 납치됐다가 돌아온 후엔 미국에서 이경재 신부로부터 영세를 받기도 했다.

그 당시 '월드컵'이라는 국내 최대의 맥주홀 종업원들은 그 어려운 여건에서도 매달 5,000원씩 돕기 회비를 냈고, 정상해 사장은 직접 그 악단을 데리고 와서 큰 잔치를 벌여 우리 가족들을 기쁘게 해 주었다. 1971년 1월 23일 박정희 대통령 부인 육영수 여사가 마을을 찾아와 우리 가족들과 일일이 악수하며 위로한 끝에 나환우들을 위한 '정결의 집' 샤워시설, 마을 입구에 세운 아치형 정문 등을 헌납한 것이 당시 도하 각 신문에 크게 보도되는 바람에 성라자로마을은 갑자기 온 국민의 관심의 대상이 되기도 했다.

그때 신문에는 "나 오늘 나환우 가족들과 악수하고 왔어요!" 하고 대통령께 말한 육영수 여사에 관한 기사가 대대적으로 보도되어 '라자로돕기 회원' 모집에 큰 도움을 주기도 했다.

게다가 명예총재인 김수환 추기경님과 독일주교회의 의장 칼 레만 추기경님의 합의로 2년마다 독일 프랑크푸르트에서 대대적인 자

유럽라자로돕기 자선음악회
(2006년/독일 프랑크푸르트)에서
김수환 추기경님(가운데),
정형근 유럽라자로돕기회장
내외(왼쪽)와 함께.

선음악회를 개최했다. 수원교구장 최덕기 주교, 이용훈 주교 등이
줄기차게 현지를 방문하여 돈을 모았다. 모은 돈으로 유럽 라자로돕
기회장(정형근 베드로) 팀이 캄보디아, 미얀마 등지에 학교를 세우
고 그곳 한센가족들의 생활복지 문제를 도와주고 있는 것은 거의 기
적에 가까운 일들이다.

생각보다 일찍 세상을 떠난 이경재 신부의 뒤를 이어 부임한 김화
태 제르바시오 신부(경기도 광주본당 주임)나 조욱현 토마스 신부,
한기영 바오로 신부 등은 초대 원장 이경재 신부가 못다 한 하느님
의 사업을 줄기차게 이어가고 있다.

이제는 우리 땅에서 사라진 한센병이 아직도 동남아나 아프리카
에서는 만연하고 있다. 우리가 그들을 반세기 동안 도와주고 있다는
사실은 정녕 기적이 아닐 수 없다.

우리가 6·25 전쟁을 겪으며 헐벗고 굶을 때 우리를 도와준 저 많
은 미국, 일본, 독일 등의 아름다운 이웃들. 그들의 갸륵한 뜻에 보

답하는 길은 우리가 나서서 오늘도 어렵게 삶을 이어가는 저 많은 후진국의 이웃들을 위해 조금이나마 '사랑의 손길을 보내주는 것'이 인간의 도리일 것이다. 오늘도 라자로돕기에 발 벗고 나선 모든 돕기 회원들에게 하느님의 은총이 함께 하기를 빌 따름이다.

특히 얼마 전에 세상을 떠난 나의 친구 이종덕 돕기회장을 비롯한 운영위원들의 숨은 노고에 감사하고 싶다. 그리고 이 자리를 빌려, 우리 모두가 사랑하고 좋아하는 명예총재 김수환 추기경님께도 말씀드리고 싶다.

"감사합니다. 사랑합니다. 저희들을 위해 하늘나라에서 기도 많이 해 주십시오"

나는 지난해 가을 '라자로의 날'에 이용훈 주교님(한국천주교 주교회의 의장)으로부터 '라자로돕기 50년 특별봉사상'을 받고 나서 올해 미수(米壽) 잔치를 함께 못 한 우리 마을 가족들과 이 아름다운 상을 받은 기쁨을 나누고자 한다.

10장

예수님의 발자취

교황 요한 바오로 2세가 떠나던 날

"산토 수비토, 산토 수비토(빨리 성인으로, 빨리 성인으로)!"

성베드로 광장에 모인 수십만, 수백만 명의 군중들은 모두 한목소리로 따라 외쳤다. 로마 총독 본디오 빌라도 앞에서 "예수를 십자가에 못 박으시오, 십자가에!"라고 외치던 유대인들의 함성처럼, 자연 발생적인 군중의 목소리는 성베드로 광장에 줄기차게 메아리쳤다.

2005년 4월 8일 금요일 오전 10시. 나는 그때 제대(祭臺) 오른쪽 윗자리에 앉아 그칠 줄 모르는 함성을 들으며 그들과 함께 주먹을 쥐고 소리치고 싶었다. 하지만 우리 정부의 공식 조문사절로 참석했기에 참고 또 참을 수밖에 없었다. 하늘에는 갑자기 먹구름이 드리

265

워졌다. 때때로 태양이 구름을 제치고 나타났다가 사라지곤 했다. 바람이 약간 세게 불었다. 마치 하늘의 천사들이 내려오면서 모진 바람을 일으키는 것 같았다.

오랜 투병 끝에 선종한 교황 요한 바오로 2세는 삼나무 관 속에서 비단 베일로 덮인 채 편안히 누워 미소 짓고 있었다. 교황의 시신은 흰 실크에 십자가를 수놓은 수의를 입고 손에 묵주를 감아쥐고, 3중 관으로 둘러싸여 나중에 성베드로 성당 지하묘지에 안치되었다. 그리고 어느 교황들보다도 빠른 시일 안에 '성인품'에 올랐다.

우리와도 아주 가깝게 느껴졌던 교황 요한 바오로 2세의 장례식은 그날 교황청 국무장관과 우리 추기경님(김수환 스테파노) 두 분의 공동집전으로 진행되었고, 세계 각국에서 초청된 공식조문사절(각 나라에서 5명씩)들을 비롯하여 수십만 수백만을 헤아리는 조문객들이 지켜보는 가운데 엄수되었다.

나는 장례식의 시작을 알리는 종소리와 연합 성가대의 합창소리가 울려 퍼지는 속에서 마지막 줄을 이어 들어오는 세계 각국의 추기경 속에서 우리 김수환 추기경님의 모습을 찾느라 여념이 없었다.

바로 왼쪽 옆에 앉았던 영국의 토니 블레어(Tony Blair) 총리는 모든 게 궁금해서 이것저것 질문이 많았다. 그는 나중에 총리를 그만두고 성공회에서 가톨릭으로 개종했다.

한참 동안 130명의 추기경 행렬을 보고 있는데 내가 아는 추기경님 한 분이 손을 흔들며 인사했다. 오랫동안 주한 로마교황청 대사

(1987~1991)로 있던 인도 출신 대주교(Ivan Dias)가 최근에 추기경으로 보임되어 이날 장례식에 참석하고 있었다. 나에게 인사하고 나서 행렬 맨 뒤쪽을 가리키며 엄지손가락으로 김수환 추기경님이 들어오고 있다는 소식을 전해 주었다. 나는 너무 기쁘고 마음이 놓여 오른팔을 힘주어 흔들면서 고맙다는 시늉을 했다.

아니나 다를까 우리 추기경님은 맨 마지막에서 두 번째로 조용히 입장하고 있었다. 바로 뒤따라 맨 마지막에 신앙교리성 장관을 지낸 국무장관 라칭거(Joseph Ratzinger) 추기경님이 들어왔다. 그러니까 우리 추기경은 저 많은 추기경 중에서 가장 오래된 추기경인 셈이었다. 라칭거 추기경님은 그 후 치러진 교황선출비밀회의(Conclave)에서 후임 교황으로 선출되어 베네딕토 14세 교황으로 선포되었다.

수십만의 조문 인파 속에 TV로 전 세계로 중계되는 엄숙한 장례식을 마친 후 우리는 김수환 추기경님을 찾아 헤매기도 했다. 그때 우리 조문사절단을 이끌고 온 이해찬(李海瓚) 총리가 이왕이면 우리 추기경님을 만나 인사라도 드리는 게 예의가 아니겠느냐는 뜻에 따라 내가 나서서 줄줄이 걸어 나오는 길목에 섰다. 그러는 동안 영국의 찰스 왕자나 미국의 조지 부시 대통령 내외 등은 대기하고 있던 승용차로 재빠르게 빠져 나갔다. 우리 전용차는 몇 번씩이나 들락거렸지만 아무리 기다려도 추기경님의 모습은 찾을 길이 없었다.

그 시간 우리 추기경님은 요한 바오로 2세의 지하 묘소를 찾아가 기도드리고 있었던 것이다. 1984년 5월 6일 여의도광장에서 '한국천주교회 200주년 기념 신앙대회와 103위 순교복자 시성식'을 통해, 그리고 1989년 10월 제44차 세계성체대회를 치르면서 가까워진 친구 교황의 명복을 기도하고 있었다.

1984년 방한 때 교황은 비행기에서 내려서자마자 '순교자의 땅, 순교자의 땅'이라면서 엎드려 땅에 입을 맞췄다. 그러면서 '한국은 유구한 역사에 걸쳐 시련과 풍파를 이겨내고 새로이 일어설 줄 아는 생명과 젊음이 넘치는 아름다운 나라'라고 했다.

교황 요한 바오로 2세의 한국사랑은 남달랐다. 1989년 10월 방한했을 때도 도착성명을 통해 한국에 대한 각별한 애정을 표현했다.

"몇 해 동안 늘 지난번(1984년) 방문했을 때의 행복하고 고무적인 기억들이 그리웠다. 오랜 전통을 가진 나라의 삶과 소망과 깊은 정신적 동경을 다시 나누려는 한국민들의 목소리가 들린다."

교황께서 세상을 떠나신 후 김수환 추기경님은 "큰 별을, 큰 빛을 잃은 애석함을 느낀다"면서 "든든하게 기댔던 기둥이, 언덕이 없어진 것 같다"고 말했다.

또한 교황 요한 바오로 2세를 '나의 선생님'(my professor)이라고 치켜세웠던 장익(張益) 주교(전 춘천교구장)는 그분의 삶과 업적을 이렇게 정리했다.

그분은 한평생을 다 바쳐 온 인류를 화합과 상호 존중의 길로, 진리와 사랑의 길로 이끌어 주신 강하고 따뜻한 아버지셨습니다. … 더 나아가 교황님은 분단된 이 나라 이 겨레의 평화통일을 간절히 원하시면서 그

실현을 향해 음으로 양으로 끊임없이 노력하셨습니다. … 교황님은 재위 4반세기가 넘도록, 공산체제를 비롯한 온갖 압제에 꿋꿋하게 맞서 어디까지나 신앙에 근거한 진리와 존엄의 수호에 온 힘을 기울이셨습니다. … 교황님은 조국 폴란드의 경이로운 자유 민주화와 베를린장벽의 붕괴를 벽두로 동서독의 통일, 구(舊) 소련의 해체, 냉전의 종언으로 이어진 세계평화 실현에 결정적으로 기여하셨습니다.

그렇지 않아도 교황님이 1984년 방한을 앞두고 있을 때 국회 외무위원장이며 가톨릭 신자였던 나는 대통령의 분부에 따라 바티칸으로 가서 방한을 앞둔 교황을 알현했다. 우리 정부와 교회의 방한준비상황을 간략히 말씀드린 후 한반도의 평화통일에 관한 교황의 특별한 관심에 경의를 표했다.

"실은 저희 부부 둘 다 북한에서 내려온 피란민입니다."

교황은 갑자기 놀란 표정으로 물었다

"언제, 어떻게요?"

"교황님, 저는 38선 바로 위의 평양에서 가까운 황해도에서, 우리 안젤라(아내)는 러시아와 중국 국경에 가까운 함경북도에서 8·15 해방 후 피란 내려왔습니다."

"아, 그렇군요. 그래서 북한 소식은 자주 듣고 있소? 가톨릭 신자가 거기에 아직 좀 있을까요?"

교황이 놀라울 정도로 높은 관심을 보이는 바람에 '아, 이럴 줄 알았으면 자료라도 좀 챙겨 올 걸' 하고 후회했다. 약 30분간 북한 문

대통령 특사 자격으로 교황청을 방문해 알현한 교황 요한 바오로 2세(1984.2.13.).

제와 한반도 평화정착 문제 등에 관해 말씀을 나눈 끝에 한국에서 놀라울 만큼 신앙의 열기가 떠오르는 이유는 아무래도 분단 조국의 현실과 평화통일의 염원 등이 그 원인으로 보인다는 말씀에 교황은 끄덕이면서 동의를 표했다.

교황은 우리 정부 요로와 추기경을 비롯한 교회 일꾼들의 노고에 치하 말씀을 하셨다.

"자, 모처럼 먼 길 찾아왔는데 우리 기념 촬영이나 하지!"

이 말씀이 끝나기 무섭게 전용 사진사가 들이닥쳐 값진 사진을 찍었다. 나중에 바티칸 주재 대사관을 통해 교황께서 친필 서명까지 한 사진 앨범을 보내 주셔서 우리 집 가보로 거실 벽 한가운데 항상 모셔 놓고 있다.

'아, 그리운 교황님!'

성모님의 특별한 가호로 바티칸 광장에서 소련 간첩의 흉탄에 쓰러졌던 교황님은 그 저격범을 찾아가 용서하고 그 탄알을 성모 마리아가 무려 일곱 번이나 나타났다는 포르투갈의 성지 파티마(Fatima)에 봉헌했다. 그래서 우리 부부는 그때 파티마 성지로 달려가 새로 축성된 기념탑 앞에서 하늘나라로 올라가신 요한 바오로 2세 성인의 넋을 위해 기도했다.

김대건 신부의 편지

내가 천주교 성지연구원 원장일 때다. 잊히고 버려진 전국의 천주교 성지를 재조명하기 위해 지도신부 오기선과 함께 이리 뛰고 저리 뛰던 사무국장 장기풍 형제가 갑자기 심각한 표정을 지었다.

"신부님, 회장님, 저희 가톨릭교회에서 국내에 산재해 있는 성지를 개발하는 노력은 이제 각 교구마다 상당한 진척을 보이고 있습니다. 오기선 신부님처럼 성지 개발에 열성적인 사제들 덕분입니다. 하지만 해외의 성지, 예를 들면 우리 천주교의 첫 사제와 관련 있는 성지라고 할 수 있는 필리핀의 롤롬보이 성지는 아직 교구 차원에서나 다른 면에서 관심 밖에 있는 것 같습니다. 우리 초대 사제 김대건 신부님께서 어린 나이에 피란 가서 울고불고 했던 필리핀의 롤롬보이 같은 곳을 우리들이 한 번 조명한다면 꽤나 관심 있는 하느님 사업이 되지 않을까 생각합니다만⋯."

'초대 사제 김대건'이란 말에 모두 귀가 쫑긋했다. 그리고 모두가 이의 없이 한마음으로 '롤롬보이와 김대건'으로 관심이 쏠렸다.

25살의 천주교 신부 ― 김대건(金大健) 안드레아.

겨우 1년 남짓 사제생활을 했음에도 수많은 발자취들이 아직도 성인의 삶을 말해준다. 1837년 8월, 마카오에서 공부하던 열일곱의 어린 신학생은 코로나19 같은 질병보다 더 심각했던 아편 민란 때문에 필리핀의 롤롬보이(Lolomboy)라는 작은 마을로 피신했다. 서울에서 순명과 봉사를 서약하고 6개월간의 험난한 여정을 거쳐 마카오에 도착한 김대건, 최양업, 최방제 세 신학생이 공부를 시작한 지 불과 두 달 만이었다.

피란 중에도 세 신학생은 공부를 계속하다가 겨울이 되어 민란이 가라앉자 마카오로 돌아왔다. 1839년 4월 마카오에 또 민란이 발생하자 다시 롤롬보이로 몸을 피했다. 1842년 2월 대만으로 가기 전 10여 일을 머물기도 해 김대건 성인이 이곳에서 생활한 기간만 1년 이상이다.

롤롬보이 성지는 멘도사(Medosa) 가문의 사유지였는데, 김대건 신부 시성을 기념해 멘도사 여사가 옛 수도원 터 일부를 1986년에 한국천주교(성지연구원)에 기증해 이곳에 김대건 신부의 동상을 세울 수 있었다.

김수환 추기경님, 윤공희 대주교, 말롤로스교구장 알마리오 주교 임석하에 1986년 5월 22일 동상 봉헌식을 올리고 10여 년 후 성안드레아 수녀회가 성지관리를 맡아 해 왔다.

이곳 사적지에는 김대건과 최양업의 피란 생활을 연상시키는 '망향의 망고나무'가 있는데, 고향을 그리워하는 그의 마음을 생각해 붙여진 이름이다.

어린 나이의 김대건은 으슥한 밤이 되면 고향이 그리워 소리 내어 울기도 하고 슬퍼하기도 했다. 그 때문에 한동안 롤롬보이 사람들은 '망향나무'가 바람에 흔들리면 목이 없는 귀신이 나타난다면서 도망치기도 했다.

1839년 8월 여름 김대건은 김제준(이나시오)의 편지를 무려 4년이나 걸려 전달받았다. 중국으로 가는 동지사(冬至使. 조선 시대에 해마다 동짓달에 중국으로 보내던 사신) 일행 250명 속에 숨어들었던 한 신자가 베이징까지 그 편지를 갖고 와 뭍으로 바다로 몇만 리를 거쳐 김대건의 손에 닿은 아버지의 편지였다. 편지 내용은 희소식밖에 없었다. 집안도 무사하여 앵베르 범주교, 모방, 샤스탕 신부 모두가 안녕하다는 소식이었다. 김대건과 최양업은 뜨거운 눈물을 적시며 망고나무 그늘 아래서 그 편지를 읽고 또 읽고 한 자도 빠짐없이 외울 정도로 거듭거듭 읽었다.

그러나 김대건이 편지를 받고 감격해 할 무렵 조선에선 기해박해(己亥迫害)가 터져 그의 아버지 김제준과 최양업의 부친 최경환은 옥고를 치르고 9월 장엄히 순교했다.

김대건이 받은 부친의 편지는 이역만리 떨어진 아들에게 희망과 위안, 기쁨을 주는 마지막 선물이었다. 김대건 신부의 사적지에서 약 3백여 미터 떨어진 곳에는 성 김대건 신부를 주보로 모시고 있는 '성 십자가와 성인 김대건 안드레아 사제 성당'이 있다. 이 성당에서 롤롬보이 주민들 모두가 매 주일 주보인 김대건 신부를 현양하며 그의 영성을 본받고 있다.

나중에 사람들은 성인께서 1846년 9월 16일, 새남터에서 군문효수형(軍門梟首刑. 목을 베고 군문에 매달던 형벌)으로 목이 잘려 순교하셨다는 소리를 듣고 성인의 영혼이 나타나시는 것으로 믿기 시작했다고 한다. 결국 조선 왕조의 영의정 권돈인 등은 당시 김대건 신부 등이 조선을 배반하고 조선을 위협하는 외세인 프랑스와 결탁해 조선에 해악을 가한다고 여겼기 때문에 가혹한 처형이 이루어졌던 것이다.

예수님 세례 받은 곳

미국의 대통령 비서실장, 국무장관 등을 역임한 제임스 베이커도 한때 정치에 발을 들여 놓을 뻔했다. 하지만 할아버지의 강력한 반대로 '정치'에는 직접 나서서 않았다. 조지 부시 전 대통령은 텍사스 주의 휴스턴에서 만나 아주 가깝게 지내던 친구였다. 그가 베이커더러 하원의원 선거에 출마하라고 끈질기게 권유했을 때는 마음이 약간 흔들리긴 했지만 막바지 암 투병으로 고생하는 부인 메리 여사(Mary Stuart McHenry)를 끝까지 돌보기 위해 출마를 포기했다.

그러고 나서 의회에는 진출하지 않고 정부 고위관리로서 그 능력을 많이 발휘했다. 베이커는 1981년에서 1985년까지 로널드 레이건 대통령 비서실장을 지내다가 1989년부터 3년 동안 조지 부시 대통령 밑에서 제61대 국무장관 등을 역임했다.

1930년생인 그는 슬하에 8명의 자녀, 17명의 손자 손녀를 두고 부인 수전(Susan Garret)과 함께 휴스턴에서 살고 있다. 수전은 그의 비서였다. 첫 부인 메리 여사가 암 투병 끝에 임종을 앞두고 남편과 그의 충실한 비서 수전을 병상에 앉혀 놓고 한 말은 유명하다.

"여보, 난 당신과 참 잘 살았어요. 계속 잘 살아주세요. 그리고 부탁이 있어요. 여기 있는 수전을 내 대신 아내로 삼아 내가 못다 한 일을 함께 해 주세요."

베이커는 부인의 유언대로 수전을 아내로 맞아 엄청난 일을 함께 많이 했다. 그 가운데 하나가 하느님 사업이었다.

베이커 부인은 온 세계의 크리스천들과의 연대를 통해 이웃돕기, 지미 카터 대통령도 참여하고 있는 가난한 이웃을 위해 집을 지어주기(Habitat) 등으로 엄청난 네트워크를 만들었다. 그리고 아시아, 남미 여러 나라의 크리스천 네트워크를 통해 하느님 사업을 적극적으로 벌여 나갔다. 그 가운데 하나가 '크리스천 친구들의 모임'을 활성화해 나가는 일이었다.

나는 1999년 워싱턴의 아메리칸대 객원교수로 머물고 있을 때 국가 조찬기도회에 함께 참석했던 미국인 친구로부터 반가운 이야기를 들었다. 몇몇이 주동이 되어 이스라엘, 요르단 등 성지순례를 준비하고 있는데 참여할 생각이 없느냐는 것이었다. 미국과 남미 여러 나라의 정치인, 외무장관 등도 함께한다고 했다.

더욱이 이번 프로그램은 베이커 전 국무장관 내외가 주동이 되어 진행하고 있는데 그 여정 중에는 '예수님이 세례자 요한한테 세례를 받은 곳'도 포함되어 있다는 것이었다. 나는 그 소리에 귀가 솔깃하여 무조건 참여하겠다고 했다. 비용도 별로 많지 않았다.

마침 명단에는 내가 잘 아는 정근모(국제원자력기구 총회 의장, 과기처 장관) 내외도 들어 있었다. 정근모 박사는 우리 집 안젤라와 초등학교 동창일 뿐 아니라 나하고는 청소년적십자 활동을 함께하는 사이였다. 그 모임을 '청우회'라고 하여 내가 회장을 맡고 있었고,

반기문 UN 사무총장도 회원이었다.

우리는 베이커 장관 부인이 연락책임자가 되어 이끄는 20여 명의 순례단에 끼어 우선 첫 방문지로 이스라엘부터 갔다. 미국의 저명한 백악관 비서실장 제임스 베이커 내외가 이끌고 남미의 현직 외무부장관 등이 함께하는 순례단임에도 불구하고 텔아비브 국제공항에서의 입국과정은 놀랍도록 간간하고 철저했다.

우리 동행자 가운데 한 명은 왼쪽 다리가 의족이어서 검사대를 지나갈 때엔 요란한 경고음이 울려 퍼지는 바람에 한두 번 다시 체크를 받기도 했다. 100시간 걸려도 어쩔 수 없다는 식이었다. 하기야 14개국의 아랍권에서 언제 어떻게 이스라엘을 향해 도발할지도 모르는 냉엄한 현실을 직시한다면 분단된 나라에서 온 우리로서는 자연스럽게 동병상련(同病相憐)의 감정을 갖지 않을 수 없었다.

1948년 건국 이후 이스라엘은 주변 아랍연합국과 4차례에 걸친 중동전쟁을 치렀고, 1970년대부터는 온 세계가 이슬람계 테러집단의 계속되는 테러를 겪게 되었다. 전쟁은 끝났어도 평화는 정착되지 않아 중동 지역은 여전히 불안한 정세 속에 남아 있다. 따라서 많은 중동 지역 여행자들이나 이스라엘 성지 순례자들은 오늘까지도 어느 정도의 위험을 무릅쓰고 이 지역을 다녀야 한다.

이스라엘 방문에서 우리 순례단은 이스라엘 정부와 참모총장으로 용맹을 떨치다 세상을 떠난 영웅 이츠하크 라빈 장군 미망인의 특별초청 만찬에 참석했고, 예루살렘 통곡의 장벽도 가 봤다. '통곡의 벽'(Wailing Wall)으로 들어가려면 잠시 이스라엘 군의 검문을 받아야 한다.

이곳을 통과하면 광장이 나오고 그 동쪽으로 높이 19m의 성벽이 나타난다. 이것이 모세의 성전시대 이래 남아 있는 유일한 구조물이다. 통곡의 벽은 유대인들의 성지로 전 세계 유대인들이 찾아오고 있다. 예루살렘 성전은 야훼에게 봉헌할 전당으로 솔로몬왕이 기원전 10세기 7년의 공사 끝에 완성했다. 그 후 전쟁 등으로 파괴되었으나 기원전 20년경 헤롯왕이 재건했다고 한다.

통곡의 벽이란 명칭이 생긴 데는 두 가지 유래가 있다. 하나는 벽(Wall)이 통한의 눈물을 흘렸기 때문이라고 한다. 다른 하나는 예수가 죽은 후 로마군이 예루살렘을 공격하여 허물어졌기 때문이라고 한다. 어떻든 예루살렘 성전이 파괴됨으로 해서 그런 이름이 생겨난 것만은 분명하다. 우리 모두는 다른 관광객들처럼 제각기 뭔가를 종이에 써서 벽 틈에 꽂아 넣었다. 나는 물론 우리가 분단된 채 이렇게 오래 살고 있는 데 대한 통한(痛恨)을 담아 하루 빨리 남북이 하나 되기를 염원하는 글을 써서 집어넣었다.

나는 1970년대 TBC 앵커맨 때도 취재차 여기를 한 번 다녀간 적이 있었다. 그때는 이스라엘의 키부츠(Kibbutz), 즉 집단농업 공동체를 취재하고자 무려 열흘 동안이나 이스라엘에 머물렀지만, 무엇보다 저 멀리 바다에서 물을 끌어다 쓰는 유대인들의 사고와 판단과 생활능력이 인상 깊었다.

특히 키부츠 구성원들은 사유재산을 가지지 않고 토지는 국유로,

생산 및 생활용품은 공동소유로 하고, 전체 수입은 키부츠에 귀속시키는 걸 보고 크게 감동했던 기억이 새롭다. 키부츠 안의 아이들은 18세까지 부모와 떨어져 집단생활을 하며, 자치적으로 결정된 방침에 따라서 집단교육을 받는다. 모샤브(Moshave)처럼 사유재산을 인정하고 아이들은 각 가정에서 부모가 양육하는 시스템과 비교되기도 한다.

이렇게 엄중하고 딱딱한 분위기를 뒤로하고 국경을 넘어 아랍권의 요르단으로 넘어왔더니 한결 분위기가 자유롭고 평화스럽기만 했다. 물론 요르단의 젊은 왕, 압둘라 2세의 특별 초청으로 찾아간 인접 국가이기에 훨씬 친근감이 들기도 했다. 내가 12대 국회 외무위원장 때 대통령 특사로 당시 요르단 국왕 후세인 내외를 알현하여 유엔을 비롯한 국제무대에서의 협조를 구한 적이 있었지만 젊은 국왕을 만나는 것은 그때가 처음이었다.

1999년에 즉위한 압둘라 국왕은 미국 대통령 비서실장과 국무장관을 지낸 제임스 베이커의 위상을 잘 알고 있었다. 그 때문에 우리 방문단은 느닷없이 국왕이 베푸는 만찬에도 참석했고, 또한 요르단 왕국에서 그대로 방치하다시피 한 역사적 장소를 방문하도록 허락해 주었다. 지금은 어느 정도 개방이 되긴 했지만 예수님이 세례자 요한으로부터 세례를 받은 곳, 즉 〈요한복음〉 사가가 전하고 있는 '요르단강 건너편 베타니아'를 압둘라 국왕은 우리를 위해 특별히 개방해 주었다.

흥분의 도가니에서 헤어나지 못한 채 기도하는 사람, 카메라를 들이대는 사람, 둘레를 왔다 갔다 하는 사람. 우리 모두 각자 나름대로 이 성스러운 감동의 순간을 어찌할 줄 모르고 보내고 있었다.

나는 그 순간 하늘을 올려다보았다. 〈루카복음〉(3:21-22)에 '하늘이 열리며 성령께서 비둘기 같은 형체로 그분 위에 내리시고, 하늘에서 소리가 들려왔다'는데 …('너는 내가 사랑하는 아들, 내 마음에 드는 아들이다') 라고 적혀 있는 것처럼, 혹시 무슨 신비스러운 소리라도 들리지 않을까 했지만 우리를 경호하던 특수부대 요원들이 몇몇 사람이 너무 가까이 접근하지 않도록 경고하는 소리밖에 들리지 않았다.

최근에는 압둘라 국왕의 지시로 '베타니아' 성지가 관광객들에게도 개방이 되었다고 한다.

이것은 성서에 나오는 이야기이지만 내가 두 번에 걸쳐 다볼산 성지를 찾아간 것도 참으로 소중한 추억이다. 한 번은 1970년대에 TBC-TV 특집 취재 때문에, 또 다른 기회는 이번에 그곳을 가본 일이었다. 별다른 산은 아니었지만 하나의 성지였기 때문에 사정이 되면 한 번쯤 가보고 싶은 곳이었다.

나는 예수를 믿는 사람의 입장에서 제자들이 예수님을 어떻게 대접해 드렸는지 궁금할 때가 많았다. 〈마태오복음〉 17장에 나오는 에피소드지만, 수제자 베드로 입장에서는 한 마디 할 만한 곳일 수도 있겠다 싶었다.

예수께서는 베드로와 야고보의 동생 요한만을 데리고 따로 높은 산으로 올라가셨다. 그때 예수의 모습이 그들 앞에서 변하여 얼굴은 해와 같이 빛나고 옷은 빛과 같이 눈부셨다. 그리고 난데없이 모세와 엘리아가 나타나서 예수와 함께 이야기하고 있었다.

그때 베드로가 나서서 예수께 "주님, 저희가 여기에서 지내면 얼마나 좋겠습니까? 괜찮으시다면 제가 여기에 초막 셋을 지어 하나는 주님께, 하나는 모세에게, 하나는 엘리아에게 드리겠습니다" 하고 말했다.

베드로의 이 말이 채 끝나기도 전에 빛나는 구름이 그들을 덮치더니 구름 속에서 "이는 내 사랑하는 아들, 내 마음에 드는 아들이니 너희는 그의 말을 들으라" 하는 소리가 들려왔다.

우리도 평소에 방언 같은 말을 할 때가 있지만, 2천 년 전의 예수님의 수제자 베드로, 땡전 한 푼 없던 그가 이 황홀한 현상에 얼마나 놀라 질겁했으면 저런 소리를 했을까. 우리도 깜짝 놀라서 어쩔 줄 모를 때 그 같은 방언을 할 수도 있겠구나 하고 생각했다. 실제로 어른들 앞에서 되지도 않는 소리 하다가 엉뚱하게 방언 같은 것을 한 적도 있으니까 충직한 제자 베드로의 심정도 이해할 만했다.

짧은 여행이었지만 우리 모두는 참 행복했다. 마지막 날 미리 준비한 해비타트 현장에 우르르 달려가서 예정된 집짓기 봉사를 끝내고 모든 일정을 완벽하게 소화했다. 주로 지미 카터 전 대통령 등이 앞장서 진행하던 집짓기 봉사는 당시에 온 지구촌 여기저기에 불붙은 '아름다운 봉사'로 알려지고 있었다. 우리도 이렇게 아름다운 봉

사를 할 수 있는 기회를 갖게 된 것을 무척 기뻐하며 즐겼다. '우리
나라도 권좌에서 물러난 대통령이 감옥에나 가지 말고 이렇게 불우
한 이웃을 위해 집짓기에 나선다면 얼마나 보기 좋을까?' 생각하며
성지순례를 마쳤다.

다윗의 생애

내 세례명은 다윗이다. 다위(多爲)라는 한자 이름이 참 어울린다는 생각이 들어 내 칭호로 사용하고 있다. 다윗 왕에 비하면 다위라는 이름을 사용하는 것 자체가 말도 안 되고 부끄러운 일이지만···.

　양치기 목동에서 통일 이스라엘 왕의 자리에까지 오른 다윗의 생애는 참으로 파란만장하다. 다윗 왕의 생애와 활약에 대해서는 〈사무엘기〉, 〈열왕기〉, 〈역대지〉 등의 구약성서에 아주 상세하게 묘사되고 있다.

　선왕이었던 사울 왕과의 갈등, 압살롬의 쿠데타 등 높은 장애물들을 극복하면서 불안하고 미약했던 권력 기반을 안정시킨 다윗 왕은 마침내 이스라엘 민족의 가장 큰 왕, 성왕(聖王)으로 착좌하게 된다. 그러나 다윗 왕 역시, 알고 보면 우리와 비슷한 한낱 나약한 인간에 지나지 않았다. 충신 중의 충신 우리야 장군을 사지(死地)로 몰아넣어 억울한 죽음을 맞게 하고 그의 아내를 차지한다. 겉으로는 대단했던 그도 사실 알고 보면 약점투성이였다. 역사에 길이 남을 왕 중의 왕이었지만 유혹 앞에 갈등하고 수시로 흔들리던 나약한 존재였다.

　이런 다윗 왕이었는데, 율법학자들은 메시아를 '다윗의 자손'이라고 칭한다. 물론 복음서 여러 곳에도 메시아로 오신 예수님을 향해

'다윗의 자손'이라는 호칭을 사용하고 있다.

예수님께서 예리고란 지방에 사셨을 때 바르티매오란 눈먼 거지가 예수님께서 지나가신다는 소리를 듣고 외쳤다.

"다윗의 자손 예수님, 저에게 자비를 베풀어 주십시오."(〈마르코〉, 10:48)

예수님께서 나귀를 타고 예루살렘으로 입성하실 때 군중들 역시 이렇게 외쳤다.

"다윗의 자손께 호산나!"(〈마태오〉, 21:9)

'다윗의 자손'이란 표현은 이스라엘을 구원하러 올 '메시아'란 단어와 동일하게 사용되고 있었다. 그러나 오늘 예수님께서는 단단한 못 하나를 박으신다. '다윗 스스로 메시아를 주님이라고 말하는데, 어떻게 메시아가 다윗의 자손이 되느냐?'

오늘날 사람들은 다윗 왕에 대해 입에 침이 마르도록 칭송하고 있지만 사실 그는 우리나라의 4분의 1에 해당되는 소국의 왕이었다. 그에 비해 메시아 예수님께서는 온 세상, 우주만물을 다스리시는 만왕의 왕이시다. 다윗 왕이 천수를 누렸다고 하지만 그의 왕으로서의 재위기간은 40년도 지속되지 않았다. 그러나 메시아 예수님의 통치는 세세대대로 영원무궁할 것이다.

다윗 왕은 하느님의 뜻에 충실하고자 노력했고, 아주 겸손했지만, 참으로 허물 많은 인간이었다. 자기 한 목숨, 자기 부양가족 챙기기도 바빴다. 그에 비해 메시아 예수님은 무결점, 무죄, 순수 그 자체였고 세상 모든 사람들의 구원을 위해 자신을 희생양으로 내어

놓으셨다.

다윗의 고백대로 메시아로 오신 예수님께서 다윗의 자손이 아니라, 예수님의 자손이 다윗이다. 다윗의 아버지, 다윗의 왕, 다윗의 스승이 바로 예수님이시다.

다윗 왕이 어느 날 궁중의 세공인을 불러 이렇게 명령했다.

"나를 위해 있는 멋진 반지 하나를 만들라. 그 반지에는 내가 전쟁에서 큰 승리를 거두어 환호할 때 교만하지 않고, 내가 큰 절망에 빠져 낙심할 때 좌절하지 않고 스스로에게 용기와 희망을 줄 수 있는 글귀를 새겨 넣도록 하라."

다윗 왕의 부탁에 세공인은 큰 고민에 빠졌다. 반지에 새길 마땅한 글귀가 쉽게 떠오르지 않았기 때문이다.

세공인은 나이가 어렸지만 지혜로운 솔로몬 왕자에게 도움을 청했다. 그러자 솔로몬 왕자는 이런 글귀가 어떻겠냐고 조언을 해 주었다.

'이 또한 지나가리라.'

우리가 이 세상 살아가면서 겪게 되는 갖은 유형의 성공과 실패, 기쁨과 슬픔, 행복과 불행, 건강과 질병, 영원히 지속될 것 같지만 사실 시간과 더불어 이 또한 지나간다.

에밀 카폰 군종신부

1950년 6·25 전쟁 때 낙동강까지 밀렸던 유엔군은 인천 상륙작전으로 9월 28일 수도 서울을 탈환하고 나서 압록강을 향해 파죽지세로 북진했다. 그러나 중공(中共)의 느닷없는 참전으로 북진하던 유엔군은 또다시 주춤하다가 느닷없이 쏟아지는 인민해방군의 총공세에 결국 퇴각명령이 떨어졌다.

하지만 군종신부인 에밀 카폰 대위는 낙오 병사들을 돌보기 위해 그 지시를 거부하고 전선에 남았다가 중공군에게 포로로 잡혀 끌려갔다.

11월 1일 시작된 작열하는 전화(戰禍) 속에서도 카폰 신부는 몰려드는 중공군의 직접 사격을 받으면서도 여기저기 뛰어다니면서 부상병들을 구출했고, 동료 병사를 처형하려는 순간 육탄으로 막으며 살려내기도 했다. 결국 피신할 수 있는 여러 차례의 기회조차 거부하고 현장에 남아 부상병들을 돌보다가 달려드는 중공군에 붙잡혀, 압록강 남단에서 운영하던 중공군의 포로수용소 '캠프 5'에 수감되었다.

포로수용소에서도 카폰 신부는 자신의 안전이나 편안함을 마다하고 병자와 부상자들을 돌보고 포로들이 먹을 것과 입을 것을 구하기 위해 이리 뛰고 저리 뛰고 했다. 그러면서 동료 포로들을 위한 정신적 지도자로서도 봉사하며 애썼다. 포로들에게 신념을 갖고 '언젠가는 석방'될 거라는 믿음을 주며 격려했고, 포로들의 집단적 사기를 북돋우기 위해 수용소 측에 저항하기도 했다. 그는 수용소 경비병들에게 공포의 대상이 되었고 동료 포로들에게 존경을 받았다.

열악한 환경으로 인해 사망자가 쏟아져 나오는 수용소에서 미군 포로들을 돌보던 카폰 신부는 중공군이 강제로 사상교육을 하려 들 때면 점잖고도 단호한 어조로 "너희들의 주장을 절대로 받아들이지 못하겠다"며 대들기도 했다. 중공군의 눈엣가시로 구타와 학대에 시달리던 에밀 카폰 신부는 결국 1951년 봄 수용소에서 생애 마지막 부활절 미사를 집전한 뒤 5월 23일 숨을 거둬 선종했다.

이 같은 구체적 행적은 그와 함께 수용소에서 생활했던 미군들의 증언을 통해 전해졌다. 종군사제로서 에밀 카폰 신부가 보여준 용기와 그리스도를 닮은 헌신적 삶이 알려지면서 1954년 《군종신부 에밀 카폰 이야기》(The Story of Chaplain Kapaun)라는 책이 출간되었다. 그 책은 2년 후 당시 신학생이었던 정진석 추기경님에 의해 《군종신부 카폰》이라는 제목으로 번역돼 우리나라에 처음 소개되었다.

전쟁이 끝난 후 미국으로 돌아온 동료 포로들은 카폰 신부의 용기와 온정에 관한 이야기를 전하며, 그가 자신들을 비롯해 수많은 사람들의 목숨을 구했다고 전했다. 장기간 영양실조로 선종한 카폰 신부의 시신을 동료 포로들은 이 수용소 묘지 한 곳에 매장했다.

카폰 신부의 유해는 1953년 한국전쟁 휴전협정에 따라 미국으로 돌아온 1천 868구에 포함됐지만 그동안 신원이 확인되지 않았다가 지난 2021년 3월 2일 70년 만에 미 국방부 전쟁포로·실종자확인국(DPAA)에 의해 확인되었다. 미국 위치타교구와 필센의 성 요한 네포머 본당은 카폰 신부 누리방(kapaun. org/index. html)을 만들어 시복시성을 위한 기도운동과 함께 명예훈장 추서 캠페인을 벌이고 있다.

이미 1990년대부터 에밀 카폰 신부의 시복시성을 위해 관련 증언 등 다양한 자료들을 수집한 위치타교구는 2008년 6월 29일 교구 차원의 시복시성 조사를 공식적으로 시작했다. 하느님의 종 카폰 신부의 시복시성운동이 본격화하면서 그에게 미국 군인들이 받는 최고의 무공 훈장인 '명예훈장'(Medal of Honor)을 수여하자는 움직임도 있었지만, '명예훈장은 죽은 이들에게 추서하지 않는다'는 논리에 번번이 좌절됐었다.

카폰 신부의 시복과 명예훈장 추서를 기원하며 두 달 동안 1천 km가 넘는 길을 걸어서 순례한 미국의 존 무어(당시 61세) 씨. 2011년 9월 11일 뉴멕시코주 산타페 국립묘지를 출발하여, 재향 군인의 날인 11월 11일 아침 카폰 신부의 고향인 캔자스주 위치타교구 필센에 도착했는데, 그는 하루 평균 25km 이상 꼬박 두 달 동안 카폰 신부를 상징하는 십자가를 등에 지고 걸었다.

2013년 4월 11일, 미국의 버락 오바마 대통령은 카폰 신부에게 '미국 군인이 받을 수 있는 최고의 무공훈장'인 '명예훈장'(Medal of Honor)을 추서했는데, 미국 정부가 카폰 신부(육군대위)에게 훈장을 수여한 이유로 '영웅적 행동과 이타심'을 꼽았다. 말하자면 그가 포로가 될 것을 알면서도 부상병들을 위해 남기로 자원했다는 것이다. 특히 포로로 잡힌 후에도 개인적 안전을 완전히 무시하고 동료 병사들을 처형하려는 적을 육탄으로 저지해 동료의 목숨을 구했고, 그의 이런 용기와 지도력이 당시 현장에 있던 모든 전우들에게 큰 영감을 줬다고 평가했다.

미국의 명예훈장 수훈에 이어 한국 정부도 그에게 2021년 태극무공훈장을 추서했다. 특히 공식적으로 그를 추모하는 공간이 2022년 5월 27일 경기도 평택 캠프 험프리스 미군기지에 만들어져 또 다른 한미동맹의 상징이 되고 있다. 그의 철모를 형상화한 추모비 제막식이 있었던 것이다.

카폰 신부는 1993년 로마 교황 요한 바오로 2세로부터 '하느님의 종'이란 칭호를 받았다. 이 칭호는 고인을 성인으로 인정하기 위한 두 번째 단계로 가톨릭교회에서는 카폰 신부를 시성하기 위한 조사를 계속하고 있다.

아우슈비츠의 성인

우리의 라자로돕기 운동에 직접 기여한 사람들 중에는 외국인들도 무수히 많지만 그중에서도 가장 기억에 남는 사람은 일본의 유명한 소설가 소노 아야코(曾野綾子) 여사다. 아야코 여사는 라자로돕기 운동에 물심양면으로 많은 도움을 주신 분이다. 일일이 다 거론할 수 없을 정도로 많다. 일본 왕실에도 우리의 활동을 소개해 주었다. 특히 아야코 여사는 라자로마을의 맹인 노인 환우들을 직접 바티칸으로 모셔가 교황의 특별 강복을 받게 했다. 외국인이 이처럼 성의를 베푼 것은 드문 일이다. 모든 비용은 아야코 여사가 부담했고 교황과 아야코 여사의 통역은 이경재 라자로마을 원장이 맡았다. 이경재 원장님은 영어와 일본어로 이중 통역을 했다.

이경재 신부님과 몇몇 라자로돕기 회원들은 아우슈비츠의 성인 막시밀리안 콜베 성인의 발자취를 찾아 2010년 일본의 나가사키를 방문한 적이 있다. 콜베 성인은 1930년 나가사키에 와 6년간 선교활동을 했다. 성지순례단은 나가사키를 방문할 때 콜베 신부가 사목한 수도원과 손수 만든 루르드 동굴을 순례했다. 당시 콜베 신부는 〈원죄 없으신 성모의 기사〉의 일본어판 잡지를 출간하는 등 남다른 선교활동을 했다.

아야코 여사는 이 콜베 성인의 생애를 다룬 《기적》이라는 책을 집필해 콜베 성인과 관련된 기적을 상세히 소개했다. 원래 콜베 성인의 일대기는 폴란드 작가 마리아 비노프스카가 처음 썼으며 한국에서 《막시밀리안 콜베》라는 제목으로 출간되었다. 아야코 여사는 이 원작을 바탕으로 《기적》이라는 책을 낸 것이다. 아이코 여사의 콜베 성인에 대한 책은 읽을수록 가슴에 와닿는다.

8월 14일은 콜베 성인의 기념일이다. 그는 아우슈비츠 수용소에서 기적처럼 피어난 위대한 사랑의 꽃이었다. 1894년 폴란드의 한 독실한 천주교 집안에서 태어난 그는 어릴 때 꿈속에서 성모님을 만났다. 그분이 두 개의 관을 들고 나타나 "어느 관을 갖고 싶니?" 하고 물었다는 것이다. 흰색 관은 순결을 나타내고 붉은색 관은 순교를 상징한다고 말씀해 주시자 어린 막시밀리안은 '둘 다 주세요' 하며 흰색과 붉은색 관을 다 받았다고 한다. 원작자는 강제수용소에서 살아남은 사람이 콜베 성인을 염두에 두면서 "살육이 자행되는 강제수용소에서 진정 이웃을 더 사랑한 다른 사람이 있다면 나에게 보여 달라"고 했다는 말을 듣고 책을 집필했다고 한다.

콜베 성인은 프란치스코 수도회에 입회하여 수도사가 되었으며 로마에 유학해 1918년 신부로 서품되었다. 나치는 1939년 폴란드를 전격 침공해 점령했다. 1941년 2월17일 콜베 신부는 아우슈비츠로 끌려갔고 6개월 후 그곳에서 선종했다. 이 수용소에서는 땅 위의 언어로는 도저히 표현할 수 없는, 인간의 존엄성이 완벽하게 말살되는 극악무도한 일들이 벌어졌다. 사람들은 반항과 증오 속에서 죽어 나갔다. 이 지옥에서 유일하게 생면부지의 이웃을 사랑하며 죽음을 자처한 사람이 바로 콜베 신부다.

이 수용소에서 신부님들은 유대인 다음으로 학대를 받았다. 사제는 보통 '돼지새끼 같은 신부'로 불려졌다. 콜베 신부는 이 지옥에서 하느님을 증명하는 유일한 자유인이었다. 나무등치를 운반하며 앙상한 등덜미에 채찍질이 억수같이 쏟아져도 콜베 신부는 오직 하느님만을 믿고 신앙을 지켰다. 당시 아우슈비츠 수용소에서는 탈출하는 사람들이 가끔 있었는데 그때마다 수용소 소장은 죄수 중에 10명을 차출해 아사감방에서 굶겨 죽이는 가혹한 형벌을 내렸다. 그러니 이 아사감방에서는 짐승과 같은 부르짖음과 저주의 외침이 끊이지 않았다.

7월 말 콜베 신부가 있던 14호 감방에서 유태인 한 사람이 탈출했다. 흡혈귀라는 별명을 가진 수용소 소장은 14호 감방 포로들을 아사감방에 넣기 위해 햇볕 아래 몇 시간을 세워 두었다. 마침 13호 감방에 있던 포로 한 사람이 사형집행실로 가는 참혹한 광경이 벌어졌다. 이 포로는 "아, 이젠 사랑하는 마누라와 아이들은 영원히 못 보는 구나" 하며 마지막으로 통곡하며 발악하고 있었다. 그때 한 사람의 포로가 동료들을 헤치며 열 밖으로 걸어 나왔다. 당황한 소장은 권총을 겨누었다.

신부님은 수용소 소장을 똑바로 쳐다보며 당당하게 걸어 나왔다.

"정지! 무슨 일이지? 이 폴란드 돼지새끼야."

콜베 신부는 아주 침착했다.

"저 사형수 중의 한 사람 대신 내가 죽겠소."

소장은 자신에게 반항하는 사람은 언제나 여러 사람이 보는 앞에서 권총 한 발로 잔인하게 쓰러뜨리는 인간이었다. 그러나 소장은 사제의 맑은 시선에 오히려 압도당했다. 놀란 소장은 얼빠진 사람처럼 물었다. 이처럼 죽음을 자처하는 일은 처음 경험하는 일이었기 때문이다.

"누구를 대신해 죽겠단 것이냐?"

"저 부인과 아이들을 가진 사람 대신입니다."

"너는 뭣 하는 놈이냐."

"나는 천주교의 사제요."

짤막한 대답이었지만 목소리는 차분히 가라앉고 엄숙했다.

잠깐 침묵이 흘렀다. 소장은 신부의 참사랑을 이해할 수 있는 가슴을 가진 인간이 아니었다. 그러나 감히 총을 쏠 수는 없었던 모양이다.

"너는 14호 감방 죄수들과 함께 아사감방으로나 가라."

그는 욕설도 상소리도 하지 않았다. 소장은 입을 다물고 있었다.

14호 감방의 사형수들이 아사감방에 들어간 날부터 기적이 일어났다. 지금까지 아사감방은 사형수들의 아우성으로 떠나갈 듯했다. 그러나 이번에는 달랐다. 그 속에는 그들의 임종을 도와줄 목자가 그들과 함께 있었다. 그들은 저주하지도 않고 울부짖지도 않았다. 고통스럽던 장소가 성전으로 변해 이 감방, 저 감방에서 기도와 노랫소리가 들렸다. 시체 운반을 맡은 한 수용자가 시체를 운반하기 위해 감방에 들어갈 때마다 콜베 신부는 감방 한가운데서 무릎을 꿇고 기도했다.

이 위대한 하느님의 종은 마침내 성모승천축일 바로 전날인 8월 14일 양들을 천국으로 인도하는 자신의 임무를 마치고 세상을 떠났다. 한 수용자는 나중에 "신부의 시체는 깨끗하고 빛을 발하는 듯했다"고 증언했다. 성모 마리아께서는 당신의 승천축일을 교회가 준비하고 있던 날, 어린 막시밀리안에게 보여 주었던 흰색 관과 붉은색 관 두 개를 손에 쥐고 찾아오셨던 것이다.

1982년 요한 바오로 2세 교황께서는 막시밀리안 콜베 신부를 '자비의 순교자'로 부르며 성인품에 올렸다.

잊지 못할 윤형중 진성만 신부님

1953년 7월 판문점 휴전협정이 체결된 후 남북은 또다시 원 상태로 갈라진 채 서로 제 갈 길을 가며 폐허가 된 땅을 복구하는 데 심혈을 기울이고 있었다.

전쟁의 트라우마(정신적 상처)에서 헤어나지 못하고 방황하는 젊은이들에게는 마음의 위안을 받을 안식처가 필요했다.

때마침 명동성당 문화관에서는 주로 젊은이들이 좋아하는 신부가 진행하는 일종의 교리강좌가 진행되고 있었다. 그 당시에는 생각이 있는 젊은이들은 한 번쯤 찾아야 하는 안식처 같은 곳이기도 했다.

당시 윤형중(尹亨重) 신부의 교리강좌(Catechism)는 선풍적인 인기를 끌었다. 가톨릭 교리 전파를 위해 전 생애를 바치다시피 한 윤형중 신부는 그때 '가톨릭청년'의 창간을 비롯하여 '경향' 잡지에 이르기까지 장면, 장발, 정지용 등과 함께 수준 높은 가톨릭 잡지를 출판하고 있었기 때문에 젊은이들에게는 존경의 대상이었다.

나도 친구들과 함께 그 교리강좌를 들었다. 윤형중 신부의 강좌는 전혀 딱딱하지도 않고 엄숙하지도 않았지만 이상하게도 말씀 속에 신앙의 진리와 순교정신 같은 게 느껴져서 들으면 들을수록 빠져들어 갔다.

한번은 남녀관계, 부부관계, 결혼, 이혼 등 전쟁 중에 특히 많이 일어나는 사회적 문제를 다루면서 신부님이 지나가는 말로 한마디 덧붙였다.

"내가 말이야, 천주교 신부 노릇 하느라고 이것저것 하다 보면 참 힘들고 괴로운 일이 꽤 있어요. 그럴 때면 '에이, 어디 가서 술이나 한잔해야겠다'는 생각을 하게 되는데, 우리가 뭐 요릿집에 갈 수도 없는 처지고 비싼 술집에 갈 수도 없고… 그러다 보면 우리 고향에서 온 깨복쟁이(허물없는 친구) 말고 술 같이 먹을 놈이 있어야지… 그래서 '너희 집에 가서 한잔 먹자'고 하면 이 친구는 만사 제치고 자기 집에 나를 끌고 가는 거야. 저쪽 왕십리 쪽 어디 살았는데 예수는 열심히 믿는 녀석이 단칸방에서 헤어나지 못해 나만 간다고 하면 온통 난리야.

하루는 나를 자기 집에 끌고 가면서 자매님한테 소리소리 지르는 거야. '야, 데레사, 너 좋아하는 신부 왔다!'고. 그 자매님은 몸뻬 옷을 주섬주섬 주워 입고 부엌으로 가 연탄불에 찌개 안주를 끓이기 시작하는데 반시간쯤 지나도 술상이 안 들어오니까 그 친구가 부엌에다 대고 큰 소리로 '야, 너도 천주교 덕 보는 줄 알아' 하며 짜증을 내는 거야."

"천주교 덕? 뭐가? 어째서?"

윤 신부는 천주교 교리 중에 일단 결혼하면 별다른 이유가 없는 한 이혼 못 한다는 교리를 우회적으로 인용한 것이다. 그 말 속에는 내가 천주교 신자여서 너와 헤어지지 않았다는 조크가 들어 있는 것이었다. 윤 신부의 이런 해학은 결혼을 앞둔 젊은이들에게는 압도적인 인기를 끌었다.

그 당시만 하더라도 혈기왕성한 젊은이들이 6개월간의 교리 강좌를 다 채워 듣는다는 것은 굉장히 힘든 일이었다.

"야 두완아, 뭐 해? 거기서 빨리 나와."

나는 친구를 너무 좋아했기 때문에 항상 고민이었다. 그래서 결국은 자퇴하고 말았다. 그때만 해도 천주교는 다른 종교에 비해 좀 까다로웠다. 그래서 중도하차하는 젊은이가 꽤 많았다.

한동안 어정쩡한 시간의 흐름 속에서 고민하던 나는 놀랄 만한 희소식을 들었다. 명동성당 말고도 가톨릭 교리를 배우는 데가 또 있다는 것이었다. 지금의 서소문 중앙일보 자리에 '예수회'(Jesuit)라는 데서 대학생들한테 교리를 가르친다는 것이었다. 이 소식을 전한 내 친구 이철의 어머니는 본래 일본 국적인데 아버지 이종태 장군을 일본 유학 때 만나 결혼하게 되었다.

8·15 후 조선에 와 있던 일본인들은 거의 모두가 일본으로 돌아갔지만 이철의 어머니는 국군묘지관리소장(현 국립현충원)인 남편과의 사이에 3남 2녀를 두고 있어서 한국에 남아 가톨릭 봉사를 엄청 많이 하며 숙명여대 음대 교수로 활동했다.

일본에 거점을 둔 예수회는 6·25 후 한국에 진출했다. 독일 게페르트(Theodore Geppert) 신부, 진성만 신부 등이 신촌에 서강대를 세울 때까지 많은 젊은이들에게 천주교 세례를 주었는데, 주로 한국을 떠나지 않은 일본인들이 앞장서서 인도해 주었다.

명동에서 낙제한 우리들도 그 바람에 서소문 예수회를 찾게 되었다. 우리 친구 가운데 한둘은 끝까지 좀 미심쩍어서, "야, 우리가 천주교 믿으려고 그러는 거지 무슨 사이비 같은 예수회인지 나발인지 믿으려는 거야?" 했지만, 대세는 이미 기울어졌다.

이철을 비롯해 조창제, 이영우(李迎雨) 등 몇몇 친구들과 함께 우리는 오늘의 서소문 중앙일보 근처에 있는 예수회를 찾아갔다. 요즘 말하는 적산가옥(일본식) 문 앞에서 벨을 누르니 잠시 후에 작은 키의 젊은이가 가톨릭 사제처럼 로만칼라를 한 채 나타났다. 그는 초대 서강대 이사장을 지낸 진성만 신부님이었다.

"어서들 와요. 잘 왔어요. 들어와요!"

신부님은 희죽희죽 웃으면서 인사했다. 그때 누군가 안으로 안내하는 신부님께 다 들릴 정도로 말했다.

"야, 두완아. 진짜 신부인가 보다, 로만칼라까지 한 걸 보니까."

"신부 맞아요, 천주교!"

우리는 신부님이 안내하는 다다미방에 앉아 수인사를 나누고 그 신부님이 설명하는 예수회의 역사, 배경, 목적 같은 기본정신에 관해 이런저런 내용을 들었다.

"예수회는 1547년 스페인에서 성(聖) 이냐시오 데 로욜라라는 신부가 창시한 가톨릭 남자 수도회로서 영신수련 개념과 일반교육사업을 목적으로 하느님의 더 큰 영광을 식별하여 추구하기 위해서 설립했으며 … ."

좀 밋밋하고 헷갈리는 부분도 있긴 했지만, 신부님이 하도 열정적으로 침을 튀기면서 설명하는 바람에 재미없는 설명을 끝까지 들

말씀의 집에서 진성만
베드로 신부님과 함께
(2008년).
선종하시기 직전에 이곳에서
마지막 인사를 나눴다.

을 수밖에 없었다.

신부님은 아무 생각도 하지 않은 채 일사천리로 자기 할 말만 줄기차게 해 나갔다. 우리는 그냥 앉아서 '에라 모르겠다. 너 지껄여라, 나 듣는다'는 자세로 한 시간을 버텼지만 신부님도 우리와 마찬가지로 '에라, 모르겠다. 듣겠으면 듣고, 말겠으면 말아라'라는 식으로 홀로 고속질주를 해나갔다.

몇 달이 지나 마지막 단계의 교리강좌가 끝나자 신부님은 나를 쳐다보며 한마디 했다.

"뭐 질문 없어요? 물어볼 것도 있을 텐데."

그러자 결국 내가 나섰다. 사실 신부님 설명은 너무 요령이 없는 것 같았다.

"신부님 말씀 무슨 말인지 다 못 알아듣겠어요!"

신부님은 화난 얼굴에 경상도 거제도 발음으로 한마디 했다.

"몬 알아들어도 개안아요. 그냥 예수만 열심히 믿어요!"

진성만 신부님은 93세에 세상을 떠날 때까지 변함없는 미소, 어린이와 같은 천진난만한 모습으로 성인과 같은 족적을 우리들 마음에 남기고 가셨다. 서울대병원 원장을 지낸 이영우 박사는 그 신부님 얘기를 한다.

"우리가 신부님 돌아가실 때까지 끝까지 모실 수 있었던 걸 정말 고맙게 생각해. 신부님도 우리를 위해 끝까지 기도 많이 해 주시고 계실 거야…."

가톨릭 신부가 되자는 친구의 유혹

1953년 6·25 전쟁이 끝날 무렵 우리는 모두 부산으로 내려가 영도 산중턱에 천막을 치고 공부했다. 그때 함께 다닌 친구들이 결국 이렇게 죽을 나이에 이르기까지 변함없는 우정으로 마지막 가는 길에 아름다운 우정의 꽃밭을 만들어 놓았다. 그중 한둘은 얼마 전에 우리 곁을 떠났지만 아직 지구촌에 머물고 있는 친구들끼리는 전화도 하고 편지도 하고 '카톡'도 주고받으면서 '우정의 꽃밭'을 가꾸는 데 소홀함이 없다.

우리들의 우정은 모두 전쟁 통에 어머니를 잃은 슬픔을 통해 엮인 순수한 사이였으며, 내일모레 90을 바라보는 나이에도 상상을 초월하는 아름다운 우정의 결실을 맺고 있다. 태어난 지 얼마 안 돼 어머니를 여읜 이영우 박사, 1·4 후퇴 때 어머니를 뒤에 두고 아빠 손을 잡고 흥남에서 거제도로 온 이효빈 박사, 전쟁이 끝날 무렵 어머니를 여읜 이철 박사 등 우리 모두는 어릴 적 어머니를 잃었다. 특히 이철의 어머니는 돌아가실 때 '우리 철이와 잘 지내라'는 유언까지 하셨다. 서로가 '엄마'에 대한 애절한 그리움을 간직하고 있었다.

1954년 서울로 환도한 우리는 모두 대학진학 문제로 고민하고 있었다. 하루는 효빈이가 놀랄 만한 속마음을 털어 놓는 것이었다.

"야, 두완아, 우리도 신학교로 가서 천주교 신부 돼 볼까?"

평생의 친구 전 서울대병원장
이영우 박사와 함께(맨 앞).
6 · 25 전쟁 무렵부터
사귄 친구와 내일모레
90을 바라보는 지금까지
우정의 꽃밭을 가꾸는 데
여념이 없다.

"뭐라고? 너 미쳤어? 신부 노릇 하겠다고?"

나는 전후사정을 알아볼 생각도 않고 펄쩍 뛰었다.

"아이구 무서워. 너 자다가 귀신 봤냐, 그런 소릴 다 하게?"

효빈이가 자초지종을 말했다.

"그게 아니고 내가 얼마 전에 혜화동 신학교에 심부름 갔었잖아."

1 · 4 후퇴 때 흥남에서 아버지 손을 잡고 남쪽으로 내려온 효빈은
서울에 올라와 신당동에 있는 또 다른 친구 집에서 곁방살이를 하고
있었다. 그런데 하루는 철이 어머니가 양주 한 병을 잘 싸서 주면서
"이걸 좀 가톨릭대에 계신 최민순 신부님께 갖다 줄 수 있겠니?" 했다.

그 어머니는 열렬한 가톨릭 신자였다. 음대 교수로 한창 바쁜데도 새벽 6시 미사 때는 오르간을 쳤고, 그 집은 천주교 신부님들이 들락날락하는 집이었다.

내 친구 효빈은 철이 어머니 심부름으로 혜화동 가톨릭대 부학장으로 있는 최민순 신부님을 찾아갔다. 조용히 조심스럽게 문을 노크했더니 검은 수단(soutane)을 입은 안경잡이 신부님이 아무런 표정도 없이 문을 열며 물었다.

"응, 어떻게 왔어, 학생이 … ."

"네, 신부님. 이종태 장군 댁에서 이걸 갖다드리라고 해서 심부름 왔습니다."

"응, 그래 잠깐 들어와!"

"아니 괜찮습니다."

"어서 들어오라니까. 뭘 좀 마시고 가."

신부님이 마실 것을 가지러 간 사이 사제관을 둘러보고 친구는 깜짝 놀랐다. '와 저렇게 많은 책을 …' 그리고 베토벤의 〈운명〉 같은 장엄한 음률이 울려 퍼지는 방 안에서 친구는 몸 둘 바를 몰랐다. '와, 신부님도 음악을 좋아하는구나' 생각하면서 차 한 잔을 마시는 둥 마는 둥하다가 빠져 나왔다.

"이 책 내가 쓴 건데 가지고 가서 읽어봐!"

신부님은 아무 표정 없이 책 한 권을 건네며 말했다. 얼마 후에 안 이야기지만 그 신부님은 단테의 《신곡》, 세르반테스의 《돈키호테》 같은 엄청난 고전을 번역한 유명한 사제였다.

'와, 무슨 마피아처럼 검은 수단을 입은 신부가 정말 저렇게 많은 책을 다 읽고 번역도 하고 그랬을까?'

내 친구는 한동안 고민 아닌 고민을 거듭했다.

"데이비드, 우리도 신학교 가서 천주교 신부 되는 거 공부할까?"

대학 진학을 앞두고 고민에 빠진 나에게 그 친구는 느닷없이 한마디 했다. 나는 그 소리에 깜짝 놀라 뒤로 넘어질 뻔했다. 마음속으로 거부반응이 강렬하게 있었던 게 아니라 너무나 이외의 말이었기 때문이다.

묵주기도의 기적 | 김웅렬 신부님 이야기

김웅렬 토마스 아퀴나스 신부의 경험담은 이미 많은 사람들이 알고 있지만 그 얘기는 언제 들어도 하느님의 기적같이 신비롭기만 하다. 그분의 얘기를 그대로 전해 본다.

1984년 제가 군종신부 시절의 일입니다. 대위로 임관해서 간 그 부대는 군종병도, 후원회도 없는 매우 열악한 환경이었습니다.

그때 월급이 18~9만 원이었는데 월급이 생기면, 가장 먼저 성모님 상본과 쇠로 만든 묵주반지를 많이 샀습니다. 훈련소에서 훈련이 끝나는 날, 쇠 묵주반지를 천주교 신자들 군번줄에다 매어주었어요. 손에 낀 반지를 보면 고참들에게 빼앗긴다는 것을 알기 때문이었습니다.

어느 날 사격장에 위문 가서 관측소에서 연대장과 담배 한 대 피우면서 이런저런 이야기를 하는 중에 갑자기 '탕!'하고 총소리가 났어요. 불길한 예감에 얼른 밑을 내려다보니 한 병사가 고꾸라져 있는데 겁이 나서 아무도 가까이 다가가지 못하고 있었습니다. 뛰어 내려가 그 병사를 뒤집어 보았더니 제대가 한 달밖에 남지 않은 천주교 신자 안드레아였습니다.

그런데 이상하게도 분명히 총성은 한 발이었는데 군복에 구멍이 두 개가 나 있었습니다. 더더욱 이상한 것은 총알은 회전하니까 나갈 때는 등 뒤의 구멍이 더 커야 하는데 뒤에는 구멍이 없고, 앞에만 총알구멍이 두 개 나 있다는 것이었습니다. 옷을 헤쳐 보니 군번줄에 묵주반지가 매달려 있었는데 총알에 맞아 반이 깨어진 묵주반지가 튕겨 나가면서 옷에 구멍이 하나 더 난 것이었습니다.

이론적으로 설명이 안 되는 일이었습니다.

M16 총은 바위도 뚫는데 묵주반지를 맞고 튕겨 나갈 수는 없는 거지요. 튕겨진 묵주반지 반이 살에 박혔지만 그건 상처라고도 할 수 없었습니다. 그 아이는 그 상처로 기절을 했던 겁니다.

이 모습을 거기에 모인 1개 대대가 다 보았고, 그 후 군종역사상 깨어지지 않는 기록이 하나 생겼지요. 그 사건을 보았던 1개 대대 전체가 교리 공부를 시작했습니다. 4개월 후, 1개 대대를 연병장에 다 모아놓고 세례를 주었습니다. 세례를 줄 때 본당에서처럼 하나하나 머리를 숙이고 성수를 뿌릴 수가 없어서 성수채로 성수를 뿌리면서 '성부와 성자와 성령의 이름으로, 세례명은 너희가 각자 대어라!'라고 했습니다.

그날, 돼지 두 마리를 잡고, 막걸리로 축배를 들며 대대 전체가 축제 분위기였습니다. 식이 끝나고 위병소를 나오는데 어떤 아이가 제차를 가로막았습니다. "왜? 너 술 취했어?" "신부님 암만 생각해도 제 옷에는 성수가 한 방울도 튀지 않았습니다. 그래서 저는 세례 받은 것 같지 않습니다."

저는 위병소에서 큰 주전자에 물을 떠 오라 해서 그 자리에서 축성하여 머리에 한 통을 다 들어부었습니다. "성부와 성자와 성령의 이름으로 요한에게 세례를 베푸나이다." 그 아이가 신학교에 들어가서 지금 서울교구 신부로 살고 있습니다.

6개월 후에 그 사건을 같이 보았던 연대장이 저에게 왔습니다. "우리 어머니 설득하는 데 6개월이 걸렸어요. 가족회의 끝에 다 개종하기로 결정했습니다. 6개월 전에 저는 분명히 확인했습니다. 부처님보다 성모님이 훨씬 힘이 세다는 것을…. 우리 가족, 친척이 40명 정도인데 각자의 본당에서 교리를 받겠지만 세례는 신부님께서 해 주십시오." 그렇게 해서 그 연대장의 식구와 친척 42명이 한 날 동시에 세례를 받았습니다.

그분은 4성 장군까지 올라갔고, 늘 묵주기도를 했습니다. 전역 후, 여러 곳에서의 사장 자리도 마다하고 신학원을 나와서 지금은 어느 시골 본당의 공소회장으로 지내고 계시고, 가족 중에 수녀 두 분, 손주 가운데 부산교구 신학생이 한 명 나왔습니다.

그때 묵주반지가 살려 준 군종병 안드레아는 서울에서 의대를 다니고 있었는데 미국으로 유학을 갔다고 했습니다. 7년 뒤에 그에게서 편지가 한 장 왔는데 '신부님, 저 기억하십니까? 성모님이 살려준 안드레아입니다. 이곳은 트라피스트 봉쇄수도원입니다'. 수도원에 들어간 거예요. 제가 아일랜드에 있는 그 수도원에 한 번 들렀더니 거기 원장 수사님이 그 수사님을 보고 한국에서 온 예수님이라고 하더군요.

'지가 죽다 살아온 놈인데 열심히 안 살면 어떡해.'

묵주기도가 사제를 만들고, 트라피스트 수도자를 만들고, 장군을 회개시켜 수녀가 둘이 나오고, 신학생도 나온 이것이 묵주기도의 기적이 아니겠습니까.

오상의 비오 신부님은 묵주기도를 얼마나 좋아하셨던지, 주변 사람들로부터 '살아있는 묵주'라고 불렸습니다. 살아생전 신부님은 언제나 묵주를 손에 들고 다녔습니다. 늘 묵주기도 바치는 모습을 세상 사람들 앞에 공적으로 드러냄으로써 묵주기도를 전파했습니다. 그는 자신의 영적 지도자에게 이런 편지를 썼습니다. "저와 싸우는 악령의 힘은 엄청납니다. 이 전투에서 가장 효과적인 무기는 바로 묵주기도입니다."

성모님을 얼마나 사랑하셨던지 '성모님의 교황'이란 애칭까지 얻으셨던 요한 23세 교황님은 묵주기도에 대한 각별한 애정을 통해, 성모님을 향한 사랑을 드러냈습니다. 묵주기도에 대해서 이렇게 말씀하셨습니다. "묵주기도는 기도의 최고 수단입니다. 묵주기도는 주님의 육화와 구원의 드라마를 우리 마음에 제공합니다. 저는 제가 가장 사랑하는 어머니이신 동정녀 성모 마리아에게 매일 저녁마다 묵주기도를 바칠 것을 약속했고 평생토록 실천했습니다."

—11장—

아! 우리 어마이

38선을 넘어 이남으로

우리 아바이〔봉석연(奉錫淵), 1912~1978〕, 어마이〔최하옥(崔夏玉), 1914~1952〕는 스물두 살과 스무 살 꽃다운 나이에 1933년 겨울 황해도 수안군 공포면 면장집에서 혼례를 치렀다. 같은 군에서 면장을 지내던 할아버지 봉신오(奉信五) 면장과 이웃 대성면장이었던 최석준(崔錫俊) 면장이 의기투합했던 모양이다. 어느 친구 분의 소개라고는 하나 두 집안이 잘 아는 처지라서 혼사가 쉽게 이루어졌다고 한다.

신랑을 평가하던 우리 어마이(어머니의 평안도 사투리)의 유머가 귀에 들리듯 생생하다.

"가마 타고 시집가는 날, 난생처음 너희 아버지를 보는 데 1시간이나 걸렸다."

그때 우리 아바이(아버지의 평안도 사투리)는 농구선수만큼이나 키가 큰 6척 장신이셨다. 키가 워낙 커서 올려보는 데 1시간이나 걸렸다는 얘기다. 나는 지금도 '아하, 내가 마이크 잡고 엉뚱한 소리나 과장된 해설을 한 것은 다 어머니에게 물려받은 것이구나'라며 혼자 웃는다.

수안군에서 좀 떨어진 사리원 농업학교를 나온 아버지는 일본 말을 꽤 잘한 것 같다. 어머니는 아버지에게 일본말을 좀 가르쳐 달라고 애원했으나 그때마다 쓸데없는 소리라며 거절당했다고 한다. 그러면서도 항상 아버지를 '우리 주인님'이라고 불렀다.

우리 가족은 어머니의 손을 잡고 삼팔선을 넘었는데 아버지는 그보다 1년 전인 1946년 이미 남한으로 내려와 있었다. 우리는 숨고 숨으며 가슴을 조이고 내려왔지만 아버지는 곧 다시 수안으로 되돌아갈 듯 자전거를 타고 휘파람 불며 가벼운 마음으로 서울에 왔다고 한다. 남북한의 대치 상태가 첨예하지도 않았고 거기다 자전거를 타고 내려왔으니 …. 서울에 와서는 다행히 미 군정청에서 통역으로 근무하던 처남의 주선으로 일자리를 얻어 큰 불편 없이 발을 붙이신 것 같았다. 부산 피란민 시절에는 미 육군 종합병원에서 환자들을 돌보는 일을 하셨다. 그때는 내가 고등학교 1학년 때여서 여느 부모들처럼 혹시 내가 북한 의용군이나 국군 학도병으로 끌려갔다가 부상당하지나 않을까 싶어 노심초사하며 귀가가 늦으면 학도병 막사 병원을 뒤지기도 하셨다.

넉넉한 가정에서 자랐지만 갖은 고생을 하며 우리 집 울타리가 됐던 아버지는 지금의 전 조선일보 건물에 있던 시네마코리아극장의 사장과 부산의 극동호텔 대표이사를 하다가 1979년 돌아가셨다. 혈육이란 무서운 것이다. 거구의 아버지가 대문을 들어서는 모습이 눈에 선하다.

　1년 후인 1946년 가을 우리가 달빛을 피하며 숨어서 산 넘고 개울 건너 경계선을 넘을 때는 사방팔방에서 따발총 소리가 요란하게 들려왔다. 어마이의 손을 잡고 칠흑 같은 밤을 헤쳐 나오면서 나는 '왜 38선이란 게 생겨났는지 ⋯. 그 많은 북한 주민들이 고향을 버리고 남쪽을 향해 자유를 찾아 38선을 넘는지' 잘 알지 못했다. 다만 우리 어머니는 동생의 손을 절대로 놓지 말고 따라 오라고 일렀다. 그런데 갑자기 들려오는 소련군의 따발총 소리, 인민군의 소총 소리에 질겁한 나머지 어머니 따로, 동생 따로 헤어져 하마터면 이산가족이 될 뻔했다. 그런데도 우리 어머니는 조금도 걱정이 없었다.

　"아니야, 저건 괜히 쏘는 거야, 겁주느라고."

　맞는 말이었다. 그때만 해도 38선 북녘은 소련군과 인민군이 함께 경계를 설 때였다. 그런데 군사 지식이 전혀 없는 우리 어머니는 군 작전참모 이상의 뚜렷한 지식과 판단력을 가지고 있었다. 젊어서 여군사관학교를 갔더라면 여군 장교, 그것도 별 한두 개는 달았을 거다. 판단력도 뚜렷하고 결단력도 대단했다.

　천신만고 끝에 경계선을 넘어 온 우리는 갑자기 허탈해졌다. 왜냐하면 미군 한 명이 보초를 서고 있는 허름한 초소 외에는 주변에 아무도 아무것도 없었기 때문이다. 얼마 전 저쪽 북쪽에선 온통 쿵 쾅 따발총 소리가 요란했는데, 여긴 왜 이리 조용하지? 어린 나이에 알 길이 없었다.

잠시 쉬는 동안 동네 아이들이 그 초소 앞에 서 있는 미군한테 몰 려들어 서로 손을 내밀며 뭔가를 달라고 하는 것을 보았다. 그래서 나도 그쪽으로 갔다. 그리고 동네 아이들과 함께 손을 내밀었더니 키다리 미군은 먹다 남아 이빨자국이 있는 초콜릿 바 한쪽을 내미는 것이었다. 나는 아이들과 함께 그것을 떼어서 입에 넣었다. 그랬더 니 좀 달기도 하고 씁쓸하기도 한데 눈깔사탕에 비하면 맛은 별로였 다. 그것이 나에게는 미국, 미군, 미국 구호물자와 처음 만난 인연 이었다.

그리고 그 키다리 미군은 계속해서 뭘 먹으며 씹고 있었다. 나중 에 알고 보니 추잉 껌이었다. 한참 씹고 나면 맛도 별로인 껌을 미국 사람들은 죽어라 하고 씹고 있는데 참 희한한 생각이 들었다. 혹시 이 녀석들이 별로 먹을 게 없어 배고파서 그런가?

내 친구 이효빈의 아버지는 이남으로 피란 나오기 전부터 함흥 지 방에서 병원을 개업하고 있었다. 1·4 후퇴 때 거제도에 와서도 아 버지는 포로수용소에서 의사로 계속 활동했기에 아들이 다음에 의 사가 된다는 데에는 별로 이의가 없었다.

그와는 다르게 나는 어렸을 때부터 자주 아팠기 때문에 안경 쓴 의사가 달려와 주사를 놓고 약을 지어주곤 했다. 그러면서 우리 어머니는 노래를 부르다시피 했다.

"에이구, 우리 두완이는 이 댐에 의사 시켜야지."

어머니 눈에는 의사가 꽤 좋아보였기에 줄곧 '의사 타령'을 했다. 마지막 유언은 아니었지만 나는 어렸을 때부터 외아들처럼 어머니를 하도 괴롭혔기 때문에 어머니는 그때마다 한마디 했다.

"에이구, 나 죽어 봐라. 거렁뱅이 될 테니 … 쯧쯧쯧."

나는 어머니의 부탁이 워낙 간곡해서 의사가 되겠다고 마음먹었다. 홍역으로 두 딸을 잃었는데 게다가 큰아들이라고 태어나서 시름시름 앓는 게 한이 되었던 모양이다.

시골 면장집 넷째 딸로 태어나신 우리 어머니는 유학자이신 외할아버지 최석준의 완고한 성격 때문에 그렇게도 다니고 싶어 했던 소학교(초등학교)를 졸업 1년 남기고 5학년까지만 다녔다. 외할아버지가 무슨 서양 선교사들이 하는 학당에 들어갈까 봐 딸 다섯 자매를 모두 중도 하차시켰다. 그런데 희한한 것은 외아들로 태어난 우리 막내삼촌 최명휘는 그때 평양2중학교를 거쳐 서울상전(현 서울대 상과대학)에 보냈는데 전교 1등을 했다고 했다.

삼촌이 학병으로 끌려가는 날 우리 어머니는 남편을 잃은 여인보다 더 비통한 모습으로 며칠 밤을 지새우는 것이었다.

학교 공부는 못 했어도 우리 어머니는 모르는 게 거의 없었다. 어머니는 학력과는 전혀 상관없이 사물을 판단하고 보는 눈이 하버드대 박사 뺨치는 적응력을 지닌 분이었다. 어머니가 하는 말씀은 그래서 나에게 지상명령이었다.

나는 어머니를 마음속으로 존경하는 착한 아들이었다. 6·25 때 피란생활 와중에 내 막냇동생을 낳자마자 8일 만에 그 '성모 마리아와 같은 어마이'가 세상을 떠났다.

의사가 되고 싶었지만

그러니 고등학교 졸업을 앞둔 나에게 '의사가 되어야 한다'는 말씀은 어머니의 유언이 되고 말았다. 물론 의사가 되면 산부인과를 해야겠다고 마음먹었다. 동생을 낳다가 가신 어머니의 마지막 길을 보고 너무나 가슴 아팠기 때문이다.

6·25 피란 와중에서 우리 모두는 부산 영도 산중턱에 세운 텐트 교실에서 공부했는데 담임이었던 한윤수 선생님은 나의 수학성적이 너무 형편없다며 지금 졸업해 봐야 별 수 없으니 1년 유급해서 후배들과 함께 열심히 공부해서 대학에 가라는 말씀이었다.

"너 졸업하면 어느 대학 갈래?"

"선생님, 저는 의사가 되겠습니다."

나를 물끄러미 쳐다보시던 선생님은 의아한 표정을 지으셨다.

"의과대학?"

"네, 의과대학이요 …."

선생님은 뒤로 넘어지기라도 하듯 괴로운 표정을 지으셨다.

"이봐, 너, 내 말대로 해. 인생은 길고 …."

고등학교 선배이기도 한 선생님의 말씀은 또 다른 지상명령이었다. 그 바람에 나는 아무 말도 못 하고 그대로 따랐다.

'어마이의 유언', '담임선생님의 충고' 등으로 유급까지 하면서 의예과를 지망한 나는 '묻지 마라 갑자생'이었다. 친한 친구 다섯 명이 모두 의과대학을 지망하는데 덩달아 '친구 따라 강남 갔던 제비' 한 마리는 무참히도 망망대해에 낙방하고 말았다. 모두들 시무룩한 표정으로 물에 빠졌다 살아나온 제비에게 위로의 말을 건넸지만 귀에 와닿을 리 없었다.

70여 년이 지난 오늘도 내 친구들은 한결같다. 평소 내가 농담 삼아 자주 하는 말이지만, 사실 내 실력으로 의예과에 들어가겠다는 생각을 한 자체가 어불성설이었다. 그냥 친구 따라 강남 가려고, 어머니 유언도 있고 해서 그냥 해본 것이었다.

나는 정처 없이 떠도는 전쟁고아와 같은 방랑자가 되었다. 게다가 의사가 되겠다고 자나 깨나 중얼거렸던 나만 꿈을 접어야 했다. 수학문제 스무 개쯤은 거의 외우다시피 했는데 공교롭게도 출제된 다섯 문제 중 한 문제만 풀고 나머지는 손도 못 대고 말았다. 게다가 하필 그날은 책상이 있는 교실에서 시험을 치른 게 아니고 총장실이 있는 본관 수리 관계로 노천강당에서 시험을 봤다. 워낙 눈이 근시 난시로 나빠 옆에 앉은 친구의 도움(?)도 받을 수 없었다. 친구의 도움을 받았다면 내 인생은 어떻게 됐을까. 죄책감에 가끔 용서의 기도나 올렸을까.

합격자 발표가 있던 날 우리 모두는 우르르 달려가서 연세대 백양로 길 옆에 즐비하게 붙여 놓은 합격자 명단을 꼼꼼하게 훑어 봤다. 하지만 내 이름은 보이지 않았다. 나는 오히려 태연하게 굴었지만 친구들은 괜히 저희들이 미안해서 어쩔 줄 몰랐다. 우리는 모두 어깨동무하다시피 하며 걸어서 신촌로터리에 있는 '도라무통 집'에 가서 막걸리 향연을 벌였다.

또다시 김삿갓과 같은 나의 방랑생활이 시작되었다. 그러나 실패한 젊은이에게 도움의 손길을 내밀며 도와주는 사람은 아무도 없었다. 그때부터 나의 삶은 마치 태평양의 고도(孤島)에 버려진 로빈슨 크루소와 같은 삶이었다.

친구들이 의예과 인턴으로 밤샘할 때 그들의 인턴 숙소에서 잠을 잤다. 인턴이란 게 24시간 근무의 모진 노동이어서 친구들은 간간히 병원 구석에서 눈을 붙였고, 어데 갈 데도 없는 나는 아무 때나 찾아가 인턴 숙소에서 편히 잠자고 나오곤 했다. 그리고 그들이 외우는 뼈 이름을 거의 암송하곤 했다. 하도 답답할 때는 서울역 건너편에 있는 세브란스병원 뒤에 있는 병아리 의사들, 인턴들 숙소에 찾아가 하루 종일 자거나 아니면 습관적으로 내가 살던 종로구 삼청동 저쪽 산길을 홀로 걷다가 돌아오기를 하는 것이 고작이었다.

시간이 흐르고 해가 바뀌면서 나의 일상도 좀 다양해지기 시작했다. 친구들이 서울대병원과 세브란스병원으로 갈라졌기 때문에 우리는 종로에 있는 '르네상스'라는 음악감상실에서 만나곤 했다.

효빈이는 서울대병원, 철은 세브란스병원에서 인턴을 했기 때문에 르네상스는 우리들의 만남의 장소로는 안성맞춤이었다. 하루 종일 차이콥스키의 〈비창〉이나 베토벤의 〈운명〉 같은 클래식음악이 흘러나오는 애틋한 분위기 속에서 나는 커피 한 잔을 놓고 보통 서너 시간을 홀로 앉아 있기도 했다. 어느 녀석이 빨리 일 끝내고 와야

해방이 될 텐데…. 주머니에 버스비도 없는 처지라서 은근히 걱정이 앞설 때도 있었다.

효빈이는 거제도 포로수용소 의무관으로 일하신 아버지가 꼭꼭 송금해 주는 학비로 친구들 밥도 사고 찻값도 내곤 했는데, 사귀기 시작한 여학생하고 만나느라 가끔 '결근'할 때가 있었다. 세브란스병원에 간 철은 누나 둘이 챙겨주는 용돈으로 친구들 밥도 사고 커피 값도 내는 유일한 돈줄이었는데, 병원 인턴 일이 끝나지 않아 늦게 나타날 때는 무려 3시간이나 기다려야 했다.

경복고 졸업식 때도 철의 누나들은 자랑스러운 동생을 얼싸안고 꽃다발 세례를 베풀며 중국집에 데리고 가 푸짐한 향연을 열어 주었다. 슬프게도 나는 찾아주는 사람이 하나도 없었다. 뒤늦게 1·4 후퇴 때 서울로 오신 친할머니가 계셨지만 동생을 업고 살림하시느라 항상 바빴고 그 때문에 할머니는 문 밖으로 나오시기도 힘든 처지였다. 이날도 마찬가지였다.

나는 요란한 졸업식장이 어느 정도 조용해지자 갈 데도 없고 오라는 데도 없어서 하는 수 없이 혼자서 조용한 경무대 앞길을 가로질러 삼청도 총리공관 바로 건너편 언덕에 있는 집으로 갔다. 우리를 돌봐주시던 할머니도 잠깐 어디 가셨는지, 아무도 없는 집에 들어선 나는 우선 부엌으로 들어가 뭔가 먹을 게 있나 하고 찾아봤다. 그날따라 전혀 아무것도 없었다. 깡마른 밥 한 덩이에 된장뿐. 반찬꺼리를 찾아볼 수 없었다. 나는 그냥 부엌에서 마른밥을 물에 말아 먹으면서 갑자기 목이 메고 북받치는 감정을 억누르지 못하고 밖으로 뛰

TBC 앵커맨 시절의 가족사진(1980.5.20.). 삼성동 집에서 우리 4형제 가족들과 단란한 한때. 셋째 줄에 막내 봉선, 둘째 봉관명 내외, 둘째 줄에 장남인 나, 바로 옆에 셋째 봉두형, 아내 안젤라, 그 앞에 7명의 자녀들과 강아지들의 정다운 모습.

어 나왔다. 그리고 입속에 있는 밥을 토해 내면서 소리 내어 울부짖었다.

"어마이, 어마이! 어디 갔어 … !"

한참 소리 내어 울며불며 통곡하다가 푸른 하늘을 올려다보았다. 흰 구름이 조금씩 짝을 지어 흘러가고 있었다. 그런데 바로 거기에 어머니가 안쓰러운 모습으로 앉아 있었다. 그러나 아무리 소리 내어 울부짖어도 우리 어머니의 모습은 자꾸 사라져 나는 흐르는 눈물을 내버려 둔 채 울고 또 울었다.

"나 죽어 봐라, 당장 거렁뱅이 될 테니 … ." 하시던 우리 어머니는 귀신이었다. 칠흑 같은 밤에도 앞을 내다보는 점쟁이었다.

그 어머니에게 나는 불쌍하고 갈 곳 없는 거렁뱅이 아들이었다.

열 살 차이가 나는 동생은 그래도 어머니 손을 놓지 않고 살았다. 어머니 치마폭을 얼마나 꼭 붙잡고 지냈는지 하루는 화장실에서 어머니가 소리치는데 놀라 종이를 들고 갔더니 어머니는 이 거머리 같은 동생을 안은 채 화장실에 앉아 있었다. 결국 외아들 행세를 한 나 때문에 내 동생 관명이는 '오이디푸스 콤플렉스'의 노예가 되다시피 했다.

지금도 갈 곳 없어 의대 인턴 친구들의 방을 전전하며 외웠던 뼈다귀 이름을 암송하면 모두 놀라 뒤로 넘어지려고 한다.

"임마, 내가 영문과 다닌 걸 모르냐? 이것들이 정말 ….."

"너 정말 영문과에서 그런 전문 영어도 배웠니? 두완아!"

"영문과에서는 셰익스피어의 'To be or not to be'도 배워, 임마!"

"두완아, 너 의사 노릇 안 하길 잘 했어. 넌 신문기자가 딱 맞아!"

나는 소맥(소주와 맥주) 잔을 높이 들며 소리쳤다.

"야, 이 새끼들아, 너희들 아프지나 말아라. 의사란 놈들이 … 뭐 아프다 어쨌다 하면 되냐? 건강해야지 …. 난 95세까지 알아서 살 테니깐 너희들 알아서 해 임마!"

— 12장 —

올챙이 기자 시절

친구 따라 배운 영어

부산 피란 시절, 우리는 영도 산허리에 천막을 치고 공부하는 바람에 서로 각별히 가깝게 지낼 수 있었다. 뒷산에 올라가 서로 가져온 도시락 반찬을 한데 펼쳐 나눠 먹고 어느 누가 어디서 베껴 왔는지는 몰라도 그때 미국에서 유행하던 노래(팝송)를 함께 부르며 우정을 뜨겁게 다지곤 했다.

그때 1951년 1·4 후퇴 시 흥남철수로 함경도에서 내려온 이효빈을 만났다. 효빈이는 내가 영어 공부를 하게 한 은인이라고 할 수 있다. 효빈이는 경복고에 편입하기 전까지 서면에 있는 '하일리야' 미군부대 안에 있는 미국 적십자 봉사단 휴게실에 청소도 하고 잡일도 했었다.

어느 날 효빈이가 날더러 영어공부를 하고 싶지 않느냐고 했다. 자기하고 일한 미군이 친구들 데리고 놀러 오라고 했다는 것이었다.

그렇게 해서 우리는 뉴욕에서 고등학교 음악선생을 했다는 폴 아네스(Paul Annes) 사병과 주말마다 어울렸다. 영도에서 서면까지 시내버스를 타고 거의 두 시간이나 걸리는 거리였다. 나는 버스 안에서 줄곧 고개를 떨구고 잠에 빠져들었다.

수십 년이 지난 후에 점심만 먹으면 도저히 졸음을 참을 수 없는 병에 걸린 것 같아 철에게 물었다.

"야, 철아, 내가 무슨 병에 걸린 것 아니냐? 요즘 이거 뭐 다 죽을 나이에 점심만 먹으면 잠이 쏟아져 도저히 참을 수가 없으니."

"야, 두완아, 넌 그때 부산에서 미군부대로 영어 배우러 다닐 때 버스 안에서 하루 종일 졸고 앉았던 놈이 이제 와서 죽을 나이에 무슨 병에 걸렸다고? 야, 너, 벼락 칠 때 조심해, 임마!"

"알겠어, 제가 무슨 알량한 의사라고 뽐내고 있네, 자식이 ….."

그때 우리는 맨 처음 여섯 명이 영어공부 하러 다녔지만 나중에 한둘이 대학입시 준비해야 한다며 빠지기도 했다. 우리들을 게이트에서 기다리는 폴은 참으로 양반이었다. 우리 같은 틴에이저들을 그렇게 정중히 모실 수가 없었다. 고등학교 음악선생 출신이라 좀 달랐다. 폴은 우리들을 귀빈처럼 정중히 모셨다.

"어서들 와요, 모두 반갑습니다. Please follow me. … This way please."

폴이 'please'를 연발하는 바람에 우리 모두는 우쭐거렸다. 영어를 제대로 알아듣지도 못하는 한 녀석이 조용히 말했다.

"야, 두완아, 우리가 양반 후예인 줄 알고 저렇게 말끝마다 'please, please' 한다야."

"너 지랄하지 말어. 미국 사람들은 'please'를 입에 달고 살아. 알지도 못하면서."

"두완아, 넌 미국 가 봤어? 개뿔도 모르면서."

폴 선생님의 방에 들어서면 벌써부터 고전음악의 선율이 흐르고 있었다. 적십자 휴게소 책임자이기 때문에 그는 비교적 큰 방을 차지하고 있었다. 폴은 우리더러 'Please sit down'이라고 말했는데 이 말에 황홀해진 우리는 방안에 울려 퍼지는 베토벤, 차이콥스키, 모차르트 등에는 관심 없고 우리 앞에 놓인 비스킷과 아이스크림을 언제 먹을까 하는 생각뿐이었다. 우리는 잘못을 저질러 파출소에 끌려간 청소년들처럼 눈치만 보고 앉았는데 폴은 커피 잔을 든 채 말문을 열었다.

"I drink coffee, and you drink milk."

어쩌구 하더니 모두들 자기를 따라 하라는 것이었다. 그러면서 한 사람 한 사람에게 세 번씩 그대로 따라하라는 것이었다. 'Coffee, A cup of coffee …' 우리 발음으로 커피가 아니라 카피(히)로 윗니로 아랫입술을 살짝 누르며 발음하라고 했다.

"(You drink) a glass of milk"

이것도 여섯 명 모두에게 우선 glass는 '그라스'가 아니라 '글래스'라는 것. 또 '미르크'가 아니라 '미을크'라고 하면서 폴은 자기는 '캎

빠카피(히)'(a cup of coffee) 할 테니 우리들은 '글래스 오브 미을
크'(a glass of milk) 하는 식으로 발음하라고 가르쳤다.

참다못한 경상도 친구가 "야, 치아라"라고 하자 갑자기 폴은 "I
beg you pardon?"이라고 했다.

"야, 두완아, 빨리 아이스크림이나 먹지 뭘 … 선생이 'Pardon'이
라고 했잖아. 용서해 달라고."

그 친구가 웃으면서 기뻐하고 있는데, 내가 나섰다.

"야, 용서는 무슨 용서야? 그건 말귀를 잘못 알아들었을 때 하는
말로 '미안합니다, 다시 한번 말씀해 주시기 바랍니다'라는 뜻이야.
잘 알지도 못하면서 … 자식!"

이를 눈치 챈 폴 선생은 정중하게 말했다.

"아이고, 아이스크림 다 녹겠어요. 빨리들 드세요."

친구가 그제야 "진작 그럴 것이지 …" 하며 중얼거리는 바람에 모
두가 박장대소했다.

지금 생각하면 자연스럽게 미국 문화를 익히고 외국어 선생을 초
청해 돈 안 들이고 꽤 고급스러운 언어 연수를 받은 셈이니 6·25 전
쟁 중에 겪은 단막극의 한 장면 같기도 했다.

그 당시 부산항으로 상륙하여 일선으로 배치되는 미군들이 어찌
나 많은지 임시수도 부산은 이래저래 페르시아 시장 같았다. 필요에
의해 우리처럼 영어를 배워야겠다는 바람이 한참 불 때였다.

그래서 어떤 여학생은 지나가는 앳된 미군 사병에게 다가가 영어

도 배울 겸 좀 사귀고 싶다고 말했다.

"Hey, I want to have intercourse with you!" 했더니 그 미국 촌 놈은 놀라 도망가면서 … "No, thanks, Oh my God!" 하더라는 것이었다. 영어로 'intercourse'는 '남녀간 성교를 한다'는 뜻으로 '사귄다'와는 거리가 먼 것인데 … 그냥 영한사전에 '사귄다, 사교한다'는 뜻이 나와 있으니까 그대로 순진하게 말한 것이었다. 미국사람들은 일반적으로 처음 만났을 때는 그냥 눈웃음치거나, 'Hi', 'Hello' 아니면 'Good afternoon', 'Where are you from?'같이 일반적인 인사를 나눈 뒤, 대화가 잘 풀리면 그때에 'I want to make friends with you' 또는 'become friends/friendly'라고 하는 게 순서다. 그런데 난데없이 지나가다가, 여학생이 'intercourse' 하고 싶다니까 놀라서 혼비백산할 수밖에 … .

그때 피란시절 함께 어울렸던 친구 가운데 둘은 미국 종합병원에서 평생 종사하거나 정신병원을 개업해서 잘 살고 있다. 한 명은 맨 처음 한국에서 군의관(대위)으로, 공군소령(Flight Surgeon)으로 제대한 후 미국 병원에 취업했다. 한국에서 고생 끝에 마친 그 인턴을 다시 해야 하는 고통을 용케 이겨내고 행복한 노후를 보내고 있다. 또 다른 친구는 서울대병원에서 얼마나 성실하게 했는지 선배들한테 붙들려서 미국조차 갈 수 없었다. 그러나 모든 의료진들의 지지와 환호 속에 서울대병원장에 취임하여 오늘의 서울대병원(분당 병원)을 역사상 가장 튼튼한 반석 위에 올려놓는 성과를 거두기도 했다.

6·25 전쟁은 우리 젊은이들에게 엄청난 시련과 고통을 안겨 주었지만 그 전화가 휩쓸어간 불길 속에서 우리 세대는 보기 드문 애국심으로 무장하고 시대정신을 체득한 끝에 모두 한결같이 '나라를 사랑하고 겨레와 함께하는' 동시대적 사명감에 불타 있었던 게 사실이었다. 역으로 우리가 그때 6·25를 겪지 않았더라면 우리 조국은 과연 어떤 모습이었으며 이제 이 정든 땅을 영원히 떠나려는 우리는 과연 어떤 모습이었을까? 생각만 해도 저절로 숙연해지는 것은 나만의 생각일까?

그래도 우리는 엄청난 6·25 전쟁의 폐허와 잿더미 속에서 공부할 수 있었으니 그것은 하나의 기적이었다. 그 가운데 하나는 요즘 세대가 필수적으로 습득하는 컴퓨터 활용법을 세계 어느 나라보다도 먼저 익히게 된 것도 군사력, 경제력이 막강한 미국과의 긴밀한 관계에서 비롯된 것이며 그들이 쓰는 언어(영어)를 우리 젊은이들이 일찍부터 접할 수 있었기 때문이었음을 간과해서는 안 될 것이다.

나 또한 개인적으로도 그 당시에 배운 영어 몇 마디 덕에 망망대해를 항해하는 인생 여정에 엄청난 도움을 받았음을 고백하지 않을 수 없다. 우선 나는 수학이 없는 영문과를 뒤늦게 들어가 거의 대학 4년 동안 아르바이트하며 다닌 것을 비롯하여 졸업을 앞두고 치게 된 신문기자 시험에 생각지도 않게 합격하는 바람에 언론인이 됐다. 따지고 보면 올챙이 기자 때도 '그놈의 영어' 때문에 경찰 출입기자를 벗어나 정치부 기자로, 특파원으로 나름대로의 길을 걸어온 것이다. 나는 이를 우연이 아니라 어떤 소명이라고 부르고 싶다.

그때는 올챙이 기자였다

올챙이 기자로, 경찰 출입기자로 이른 아침부터 저녁 늦게까지 정신 없이 뛰면서 얻어 듣는 소리는 우리가 무슨 '왕관 없는 왕'이라는 것 이었다. 밤낮 데스크한테 얻어터지면서도 때때로 생각나는 것이 '무 슨 왕이 이렇게 얻어터지기만 하는가?' 하는 회의심을 넘어 이거 진 짜 '언론이 제4부'라는 말이 맞는가? 하는 의구심마저 생겨 야심찬 젊은이의 앞길이 때때로 불투명하게만 보이기도 했다.

대학을 졸업하는 날, 나는 명함 백 장을 찍어 온 캠퍼스를 돌아다 니며 신장개업하는 사람처럼 만나는 친구마다 한 장씩 돌렸다. 사실 나는 편집국 한구석에서 선배들 눈치나 보며 담배 심부름이나 하는 신세였는데 명함에 견습이라는 글자는 빼고 진짜 기자처럼 행동하 며 우쭐거렸다. 졸업반의 다른 아이들이 얼마나 부러워했을까? 지 금도 그때 그 생각만 하면 부끄러워 얼굴이 후끈거린다.

올챙이 기자로 경찰서를 출입하는 일은 정말 고달팠다. 특히 1959년 4·19(학생 혁명) 때 경무대(지금의 청와대) 앞까지 진출한 연세대, 고려대 학생들을 비롯한 데모 군중이 갑자기 날아온 총탄에 쓰러지는 모습에 나는 정신을 잃고 말았다. 이승만 대통령의 경호실 장인 곽영주 경무관의 부하들이 쏜 총에 젊은이들이 쓰러지는 것을 보는 순간 갑자기 팔다리에 힘이 쑥 빠져 움직일 수조차 없었다. 바깥세상이 어떻게 돌아가는지는 몰라도 올챙이 기자에게는 모든 게 엄청난 격동기의 쓰나미였다.

4·19 학생혁명의 촉매제가 된 경무대(현 청와대) 발포사건의 현장에서 194명의 젊은이들이 총탄에 맞아 쓰러지는 장면을 보며 긴박하게 돌아가는 상황을 어디서 어떻게 파악하고 취재해야 하는지 망연자실 떨고 있었다. 50~100m 앞에서 데모 군중이 하나둘씩 쓰러질 때 나는 적선동 파출소 앞에서 발만 동동 굴렀다.

'탕, 탕, 탕….'

총소리가 푸른 하늘에 메아리치자 나도 모르게 파출소 옆 골목 담에 몸을 숨기고 뛰는 가슴을 억누르며 호흡을 가다듬고 있었다. 그게 내가 경찰 출입기자로서 맨 처음 겪은 6·25와 같은 격동기의 에피소드였다.

그 후 정치부로 옮기고 나서도 그때의 처절했던 상황을 이야기할 때면 꼭 따라다니는 말이 있었다. "저 봉두완이란 놈 말이야, 총소리가 탕탕 나니까 제일 먼저 파출소 뒷골목으로 튀더라구…."

시경캡(경찰취재팀장)을 하는 선배나 다른 동료기자들이 아무렇지도 않게 농담을 할 때마다 나는 '그게 아니라 난 파출소 옆 담에 그냥 기대고 있었는데…' 하고 소리 질러 반박하고 싶었다. 하지만 이미 엎질러진 물이었다. 사실 나는 전쟁터를 버린 군인이었다.

4·19 학생혁명, 이승만 대통령 하야, 허정 과도정부, 그리고 장면 민주당 정권, 5·16 군사쿠데타 등으로 이어지는 격동기의 풍랑속에서 하마터면 올챙이는 그냥 떠내려갈 뻔했다. 그 엄청난 격랑

속에서 나는 까딱했으면 한순간에 떠내려가 무명인사의 묘에 묻힐 뻔했다. 지금 되돌아봐도 아찔한 생각이 든다.

경찰 출입기자를 그만두고 정치부 기자가 된 것은 나에게는 행운이었다. 이승만 대통령이 하야하고 허정 임시내각이 들어서면서 미국의 영향력이 눈에 띄게 증폭되고 있었다. 따라서 주한 미국대사관의 움직임은 언론의 주요 관심사항이 될 수밖에 없었다. 그런 상황은 오히려 나의 일생을 좌우하게 될 행운을 가져다주었다.

하루는 김진섭(金鎭燮, 동화통신) 편집국장이 갑자기 나를 불러 세우더니 다짜고짜 묻는 것이었다.

"이봐, 봉 기자! 사쯔마와리(경찰 출입기자) 한 지 얼마나 됐지?"

"몇 달 됩니다."

"몇 달이 얼마나 되었냐고?"

"거의 6개월 다 돼 갑니다."

"그래? 자네 무슨 영문과 나왔다지?"

"네."

"영어는 좀 하나?"

"네, 그냥 좀 … ."

"좀이 얼마야? 미국 사람들 하는 소리 알아들어?"

"네, 대충은 … ."

"영어를 제대로 좀 하는 놈이 하나도 없으니까 내가 자네더러 묻는 거 아냐?"

"네, 그러니까 남들만큼 알아듣고 좀 쓸 줄도 알고 …."

"야, 이 사람아, 그 정도는 나도 하겠다. 원 … 쯧쯧쯧! 대학 2학년 때 무슨 전국웅변대회에서 이승만 대통령 상 받았다면서?"

"네!"

"그럼 됐어. 이봐, 정치부장!"

편집국장은 정치부장을 불러 다음 날부터 당장 미국대사관 취재를 시키라는 엄명을 내렸다. 나는 정치부에 가서는 외무부와 중앙청(총리실) 그리고 경무대(청와대)를 출입하게 되었다.

당시 미국 공화당의 아이젠하워 행정부가 한반도 정치상황을 우려하는 갖가지 성명과 대책을 발표하자 서울에 있는 미국대사관(롯데호텔 건너편)은 단연 뉴스 메이커의 중심부였다. 그래서 나는 엉겹결에 외무부를 출입하는 고흥욱 선배(고흥길 전 중앙일보 편집국장의 형)를 따라나섰는데 그때 모습은 마치 시골에서 장날에 팔려가는 소를 뒤따라가는 강아지와도 같았고 어쩌면 수행원 같기도 하고 여하튼 나는 정치부 막내 기자로 돌아다니기 시작했다.

다행히 한국일보 서인석 선배(전 미국 UPI통신 특파원)가 구내다방(커피숍)에서 커피 한잔 사드리면 '이건 이렇고 저건 저렇고' 하며 별표정도 없이 몇 마디 내뱉듯이 해주는 말을 듣고 그날의 감을 잡을 수 있었다. 말하자면 서 선배의 얘기를 듣는 게 그날 취재의 전부였다. 그러나 그때 우물 안의 올챙이가 보는 세상은 하루가 다르게 요동치고 있었다.

허정 임시내각의 과도정부에서 장면 총리의 민주당 정권이 들어설 때까지, 그 과정은 한 마디로 춘추전국시대와도 같았다. 내가 그때 대학을 졸업하고 영어선생이나 했다면 큰일 날 뻔했다. 학생들에 둘러싸여 바깥세상과 담을 쌓고 있었을 것이다. 기자랍시고 여기 저기 하룻강아지처럼 돌아다녔기에 그나마 우물 안 개구리가 튀어나와 어지러운 세상 돌아가는 걸 볼 수 있었지 않은가! 아, 나는 정말 할 말이 없다. 그저 하느님께 감사할 따름이다.

　초근목피(草根木皮)로 연명하는 백성들의 원성은 하늘을 찌를 듯했고, 4·19 의거 학생들은 국회의사당 단상을 점령하는 데까지 이르렀다. 우리 사회는 '혼란' 그 자체였다. 그 당시 우리나라 1인당 GDP(국내총생산)는 겨우 600달러쯤 되었다. 요즘의 방글라데시나 북한, 아프리카의 수단보다도 못한 찢어지게 가난한 삶이었다. 당시 북한은 우리보다 경제사정이 더 좋았다. 김일성은 그걸 믿고 호시탐탐 서울의 사정을 엿보고 있었으니 아차 하다가는 적화통일이 될 뻔했다.

　그때 4·19 이후 수립된 제2공화국을 말할 때 흔히 우리는 장면 정권이라 부른다. 4·19 정신을 구현하기 위해 채택한 내각책임제에서 권력의 정점은 국무총리인 장면이었기 때문이다. 1960년 8월 16일, 민주당 구파였던 윤보선 대통령은 민주당 구파인 김도연 당수를 총리에 지명했으나 인준에 실패하면서 18일에 하는 수 없이 신파의 장면 박사를 총리로 지명해 국회(중의원)의 인준을 받게 되었다. 일이 그렇게 되자 그때부터 민주당 구파는 신민당(新民黨)이라는 간판을 새로 내걸고 야당으로 변심하여 대여 투쟁을 시작하게 되었다.

1961년 어느 날, 나는 대전에 있는 63병원에 군의관으로 배속된, 피란시절 가장 친했던 친구 이철 중위와 유태연 박사(서울고)를 만나고 서울로 돌아오는 길이었다. 호남선 막차 안에서 우연히 김도연 일행을 만나게 되었다. 그들은 광주 지구당 결성을 마치고 서울로 올라가는 길이었다.

나는 반가운 김에 냉큼 자리로 가서 먼저 인사를 건넸다.

"안녕하십니까? 위원장님! 동화통신 정치부 봉두완 기잡니다."

"여 … 젊은 친구! 그래 어디 갔다 오는 길인가?"

기자라는 말에 모두들 자리를 내주며 적당히 반겨 주는 것이었다.

"광주에 다녀오는 길이시죠?"

"음 … 일이 잘됐어, 광주에선. 근데 말씸이야, 안 되겠어! 이대론 정말 안 되겠단 말이야!"

"무슨 말씀인지?"

"모르나? 장면 정권 말이야. 정말 무능해요 … . 쭉 돌아보니까 영 안 되겠단 말씸이야."

기차가 천안역에 당도했을 때 나는 얼른 요즘 돈으로 5천 원쯤 하는 호두과자 한 무더기를 샀다.

"이거 손자들 갖다 주십시오."

"아니, 이 사람 이거 미안해서 어쩌나?"

"저도 연희전문 출신입니다. 이만섭 동문하고 같은 정치부에 있습니다."

"아니, 우리 연희 동문이구만. 으허허 …."

손자들 자랑으로 화제가 잠시 바뀌더니 이내 화제는 자신을 배신한 정권에 대한 불평으로 돌아왔다.

"그 장면 말이야. 정권 넘겨받은 지 벌써 반년이 넘었다구. 그런데도 정국이 수습되기는커녕 세상이 더 어지러워. 참 무능해! 우리가 신민당을 결성하는 건 그래서 하는 거여! 집권체제를 갖춰 놔야지. 장면 정권이 사퇴할 날도 얼매 남지 않았다 이거야!"

특종이었다.

이건 현 정권을 향한 단순한 비방이 아니었다. 열차가 서울역에 도착하자마자 나는 대충 인사를 하고는 곧장 본사가 있는 소공동으로 달려갔다. 그리고는 각 신문사에 전달되는 마지막 10편에 그 인터뷰 내용을 부리나케 써 내려갔다.

'김도연 신민당 위원장은 26일 오후 장면 정권의 도괴 시기는 바로 이제라고 천명하고 ….'

다음 날 한국일보와 동아일보 등 모든 조간신문은 1면 톱기사로 크게 다뤘다.

'따르릉 ….'

그날 아침 예상했던 대로 전화가 걸려 왔다.

드디어 올 것이 왔구나!

바로 얼마 전까지 가톨릭계 경향신문 정치부장으로 있던 송원영

총리 공보비서관의 차분하면서도 약간 떨리는 목소리가 수화기를 통해 들렸다. 그리고 나서 나는 교무실에 끌려가는 학생처럼 장면 총리의 집무실로 발길을 옮겼다.

언제나 부드럽고 인자한 모습의 그는 오히려 담담한 표정이었다.

"이 사람아, 이게 무슨 소린가! 이런 식으로 기사를 마구 써대면 어떡해?"

중학교 교장선생님의 모습이었다. 나는 무기정학 받을 학생처럼 고개를 약간 숙이며 할 말을 잃고 있었다. 더욱이 나는 얼마 전에 가톨릭 신자가 된 입장에서 마음속이 좀 괴로웠다. 신심이 두터운 가톨릭 신자로 동성고등학교 교장선생님이었던 장면 총리는 그때 화가 잔뜩 났을 텐데도 그 근엄한 얼굴에는 분노와 미움 같은 요소는 전혀 찾아볼 수가 없었다.

나는 머리를 숙이며 조용히 말했다.

"네, 그게 실은 어제 우연히 열차 안에서 …."

"아니, 알았어요. 열차 안에서 우연히 만나 취재한 것이겠지만, 이게 그게 아니잖아, 그런 식으로 … !"

끝까지 화를 참는 집권자의 모습을 나는 차마 정면으로 쳐다볼 수가 없었다. 그날부터 기자실 선배들과 관료들은 갑자기 어색하고 이상한 눈으로 나를 보는 것 같았다. 그동안 대충 대하던 정부 관리들조차도 나에 대한 관심을 조금씩 보이는 것 같기도 했다. 중앙청 출입기자단 간사였던 지갑종 선배(연세대, 일일신문 정치부)가 한마디 했다.

"야, 너 기죽지 말고 그냥 밀고 가! 잘했어!" 지갑종 선배 얘기가
맞다. 내가 뭐 잘못한 일이라도 있는가. 병아리 기자여서 겁이 나
머리 조아리며 난처한 표정을 지었지. 좀 더 고개를 바딱 세우고 "내
가 뭐 잘못한 일이 있느냐"며 대들었어야 했는데 ….

얼마 후 5·16 쿠데타가 일어나자 사흘 동안 혜화동 가톨릭신학교
구내에 있는 가르멜여자수도원에 피신해 있다가 나타난 장면 총리
가 비상국무회의에서 내각 총사퇴를 의결하고 기자들 앞에 섰을 때
나는 바로 옆에서 장면 총리의 담담하고 당당한 모습을 마주할 수가
있었다.

'와, 이 양반은 정말 성인 같은 분이구나!' 하고 느끼기도 했다.

얼떨결에 장면 정권을 그렇게 흔들고 난 다음, 한때 4·19 총소리
에 겁에 질려 도망쳤던 올챙이는 드디어 허파에 바람이 든 개구리가
되어 이리 뛰고 저리 뛰며, 정신없이 날뛰다가 1970년대 TBC 앵커
맨 때는 자칫하면 독사뱀한테 물려 죽을 뻔하기도 했다.

자유당 말기에서부터 1980년 TBC 방송이 느닷없이 KBS에 통폐
합될 때까지 근 22년간의 짧고도 긴 기자생활이 정말 이 어수룩하고
거의 무능한 봉두완에게는 오히려 축복의 나날이었다. 빛나는 인생
역정이었다.

'우연'이란 것이 인생을 좌우하진 않는다.

오히려 내 인생의 '축'은 선택이었다.

그거다 싶으면 과감히 나아갈 수 있는 힘과 용기!

그리고 또 한 가지 내가 갖고 있는 장점 중 하나는 성실이라고나 할까? 듣기 좋은 말로 '성실'이지 친한 사람들 표현대로 하면 '여우'처럼 약삭빠르지 못하고 '곰'처럼 우직하다는 건데, 글쎄올시다.

봉두완의 인생은 그냥 하늘이 명령하는 대로 우직하게 순수하게 남을 위해 살아가는 그런 삶의 목표로 여기까지 달려왔는데, 글쎄올시다. 아니 벌써 미수(米壽), 88년의 세월이 흘렀으니 …. 참 오래도 살았다.

윤보선과 청와대라는 이름

민주당 정권이 들어서면서 윤보선이 민의원(하원)과 참의원(상원) 합동회의에서 내각제 대통령으로 당선되었다. 정치부 기자가 된 후, 가까운 거리에서 본 윤보선 대통령에게 받은 첫 인상은 근엄한 자세의 '영국 신사'였다. 나는 바지 뒷주머니에 손수건을 집어넣고 다니는데, 그는 밤낮 왼쪽 소매에서 손수건을 꺼내곤 했다.

대통령 관저의 이름이 '청와대'로 바뀐 것도 그때였다. 새롭게 시작하는 민주당 시대에 걸맞지 않은 경무대라는 이름은 영국에서 공부한 윤보선에게는 아주 못마땅한 이름이었다. 어느 날 윤보선 대통령은 출입기자단에 그 문제를 제기했다. 경무대 출입기자단 간사였던 지갑종(일일신문) 기자는 이를 기자단 전체회의에 부의했다.

이상하리만치 거의 모든 기자가 기다렸다는 듯이 그때의 경무대를 청와대로 부르자고 의견을 모았다. 기왓장이 파랗기 때문에 청기와집이라는 뜻으로 그렇게 이름을 붙인 것이다. 이처럼 오늘의 청와대는 기자들이 탄생시킨 이름이나 다름없다.

4·19 이후 수립된 제2공화국의 내각책임제하에서 권력의 정점은 국무총리인 장면이었기 때문에 윤보선을 대통령중심제의 다른 대통령과 단순 비교하는 것은 무리다. 그는 명목상의 대통령일 수밖에 없었다.

윤보선과 장면의 이렇듯 미묘한 관계는 1961년 5·16 쿠데타 직후에 그대로 드러난다. 당시 윤보선의 입장은 5월 16일 오전, 마셜 그린(Marshall Green) 주한 미국대사대리가 윤보선과 요담을 가진 후 본국에 보고한 전문으로 파악할 수 있는데, 그 내용은 '윤 대통령은 국회 내외를 망라한 거국내각을 조직함으로써 이 쿠데타를 수습할 수 있다고 믿고 있다'는 것이었다.

당시 야당이었던 신민당의 태도도 이와 같았다. 5월 17일 신민당 주요 간부회의에서 내린 결론의 골자는 '장면 정권은 하루빨리 사태 수습을 위해 국민 앞에 나와서 사과하고 물러날 것이며, 군사혁명위원회에 대하여 거국내각을 조직하자고 제의하는 것'이었다. 신민당의 이러한 입장은 하루 전인 5월 16일 밤 윤보선 대통령의 대민 방송을 듣고 난 다음 내린 결론이다.

윤보선이 군사혁명위원회 의장 겸 계엄사령관 장도영 육군 참모 총장(육군중장)의 권유를 받아들인 방송의 요지는 다음과 같다.

친애하는 국민 여러분, 우리나라는 지금 중대한 시국에 놓여 있습니다. 오늘의 사태를 우리가 어떻게 수습하느냐 하는 것에 우리나라의 운명이 달려 있습니다. 우리는 이 사태를 무사히 수습해야 하고 공산주의를 막는 힘에 약화를 초래해서는 안 되는 것입니다. … 장면 총리 이하 전 국무위원은 한시 바삐 나와서 이 중대한 사태를 성의 있게, 합법적으로 처리하여 주기를 바랍니다. 군사혁명위원회의 말에 의하면, 국무회의에 출석하는 국무위원의 신변은 보장된다고 말하고 있습니다.

이에 대해 훗날 장면은 회고록에 자신이 5월 18일 사임을 결정한 것은 '17일경 미국대사관으로부터 윤 대통령이 쿠데타를 지지한다는 연락을 받았기 때문'이라고 적고 있다.

어쨌든 윤보선은 박정희의 쿠데타를 묵인하는 태도를 취하는데, 이는 거국내각에 대한 기대 심리 때문이었다고 생각된다. 실제로 윤보선은 6월 초 '조기 민정 이양'을 희망하는 기자회견을 한다.

그런데 이를 보도한 동아일보의 이만섭(전 국회의장) 기자가 구속되는 사건이 일어나고 말았다. 실은 이만섭 선배를 따라다니던 이진희 기자가 쓴 기사에 스스로 책임을 지고 구속되었기 때문에 윤보선은 부담을 갖지 않을 수 없었다.

그해 7월 초 서울 외곽지역을 도는 교외선 개통식과 시승식을 하는 날 김준하 비서관이 대통령에게 조용히 귀띔했다.

"각하께서 오늘 박정희 의장을 만나시면 꼭 동아일보 이만섭 기자를 석방해 달라고 말씀하셔야 합니다."

윤보선은 박정희(국가재건최고회의 의장)와 같은 칸에 탔다. 그는 박정희와 이런 저런 이야기를 나누다가 이만섭 기자 얘기를 넌지시 꺼냈다. 그러자 박정희는 바로 옆 칸에 있던 김종필 중앙정보부장을 불렀다.

"김 부장, 동아일보 기자를 구속한 일이 있나?"

"예, 있습니다. 정치부 기자들이 지난번 청와대 기자회견 때 ……"

김종필이 말꼬리를 흐리자 박정희는 두말할 것 없다는 듯 바로 지시를 내렸다.

"그랬던가? 윤 대통령의 부탁 말씀이니까 곧 석방하도록 해!"

7월 15일 아침, 서빙고동에 있던 육군형무소로 최고회의 원충연 공보실장이 지프를 몰고 나타났다. 그는 이만섭 기자와 함께 구속되었던 이진희 기자를 태워 집으로 데려다 주면서 "대단히 미안합니다. 그동안 고생 많았습니다" 하고 위로했다.

그런데 이만섭 기자는 2년 뒤 대통령 선거 직전 김종필이 조직한 민주공화당에 입당, 박정희 편에서 윤보선을 공격하는 입장이 된다. 이것이 바로 한국 현대정치사의 아이러니이자 현실정치의 적나라한 모습이다.

5·16 쿠데타로 1년 6개월 만에 대통령직에서 물러난 윤보선은 야당 정치인으로서 1963년 제5대 대통령 선거, 1967년 제6대 대통령 선거에 나섰으나 패배했다. 이후 부인 공덕귀 여사와 함께 유신체제에 항거하는 재야 지도자가 된 윤보선은 1974년 민청학련 사건의 배후지원 혐의로 실형을 선고받았고, 1976년 3·1 민주구국선언 사건, 1979년 YMCA 위장 결혼식 사건 등으로 기소되거나 입건됐다. 10·26(박 대통령 시해사건) 이후 1980년 2월에 복권되어 정계에 복귀, 야권 단일화를 위해 노력했으나 무위로 그치고 말았다.

그러나 전두환 정권이 들어선 이후부터 과거의 활동에 반하여 국가원로자문회의의 위원직을 수락하는 등 정권에 협조적인 자세를 취하며 침묵으로 일관했다. 신군부는 화해와 공존의 기치를 들고 재야의 많은 정치인들을 영입하기 시작했는데 맨 먼저 윤보선 대통령의 비서실장이었던 조종호를 제11대 국회의원 선거에서 동작구 민주정의당 후보로 내세워 당선시키기도 했고, 윤보선을 가장 측근에서 보좌하던 한국여성유권자연맹 회장 김정례도 서울 성북구에 출마시켜 당선시키기도 했다.

세상이 다 아는 일이지만 김정례는 6·25 전후 혼란기에도 작은 규모의 선박회사를 운영하던 김대중과 가까이 지냈다. 나중에 부인을 잃고 고민하던 김대중에게 같은 기독교 여성운동에 참여하고 있던 이희호 간사를 소개해 두 사람이 결혼하는 데 결정적인 역할을 한 것이다.

순탄한 세상을 살았다면 끝까지 영국 신사로 남았을 윤보선. 하지만 그가 살아낸 시기는 격동의 세월이었고, 그는 그런 세월의 흐름을 바꾸어 놓을 만한 비범함을 갖지 못했다. 박정희에게 이만섭 동아일보 청와대 출입기자를 석방해 달라고 청했던 윤보선 대통령은 변함없이 이만섭 기자의 열렬한 팬으로 남아 있었다.

이만섭 또한 윤보선 대통령에 대한 의리를 지키며 출렁이던 정국에 나름대로 정의롭게 공헌했다. 윤보선 대통령의 '민정이양' 발언을 보도함으로써 중앙정보부 서빙고 구치소에 억류되었다가 풀려난 이만섭 기자는 동화통신 정치부에서 근무하다가 동아일보로 옮겨간 지 얼마 안 되어 필화사건에 말려 붙잡혀 갔다. 그때 동화통신 정치부에 근무하던 나는 나중에 한국일보로 갔다. 그러고 나서 우리는 제11대, 12대 국회 외무위원회에서 다시 만났다.

내가 제11대, 12대 국회 외무위원장을 할 때 연세대 동문들인 이만섭(국민신당/한국국민당 총재), 박정수(외교통상부 장관), 오세응(정무장관) 등은 개인적으로나 가족적으로 그리고 20년간 지속된 '기도 모임'을 통해 아주 가깝게 지냈다. 이만섭과 박정수 동문은 박정희 대통령과 꽤나 가까운 측근들이었으나 김대중의 끈질긴 설득으로 대통령 선거 직전 그쪽으로 갔고, 오세응 동문은 지난날 워싱턴에 망명 중이었던 이철승의 추천으로 신민당 소속 국회의원으로 정계에 입문했다가 11대 국회 때부터는 민주정의당 소속으로 지역구를 맡아 활동했다.

워싱턴에선 우리 모두 아메리칸대에 다니면서 열심히 일하며 공부했다. 박정수, 오세응은 놀랄 만한 실력으로 정치학 박사를 취득했다. 특히 박정수 장관은 부부 박사가 되어 내가 한국일보 지면에 사진과 함께 크게 실어 주기도 했다. 이만섭 동문은 김종필 중앙정보부장 방미 때 수행기자로 워싱턴에 나타나 케네디 대통령의 친동생인 로버트 케네디 법무장관 인터뷰 등 특종기사로 또 한 번 이름을 날리기도 했다. 결국 이만섭은 집권당인 민주공화당에 입당했고 신라호텔 영빈관에서 벌어진 공화당 의원총회에서 이후락 청와대 비서실장, 김형욱 중앙정보부장 등의 파면을 요구하면서 정치권에 일파만파의 충격을 던지기도 했다.

김대중 대통령이 삼고초려 끝에 이만섭을 영입한 것은 그러한 면모를 갖춘 인물이 필요하다는 시대적 요구에 부응한 것이었다. 이만섭은 그래서 국회의장이 되기도 했다.

정치인들은 상호간 이해관계에 따라, 그리고 시대의 요청에 의해 이리 가고 저리 가는 낯 뜨거운 모습을 보일 때가 많다. 장면 민주당 정권이 무너지자 그 밑에서 장관, 차관을 하던 정치인들이 5·16 후 쿠데타를 주도한 김종필의 설득과 종용으로 새로 창당된 민주공화당에 입당하는 모습을 보고 올챙이였던 나는 우물 밖에서 벌어지는 현실정치의 움직임을 보고 뛰는 가슴을 움켜잡고 어찌할 줄을 몰랐다.

몇십 년 후, 내가 서울시청 앞에서 '3·1절 반핵반공국민대회'를 조직하고 진행했을 때, 북한을 탈출하여 남쪽으로 넘어온 황장엽(黃長燁) 선생이 조언을 해 주었다.

"저놈들이 나에게 무슨 짓을 할지 모르니까, 경호하는 녀석 붙여 줄 게 조심하라우 … ."

그래서 내가 한마디 했다.

"황 선생, 저는 1970년대 10년 동안 TBC 앵커맨을 해가지고 모르는 사람 없어요."

그랬더니 평양에 있을 때 다 봤다나. 그 후 나는 서울 용산구 이촌동에 있는 한강맨션에 들어갈 때 입구에서 약 3, 4분 주위를 살펴본 후 집에 들어가는 버릇이 생기기도 했다.

이렇게 험상궂은 이데올로기 한파 속에서 나는 8·15 광복 때부터 이념 갈등을 겪으면서 88년의 세월을 보내야 했다. 그러면서 반공투사의 영역에서 자유롭지 못해 고민하다가 이제 삶의 종착역에서 스스로 사고의 코페르니쿠스적 전환을 시도해 봤다. 그러나 우리와 전혀 다른 세상에서 태어난 우리 아이들과는 숨 쉬는 것만 같아 보이지 생각의 굴레는 전혀 딴 세상의 것 같은 느낌이다.

— 13장 —
우리의 청첩장

청첩인 양찬우(?)

1964년 12월 5일 워싱턴의 성토마스 성당에서 혼배성사를 치르면서 국내에 있는 친구들에게는 전화로, 서울에 있는 친지들에게는 뒤늦게 청첩장 50장을 찍어 항공우편으로 보냈다.

> 봉석연(奉錫淵, 시네마코리아 사장)의 장남 봉두완(奉斗玩) 군과 故 김창순(金昌順) 육군 중령의 장녀 김옥선(金玉善) 양은 1964년 12월 5일(토) 오전 11시 워싱턴 성토마스 성당에서 혼배성사를 잘 마쳤기에 알려드립니다.
> 청첩자: 한국일보 사장 장기영(張基榮), 내무부 장관 양찬우(楊燦宇)

우리나라 전통사회에서는 좀처럼 보기 드문 스타일의 청첩장은 한동안 내 친구들 사이에서 화제가 되기도 했다.

얼마 후에 만난 자리에서 친구들이 나에게 물었다.

"이것 봐, 그때 결혼식 청첩장을 우리한테 보내면서 청첩인으로 한국일보 장기영 사장은 알겠는데, 양찬우는 왜 느닷없이 거기에 이름이 들어간 거야?"

"실은 우리 장인어른이 육군 소령 때 지리산 지구에서 세상을 떠나셨는데, 제일 가까운 친구가 양찬우 장관이었어. 그래서 장인 역으로 이름을 빌린 거지 뭐."

도대체 납득이 안 가는 청첩장 내용에 대해 친구들은 끝까지 고개를 갸우뚱했다. 그 이유는 간단했다.

내가 1968년 여름 워싱턴에서 한국일보 본사로 돌아왔을 때 맨 먼저 찾아본 분은 장인 역할을 해 준 양찬우 의원이었다. 그때는 민주공화당 국회의원이었다.

나의 장인이나 양 의원 모두 국군 창군 초기에 군에 입대한 동료였는데 나의 장인의 경우는 좀 특이했다.

1945년 8·15 광복 후 함경북도 나진에서 남쪽으로 나온 장인은 서울 한복판에서 갈 데도 없고 밥 한 끼 제대로 얻어먹을 데도 없었다. 하루는 대학(연희전문) 동창이 찾아와 "밥 세끼 주는 데가 있다"며 희소식을 전해 주었다. 그때만 해도 남조선 국방경비대라는 데에 가서 간단한 입대 원서에 도장만 찍으면 그 날짜로 밥 세끼 얻어먹으며 간단한 군사훈련을 받으면 되었다.

1946년 4월까지 8개 연대가 창설되었는데, 장인은 육사 4기에 해당되는 군에 입대하여 간단한 군사훈련 끝에 육군소위 계급장을 달았다. 6·25 전쟁 중에 치열한 전투를 겪은 끝에 1951년 여름에는 육군 소령으로 초고속 진급을 했다. 그해 여름, 대한민국 국군 창설과 더불어 정식 군인이 된 동료 경비대원들도 정규 사관이 되어 모두 육군 중위에서 영관급 장교가 되었다.

북한 인민군이 28일 수도 서울에 진입하게 되자 모두 한강 다리가 폭파되기 전에 탈출하여 수원지구에서부터 대전까지 내려가는 동안 일진일퇴 끝에 전투력을 향상시켰고, 육사 3기인 양찬우 중령은 어느새 대대병력을 지휘하며 지리산지구 공비소탕 작전에서 큰 전과를 거두기도 했다.

1961년 5·16 쿠데타가 났을 때 장면 총리실 출입기자였던 나는 최고회의 출입기자로 엔간한 군인들은 대충 만날 수 있었는데, 양찬우 소장은 그때 군인 신분으로 경상남도 도지사로 내려가 있었기 때문에 만나 볼 기회는 없었다.

미국에서 귀국하여 첫 대면하는데도 스스럼없이 대화를 나누는 양찬우 의원의 태도에서 이미 정치인의 모습을 엿볼 수 있었다.

"그라고 말이다, 우리가 지리산지구 전투에서 고생을 꽤 많이 같이했지만 자네 장인은 총도 쏠 줄 모른다."

이런 식이었다.

"그 사람 술 좋아해 가지고 한참 총탄이 빗발치는데도 바위 뒤에서 수통에 가지고 온 술 마시느라고 … 덩치만 크고 사람만 좋았지 … . 나는 일어나서 큰 소리로 '앞으로 돌격' 하고 소리소리 질러대다가 빨치산 총에 맞았다. 여기 봐라. 아직도 목 뒤에 박혔던 총알 자국이 남아 있지 … 여기 보이제?"

"네, 보입니다. 큰일 날 뻔했군요."

나는 엉겁결에 한마디 거들었다. 정치인이 다 된 그는 신문기자 앞에서 스스로 기분이 짱이었다.

그래서 나는 장인 김창순 소령이 그때 어디서 어떻게 세상을 떠났는지를 알게 되었다. 결국 굉장히 높은 혈압과 당뇨, 영양실조 그리고 극도로 쌓인 과로로 쓰러지고 만 것이다.

그 당시 지리산 꼭대기에 진을 치고 있던 인민군 패잔병들은 한국 토벌대와는 달리 충분한 영양식을 먹고 있었다. 심심하면 동네로 내려가 아무데서나 송아지 한 마디를 끌고 가서 배불리 먹었다. 그러면서 때때로 스피커를 통해 밑에 있는 국군을 향해 약을 올리기도 했다.

"우린 오늘도 소 한 마리 잡아먹었다. 너희들도 먹고 싶으면 이리 올라와라!"

결국 미군이 제공하는 군수물자와 각종 병참의 도움으로 1953년 정전 때까지는 소탕작전이 그런대로 마무리되었고, 지리산지구 공비토벌 작전은 치안을 담당하는 전투경찰의 관할이 되었다.

여기서 한 가지 덧붙이고 부연하고 싶은 것이 있다. 우리는 6·25

를 겪으면서 국토가 초토화되고 무려 300만이 넘는 인적 희생과 1천만 명의 이산가족이 생겨났지만, 말로 표현할 수도 없는 민족적 비극을 딛고 일어나 이제는 온 세계가 부러워하는 세계 10대 경제강국이 됐다. 하지만 이 모든 환란을 극복하기 위해 앞장선 국군 장병이나 전투경찰에 대한 합리적이며 적절한 대우를 제대로 해 주지 못한 것이 사실이다. 6·25 전쟁이나 베트남전쟁 파병으로 희생되거나 부상당한 충성스러운 나라의 일꾼들에게 이제 먹고살게 된 우리가 제대로 대우해 주고 보답해 줬는지 스스로 묻지 않을 수 없다.

내가 수년간 미국에 살면서 피부로 느낀 것은 국가유공자들에 대한 온 국민의 관심과 열화와 같은 사랑이 남다르다는 점이다. 대표적으로 미국에는 의회의 이름으로 수여하는 미합중국 최고의 '명예훈장'(Congressional Medal of Honor)이 있는데 수훈자는 자기나라 어디를 가더라도 최고의 예우와 존경을 받는다.

미국에는 장군, 상원의원, 대통령이 계급에 상관없이 그 훈장을 수여받은 자에게 먼저 경례하는 전통이 있다. 제16대 링컨 대통령 때 만들어진 이 명예훈장은 국가원수인 대통령이 직접 수여하지만 의회의 동의를 얻어 의회의 이름으로 수여하기 때문에 '모든 권한은 미국 의회한테 부여된다'(All power shall be vested on the Congress of the United States of America)의 헌법정신에 따른 것이다.

얼마 전 우리 집사람은 70년 만에 6·25 때 돌아가신 아버지의 보국 충정을 기리는 훈장을 받았다. 그동안에 겪어야 했던 군인 가족의 애환이 하루아침에 싹 가시는 눈물겨운 순간을 맞이하기도 했다. 만시지탄이긴 하나 군인 유가족으로선 말할 수 없는 정신적 보상이 었다.

작전지역에서 가까운 도시 전주에서 중·고등학교를 다니던 고 김창순 중령 가족은 꼼짝없이 전주에 주저앉게 되었다. 그래서 처남 김나섭은 전주고를 나온 후 서울대 농대로 진학한 후에야 서울로 주거지를 옮겼다. 여동생 김옥선도 마침 이화여대 영문과에 합격하는 바람에 장모는 눈물을 머금고 하는 수 없이 정든 고향과 같은 예향(藝鄕) 전주를 떠나 서울로 올라갔다.

첫해, 둘째 해까지는 용케 버텼지만 효자동 구석에서 하숙 치는 수입으로는 더 이상 감당할 길이 없게 되었다. 그러자 어느 날 오빠 김나섭이 결단을 내렸다. 대학등록금 한 사람분밖에 감당할 수 없었던 어머니의 마음을 읽은 오빠는 갑자기 논산훈련소로 간다고 선언했다. 어차피 마쳐야 하는 군복무를 당장 하는 게 좋겠다는 판단으로 뒤도 돌아보지 않고 눈물 어린 이별을 자청한 것이다.

"엄마, 걱정 말아요. 나는 어차피 군복무를 마쳐야 하는데 지금이 나한테는 제일 좋은 때에요. 그리고 여자아이들은 한 학기라도 쉬게 되면 다시 대학으로 돌아가기 힘들어요."

어쩌면 그 덕에 누이동생 김옥선은 대학 4년을 다닐 수 있게 됐는지도 모른다. 오빠는 군 복무를 끝내고 서울대를 졸업한 후 다시 전주로 내려와 중고등학교 교사가 되었다. 물론 고등학교 교장까지 하는 동안 전주고 동문들과 가톨릭교회의 물심양면의 도움이 있어 가능했지만 따지고 보면 김나섭은 입지전적 인물이었다. 함경도 또순이었다.

나중에 국회의장까지 한 친구 김원기는 신촌에 있는 대학에 다닐 때 김나섭의 집에서 3년 동안 하숙하며 지내면서 끈끈한 우정을 다졌다. 그 우정이 죽는 날까지 이어지는 걸 보고 나는 많은 감동을 느꼈다. 또한 오빠 덕에 대학을 다닐 수 있었던 김옥선도 이상하리만큼 고교 때나 대학 때 스승들의 특별한 배려로 대학을 나올 수 있었고 취업의 길로 들어설 수 있었다.

이화여대 영문과 은사는 제자의 가정 사정을 잘 알고 있었기 때문에 미국대사관에서 임시 직원으로 학생 하나를 보내 달라고 할 때 군인 유가족인 김옥선 학생을 보내 취업에 성공했다.

김옥선 안젤라를 처음 만난 날

경찰 출입기자를 그만두고 정치부 기자가 된 후 나는 미국대사관을 출입했다. 맥카너기(Walter McConaughy) 대사가 갑자기 미국무성 극동담당 차관보로 승진 전출되는 바람에 마셜 그린 공사가 대사대리(Charge d'Affaires)가 되어 케네디 행정부의 입장을 발표하고 주한 미국공보원(USIS) 데이먼(Damon) 원장이 항상 배석했다. 이 때문에 별일 없어도 우리는 자주 미국대사관에 들러 차를 마시거나 대화를 나누는 일상을 함께하게 되었다.

한번은 대사관 2층 공보원장 방에 들어가는데 총무과 책임자인 내 친구 최명규가 나를 불렀다.

"이봐, 내가 데리고 일하는 저 인턴 아가씨 있잖아? 한번 불러다 차나 한잔 같이해 봐."

"왜, 뭐 하러?"

나는 퉁명스럽게 대답했다.

"아니, 그게 아니고 지금 이화여대 영문과 졸업반인데 잠깐 인턴으로 와 있어."

친구는 인턴이 참 얌전하고 일도 잘해서 마음에 든다고 했다.

'그렇게 마음에 들면 자기가 차를 사 주든지 말든지 하지, 남 바빠 죽겠는데 별소리를 다 하네. 기자 노릇 하는 게 얼마나 바쁜지도 모

르고 … .'

나는 속으로 투덜거렸다.

며칠 후 나는 최명규가 말한 인턴 아가씨한테 다가가서 그냥 지나가는 말로 한마디 했다.

"이봐요, 미스 김, 언제 시간 있으면 차나 한번 같이합시다."

"네, 좋아요. 그러세요."

별명이 '스마일리'라고 했다. 밤낮 웃는다는 것이었다. 임시로 아르바이트하러 왔기 때문에 그냥 웃기만 했는지 하여간 미국 사람들이 그냥 '스마일리'라고 별명을 붙인 것이다.

우리는 일요일 낮 12시 30분 내가 밤낮 친구들과 어울리는 '도심'(都心)이라는 다방에서 만나기로 했다. 지금의 명동 유네스코빌딩 맞은편에 있는 커피숍이었다.

1960~70년대 젊은이들은 갈 데도 별로 없고 호주머니 사정도 좋지 않았다. 그래서 너도나도 젊음을 분출하러 뽀얀 담배 연기로 가득 찬 음악다방(커피숍)을 찾아가 친구도 만나고 사랑하는 연인과 만나 평소에 좋아하던 팝송, 클래식음악을 감상하며 지내곤 했다.

그 당시 젊은이들에게 인기가 많았던 음악다방은 서울 시내 충무로의 '쎄시봉', '카네기', '도성'(都城) 그리고 종로의 '디쉐네' 같은 뮤직홀이었는데 모두 2, 30대 젊은이들로 발 디딜 틈도 없었다.

하지만 가톨릭 영세를 같이 받은 우리 친구들은 명동대성당에서 오전 11시 교중미사가 끝나면 우선 '한일관'(명동파출소 옆)에 가서 냉면 한 그릇씩 시켜 먹고는 건너편 빌딩에 있는 다방 '도심'으로 건너가 커피를 마시고 하루 종일 지껄이다 헤어지곤 했다.

그날 명동성당에서 미사가 끝난 다음 나는 빠른 걸음으로 약속장소로 갔다. 커피숍 주인마담과 레지(종업원)는 언제나 나를 반겼다. 말을 안 해도 그냥 커피를 한 잔 가져왔다. 약속시간이 다 되었는데 장본인 스마일리 아가씨는 나타나지 않았다.

주인마담이 걱정이 됐는지 아니면 보기가 뭣했는지 한마디 툭 던졌다.

"누굴 만나기로 했나요? 15분이나 지났는데 …."

"누굴 만나긴 뭘 …."

내 목소리에는 짜증이 가득 섞여 있었다. 퇴짜 맞은 기분이었다. 그러면서 혼자 좋은 방향으로 생각했다.

'이상하다. 내가 혹시 날짜를 잘못 말했나? 아니면 버스를 놓쳐서 좀 늦는 건가?'

앉아서 괜히 이러쿵저러쿵했다.

이날 데이트상대를 만나면 바로 저 밑에 유명한 '명동돈까스' 식당에 데려가려고 점심값도 챙겨 왔다. 그러나 데이트 상대는 1시가 지나도 나타나지 않았다. 정말 바람 맞았구나 생각했다. 나는 1시 10분에 남자답게 용감하게 자리를 박차고 일어나 나왔다.

그리고는 아무 일 없었다는 식으로 치부하면서 며칠을 지냈다.

마침 데이먼 공보원장 방으로 향하는 길에 우연히 그 아가씨와 마주쳤다.

나는 그냥 지나가려는데 미스 스마일리가 먼저 물었다.

미국 하와이에서
아내 안젤라와 나
(2020.7.).

"지난번에 왜 안 나오셨어요?"

"아니, 뭐라구? 어딜 안 나와?"

"저는 그날 2시간이나 앉아 기다렸는데요."

나는 갑자기 당황한 김에 물었다.

"아니, 어데서 기다렸기에 그래?"

"그때 말씀하신 음악다방, 도성에서요."

"도성? 무슨 도성. 어디 있는 거야?"

"충무로 2가에 있는 그 음악다방 말이에요."

"충무로 2가? 내가 명동에 있는 도심(都心) 다방이라고 안 했나?"

화가 치밀었지만 내 잘못으로 일이 이렇게 된 것 같아 목소리를 좀 낮추었다. 미안하게 됐다는 소리를 하려다가 화가 안 풀려 그냥 지나가고 말았다.

'이젠 죽어도 다시 만나자는 소리 하지 않겠다'고 사나이답게 굳게 결심했지만, 이상하게도 오래가지 않아 괜히 약간 미안한 생각이 들었다. 그래서 다시 만나기로 했다.

그 당시 남녀가 데이트한다는 것은 그냥 영화구경을 가거나 음악 다방에 가서 하루 종일 쪼그리고 앉아 음악을 감상하고 차 마시고 돈 있으면 냉면이나 곰탕 한 그릇 같이하는 게 고작이었다. 때때로 상대방을 집에까지 데려다 주는 것은 사실상 특별대우에 해당됐다. 더구나 지금처럼 서로 손을 잡고 걷거나 더욱이 남녀가 사람들 보는 앞에서 팔짱을 끼고 다니거나 명동 한복판에서 사람들 보는 앞에서 서로 포옹을 했다가는 당장 '경범죄'로 처벌받는 사회였다.

가끔 음악다방에 가서 차를 마시며 감미로운 음악에 취해 조그맣게 따라 부르기도 하고, 신청곡이 나오면 서로 무슨 '복권'에라도 당첨된 양 기뻐하며 소리 없이 박수치기도 했다. 나와 함께 성라자로 마을에서 평생 한센병 가족 돕기를 하다 세상을 떠난 영화배우 최은희 여사는 젊었을 때 사랑을 고백했던 신상옥 감독과의 만남을 이렇게 말해 줬다.

"추운 겨울이었어요. 얼어붙을 날씨인데도 우리 둘은 그냥 걷고 또 걷곤 했어요. 한번은 장충동에서 충무로까지 걸어와서 또다시 뒤로 돌아 신당동까지 동무하며 걸었어요. 우린 손도 안 잡고 걸었어요. 그런데도 가슴이 어찌나 두근거리고 얼굴을 살짝 보기만 해도 전율을 느끼곤 했는지 …. 그때 그 순간을 저는 정말 오래 가슴에 간직하고 살았어요."

결혼

1953년 7월 29일 판문점 휴전협정이 체결된 후 우리 젊은이들은 너도나도 미국으로 유학의 길을 떠났다. 미국은 그때 '마셜계획'이라는 이름으로 전쟁의 참화에서 허덕이는 나라를 다시 일으키기 위해 많은 원조를 서슴없이 제공했다. 특히 한국의 젊은이들에게는 대학마다 전액장학금을 주도록 하여 나중에 그들이 귀국하게 되면 국가 재건사업에 중추적 역할을 할 수 있도록 했다.

그때 미국으로 유학 갔던 젊은이들이 이승만, 장면, 박정희 정권을 거치는 동안 정부에서 국무총리, 경제부처 장관 등을 역임하거나 국회와 사회단체 등에서 많은 역할을 했다.

내가 서울을 떠나 워싱턴에 와 있는 동안 서울 도심 다방에 모습을 드러내지 않았던 아내 김옥선 안젤라는 미국의 시카고 근방에 있는 고선(Goshen)이라는 개신교 대학에서 준 장학금을 받고 대학원에 다니게 되었다. 그 이듬해 여름 안젤라는 너무나 긴 여름방학을 어떻게 보내야 할지 몰라 전전긍긍했는데 결과적으로 한여름을 미국의 수도 워싱턴에서 보내기로 우리끼리 이야기가 되었다.

미국의 젊은이들은 방학 때만 되면 사방팔방으로 여행을 갔다. 같은 방향으로 가는 학생들과는 휘발유값을 나눠 내며 차 한 대로 떠나곤 했다.

안젤라도 동쪽으로 간다는 학생들과 함께 차를 나눠 타고 하루 종일 달려 워싱턴까지 왔다. 때마침 미국대사관에 함께 근무하던 언니뻘 되는 친구가 미리 워싱턴에 자리 잡고 살고 있었기에 당분간 그 집에서 한여름 동안 함께 기거하게 되었다. 남편은 한국일보 기자 출신이었다.

한번은 우연한 기회에 하와이에서 온 내 친구 내외와 저녁을 먹는 자리에서 의리의 사나이라고 자처하는 그 친구의 마누라가 한마디 했다.

"아니, 내가 뭐 이래라 저래라 할 것은 못되지만 왜 고선대에서 박사학위까지 하려는지 몰라서 그러는데, 내가 지금 다니는 세계은행에 마침 임시직원 자리가 하나 비었거든. 혹시 그런데 관심이 좀 있나 해서 …. 미국대사관에서 비서로 근무했다면서?"

우리는 눈이 번쩍 뜨였다. 유엔 산하의 세계은행(IBRD: International Bank for Rehabilitation & Development)이라면 국제통화기금(IMF: International Monetary Fund)과 더불어 세계 빈곤, 개발국가를 돕는 막강한 국제기구였다. 그 본부가 바로 백악관에서 서너 블록밖에 안 떨어진 가까운 곳에 자리 잡고 있었다.

그런데 마침 아시아지역 담당관의 비서가 출산휴가(maternity leave)를 떠나기로 되어 있어서 임시직원을 찾고 있다는 것이었다. 며칠 후 세계은행 인사과로 찾아갔더니 모두들 너무 반가워하면서 오히려 고맙다는 인사까지 했다. 그때의 인사처장은 한국계 한세레나 여사였는데, 남산케이블카 회사 한광수 회장 누님이었다.

때마침 장면 정권 때 주미 한국대사관 경제참사관이었던 신병현 (전 경제부총리)과 김옥선이 우연히 같은 날 입사한 관계로 우리들은 친하게 지냈다. 신병현 부총리는 내가 다니는 한국일보의 장기영 사장이 한국은행 조사부장 때 김정렴 청와대 비서실장과 함께 조사부에 근무했던 인연으로 한국 정부 TO(인원 편성표)가 생겨 발령이 난 것이었다.

5·16 쿠데타가 일어나자 자리에서 쫓겨난 신병현 씨는 거의 매일 백악관 북쪽 광장에 나가 장면 정권을 붕괴시킨 5·16 쿠데타를 비난하며 1인 시위를 했다. 그런데 성격이 강직하고 사람이 성실했기에 얼마 후 한국은행 총재로 발탁되어 귀국한 후엔 재무부 장관, 부총리 겸 경제기획원 장관을 지내기도 했다. 물론 청와대 김정렴 실장의 도움으로 세계은행에 취업했던 것은 다 아는 사실이다. 우리는 서울 용산 동부이촌동 '한강성당'에 다니는 가까운 교우였다.

우리 성당 주임인 함세웅 신부가 툭하면 교도소에 들락거리는 바람에 그때마다 계속 불어나는 이촌동 신도들을 수용하기엔 예쁘게 지은 성당이 너무 작아졌다. 새로운 성당 부지를 마련하고 옛 성당 부지를 팔아야 할 때 신병현 형제는 해당 은행에 잘 부탁하여 적정 가격으로 넘겨받도록 애를 많이 썼다.

출산휴가를 갔던 세계은행의 전임자가 다른 부서로 이동하는 바람에 우리 집 안젤라는 그냥 임시직에서 정식 비서직으로 발령을 받아 세계은행에 그대로 남아 있게 되었다.

그렇지 않아도 가을학기에 대학으로 돌아가야 했던 안젤라는 또

다시 외롭고 힘든 캠퍼스 생활을 감당하기엔 이미 지쳐 있었다. 게다가 상상도 하지 못했던 국제기구에 취업이 되는 귀신이 곡할 일 때문에 슬슬 워싱턴에 그대로 머물고 싶다는 생각이 머리에 가득 차 있었다. 하루는 나에게 시골대학 캠퍼스 생활에서 가장 힘들었던 때를 이야기했다.

"인디애나는 사람들도 좋고 살기도 좋은 곳인데, 나처럼 김치를 안 먹으면 하루도 살 수 없는 사람에게는 정말 가혹한 곳이에요. 그래도 가끔 김치 생각이 나면 홍당무를 간장에 찍어 먹곤 했는데 그때마다 괜히 눈물도 나고⋯."

안젤라는 캠퍼스로 돌아가길 꺼리는 이유를 죄 없는 김치에다 대기도 했다. 물론 학업도 생각보다 힘들었다. 이화여대 영문과를 졸업하긴 했지만 미국 대학에서 새롭게 순전히 영어로 강의를 듣고 논문을 쓰는 일은 정말 힘들었다. 그래서 "내가 뭐 박사학위 따 가지고 집에 갈 사람도 아니고⋯" 하며 은근히 인디애나대로 돌아갈 생각이 없음을 내비치곤 했다.

그래서 나는 가볍게 의견을 말했다.

"지금 박사 해서 뭘 해? 이렇게 천하에 제일 좋은 직장에 다니는데 그냥 여기 눌러 앉지 뭐."

"하긴 여기 세계은행에 다니다 보니까 새로운 세계를 보고 느끼는 것 같아요. 미처 몰랐던⋯."

친구네 집에 그냥 곁방살이 하는 것도 이제는 너무 미안하고 또 영원한 직장도 생겼으니 그 집에서 나와 세계은행에서 가까운 동네로 이사를 해야겠다고 했다.

"그럼 백악관에서 자동차로 약 15분 정도의 거리에 있는 알링턴이라는 동네가 어떨까? 서울의 한강 건너 용산 동부이촌동 비슷한 조지타운이라는 동네는 집값이 엄청 비싸고 번잡스러워. 그에 비해 포토맥강 건너 버지니아주에 속한 알링턴은 서울의 동작동 네거리쯤에 해당되는데, 모든 것이 싸고 평범하여 대사관 직원들이나 특파원들이 거의 100% 선호하는 주거지라서 우리한테 안성맞춤이지."

며칠 후 내 친구 부부와 저녁을 함께하는 자리에서 나는 안젤라에게 미리 말했던 대로 "우리 이해가 넘어가기 전에 결혼하자"고 청혼했다. 그러면서 12월 8일이 내 생일이기 때문에 그날과 가까운 토요일을 택하여 '성당에서 혼배성사를 올리면 어떨까?' 하며 동의를 구했다. 그래서 결국 12월 5일 토요일에 내가 미리 봐뒀던 성당에서 혼배성사를 받았다.

이렇게 일사천리로 모든 것을 결정하고 나니 하루하루가 꽤나 바쁘게 돌아갔다. 결혼하려면 결혼반지가 있어야 하는데 어떻게 할지 좀 걱정이 됐다. 그런데 신부의 생각은 간단했다. 워싱턴 시내 헥트 백화점 근방에 가서 하나에 14달러 하는 금반지(14K) 두 개를 사서 끼기로 했다. 그리고 신랑 들러리는 고교 동창인 유앵도(모윤숙 시인의 사위), 신부 들러리는 주한 미국대사관 때부터 함께 일한 화가 한순정 언니가 서기로 했다. 처음부터 끝까지 모든 행사를 총괄하는 일은 또 다른 고교 동문인 이성호(김대중 대통령 처남)가 맡아 하기로 했다.

그리고 결혼 선물은 각자가 알아서 하되 주미 한국대사관 직원들은 3등서기관 이상옥(李相玉, 나중에 외무부 장관)은 미화 10달러, 참사관들은 미화 20달러 등으로 제한했다. 동료 특파원들은 김성진 특파원의 아이디어로 캐나다 3박 4일 관광여행(항공표 및 숙박지가 포함된 캐나다 겨울 아이스쇼 프로그램), 그리고 세계은행 동료들은 5달러짜리 촛대라든가 신혼부부가 쓸 수 있는 커피 잔 같은 생활용품을 선물했다.

결혼식 날 12월 5일 토요일 오전 11시에 성토마스 가톨릭교회(St. Thomas Apostle Catholic Church)에는 약 150명의 친구, 동료 등 하객이 와 주었지만, 막상 혼배성사가 시작되는 오전 11시까지 신부가 식장에 나타나지 않았다. 좀 걱정은 됐지만 11시에서 약 15분쯤 지났을 어정쩡한 때에 미사집전 본당 신부님이 나에게 다가와 농담을 던졌다.

"이봐, 데이비드. 혹시 신부가 안 나타나면, 내가 우리 고향 이탈리아서 온 아가씨를 잘 아는데 신붓감으로 짱이야. 너무 걱정 말아. 긴장 풀고!"

나는 하마터면 큰 소리로 박장대소할 뻔했다. 참 웃기는 이 신부는 나중에 바오로 교황 기념관장까지 한 유능한 가톨릭 사제였다.

이날 시집가는 신부는 내 친구 이성호가 미장원에 데리고 갔다가 신부 화장이 끝나면 식장으로 데려오게끔 되어 있었는데, 웬일인지 아직 나타나지 않으니 좀 걱정이 되기도 했다. 본래 충청도 출신이

성토마스 가톨릭교회에서 올린
우리의 결혼식 사진
(1964.12.5.).

라 좀 늦는가 보다 했지만 마음은 편치 않았다.

드디어 20분쯤 늦게 신부가 도착하자 신부 아버지 역(Give Away)을 맡은 설국환 전임 특파원이 헐레벌떡 신부를 데리고 식장으로 들어왔다. 설국환 선배는 그때 워싱턴 특파원 임무를 끝마치고 하버드대에서 연수중이었다. 신부를 데리고 입장한 설 선배는 천주교 신자가 아니었다. 그래서 신부를 신랑에게 넘겨주고는 줄곧 앞자리에 서 있는 바람에 식장의 하객들도 모두 서 있어야 했다.

신부가 아직 가톨릭 세례를 안 받았기 때문에 이날의 결혼식은 '관면 혼배'로 진행되었다. 나는 1958년 서강대 초대 이사장인 진성만 베드로 신부님으로부터 세례를 받았지만 신부는 받지 않았다. 이화여대 때부터 채플시간에 열심히 나가긴 했지만 가톨릭 신앙을 갖지 않았으므로 우리 둘은 혼배성사 중에 하느님 앞에 서약했다.

"나는 비신앙인과 결혼생활을 해도 신앙을 버리지 않겠으며 자녀를 낳게 되면 영세입교시켜 하느님의 자녀로 만들겠습니다."

"나는 신앙을 가진 나의 배우자의 신앙을 결코 방해하지 않겠으며 자녀를 낳게 되면 영세입교시켜 하느님의 자녀로 만들겠습니다."

이런 서약이 없이는 결혼을 할 수 없었다. 교회법상의 절차 없이 결혼하면 천주교 신자는 외교조당(外敎阻攘, '조당'은 혼인장애의 옛말)에 걸린다고 되어 있다.

결국 우리 집사람은 귀국하여 이화여대에 출강할 때 진성만 신부로부터 서강대 소성당에서 혼자 '안젤라'라는 세례명으로 영세를 받았다. 우리 집 아이들도 진 신부님으로부터 세례를 받고 큰아이는 내가 회장으로 봉사하던 한센인들의 보금자리 성라자로마을에서 진성만 베드로 신부님과 마을원장 김화태 신부님이 공동 집전한 가운데 하객 30명만 초청된 조촐하고 엄숙한 분위기 속에서 혼배성사를 받았다.

우리 아이들은 모두 공교롭게도 결혼식 날 하객을 30명만 초청한 가운데 결혼식을 올렸다.

우리 집 아이들이 이렇게 간소한 결혼식을 치른 또 다른 이유는 내가 그때 그동안 우리나라 24개 시민단체가 참여하는 '간소한 결혼식' 캠페인에 참여했기 때문이다. 우리 아이들도 반발 없이 나의 뜻

아들 봉화식의 혼배성사를
맡은 진성만 베드로 신부.
초대 서강대 이사장,
진성만 신부는 봉화식의
영세신부이기도 하다.

아들 봉화식의 혼배성사(2004년). 성라자로마을에서 하객 30명만 초청하여 조촐하게 치렀다.

을 따라 줬다. 이세중 전 대한변호사협회 회장, 손봉호 교수 등과
함께해 온 '생활개혁실천협의회'는 한때 조선일보와 함께 간단한 결
혼식 캠페인을 벌여 많은 성과를 올리기도 했다.

그날 우리는 김성진 등이 결혼선물로 마련해 준 3박 4일 캐나다
겨울철 아이스(얼음) 전시회 초청장을 들고 캐나다의 몬트리올에서
1박 한 후 이튿날 캐나다 서부 프랑스어 지역인 퀘벡으로 관광열차
를 타고 갔다.

우리 한반도의 45배나 되는 광활한 캐나다도 영어 사용지역(서부)
과 프랑스어 사용지역(동부)으로 나뉘어 항상 퀘벡 독립을 놓고 싸
우지만 슬기롭게 의회정치의 묘를 살려 오늘에 이르기까지 잘 지내
고 있다. 부럽기만 하다. 캐나다에서 집권하려면 영어는 물론 프랑
스어를 꼭 알아야 한다. 정부의 모든 공식 발표나 서류는 꼭 영어와
프랑스어를 함께 쓰도록 되어 있고 영국 연방에서 독립한다는 취지
에서 새로운 캐나다 국기를 만들어 국민투표로 확정했다.

마침 우리가 신혼여행으로 몬트리올에 도착한 날이 그 발표일이
었다. 참새가 방앗간을 그냥 지날 수는 없는 법, 나는 당장 '몬트리
올스타'라는 신문사를 찾아가 편집국장의 협조로 오늘 나온 특집에
쓴 '새로운 캐나다 국기' 사진과 필요한 자료를 받아들고 신혼여행
목적지인 퀘벡까지 갔다. 그리고 신혼여행 기념이라도 되듯 이 모든
것을 기사화해서 한국일보 홍유선 편집국장 앞으로 송고했다. 일종
의 작은 특종(scoop)이었다.

가족사진(1988년). 왼쪽부터 나, 김옥선(안젤라), 봉화식(기자), 봉미미(교수), 봉영식(박사).

서울외신기자클럽 창덕궁행사에서 가수 조영남의 반주에 맞춰
어린 영식, 미미, 화식이 영화 〈사운드오브뮤직〉의
'도레미송'을 합창하는 장면(1970년).

그리고는 신혼 첫날밤 마티니 한 잔 쭉 들이키며 험한 산악지대에서 많이 볼 수 있는 캐나다의 상징인 붉은색 단풍(Maple) 국기를 향해 축배를 들었다. 이 때문에 나는 앵커맨으로 일하던 TBC 방송이 1980년 느닷없이 KBS에 통폐합된 후 이듬해 치러진 국회의원 선거(용산·마포)에서 전국 최다득표를 한 후, 국회 내의 친선모임 — 한·캐나다 의원 친선협회장에 선출되기도 했다.

캐나다 신혼여행에서 돌아온 나는 서울에서 보내온 한복 차림으로 결혼기념 촬영을 나갔다. 친절하게도 김성진 특파원이 자원하여 워싱턴 시내 대표 관광지라고 할 수 있는 곳을 몇 군데 돌아다니며 기념촬영을 해 주었다. 김 선배도 카메라가 없어서 결국 대사관의 공군 무관으로 와 있는 김영환 대령의 카메라와 영상카메라를 빌려 링컨 대통령 기념관을 비롯해 여기저기 필요 이상으로 사진을 찍으며 돌아다녔다.

꼭 시골에서 올라온 관광객처럼 여기저기 돌아다니는데 호기심 많은 미국인 관광객들은 쓸데없이 괜한 질문을 하는 것이었다.

"두 분이 무슨 기념촬영 하나 봐요?"

"그래요, 맞습니다. 바로 엊그제 결혼한 신랑신부입니다."

자기네들도 카메라를 들이대며 우리 부부를 마구 찍어댔다.

온 세계 관광객들이 미국에 오게 되면 꼭 워싱턴 관광을 빼놓지 않는다. 백악관, 미 의회, 대통령기념관 등 관광순례 코스가 정해 있다시피 했다.

워싱턴 링컨기념관 앞에서 한복을 입고 결혼기념 촬영. 워싱턴 특파원 시절 동양통신에서 함께 일한 김성진 선배(전 문공부 장관)가 촬영했다. 저 멀리 워싱턴 기념탑이 보인다.

　미국의 초대 대통령 조지 워싱턴 기념탑은 백악관 정면에 높이 170m의 기둥 같은 탑으로 했고, 2대, 3대 대통령은 지붕이 있는 특이한 기념관으로, 그리고 미국의 노예를 해방시킨 16대 대통령 링컨기념관(Lincoln Memorial)은 미 의회 의사당과 마주 보이는 데에 세워 일체감을 갖도록 건립되었다.

　여기서 1963년 8월 28일 흑인 인권운동가 마틴 루터 킹(Martin Luther King Jr.) 목사가 워싱턴 인권 궐기대회의 마지막 날 "나는 꿈을 가지고 있습니다"라는 유명한 연설을 했다. 그때 모인 인파가 수십만 명이나 되었다. 요즘은 이 기념관 맞은편 아래쪽에 6·25 전쟁 참전용사들을 기리는 '한국전쟁 참전용사 기념공원'(Korean War Veterans Memorial)이 건립되어 있고 기념물들이 전시되어 있다.

"그들이 전혀 알지 못했던 나라와 만난 적이 없는 사람들을 지키기 위한 부름에 응답한 우리나라의 아들딸들에게 우리는 경의를 표한다"(Our nation honors her sons and daughters who answered the call to defend a country they never knew and a people they never met).

지금 다시 읽어도 어느새 목이 메고 가슴이 뭉클해지는 글이다.

신혼집의 첫 손님

1965년 신혼 초 가장 먼저 찾아온 손님은 다름 아닌 이경재 신부(성라자로마을 원장)였다. 서울대교구에서 미국으로 파견 나온 이경재 알렉산델 신부는 피츠버그에 근거지를 두고 미국 전역을 돌아다니면서 아르바이트를 하고 있었다.

그때 천주교 서울대교구는 1962년 명동 성모병원(현 가톨릭회관)을 좀 무리하게 짓느라고 사회적으로 물의를 일으켰다. 이에 따라 1967년 서울대교구장 노기남 대주교가 사임하는 사태에까지 이르게 되자 노기남 대주교의 최측근이었던 이경재 신부가 나서서 일종의 모금운동을 전개하고 있었다.

이경재 신부의 아르바이트라는 것은 주로 미사 집전 사제가 필요한 수녀원을 비롯하여 여름철이나 겨울철에 휴가를 떠나는 본당 신부들 대신 미사 집전을 해주는 대가로 한 번에 200달러를 받고 그것을 모아서 빚에 쪼들리는 서울대교구로 송금하는 식이었다.

하루는 생판 알지도 못하는 신부한테 전화가 왔다.

"봉두완 형제, 나 이경재 신분데 … 나도 황해도 출신이에요 … ."

"아, 그러세요? 어디 미국입니까?"

"예, 여기는 내가 머무는 피츠버그인데 … 내가 워싱턴에 좀 가려고 이렇게 전화했어요. 거기 있는 '황치들' 좀 모아 줘요."

신부님이 말한 '황치'란 황해도 출신들이란 뜻이었다.

그때 워싱턴에는 대사관 정무참사관인 홍성철, 김성진 특파원, 그리고 해외공보관으로 홍요셉 형제 등이 있었는데, 신부님은 귀신처럼 사전조사로 다 파악하고 있었다.

토요일 저녁 우리 집에 모인 '황치'들은 오랜만에 이북 고향 이야기를 하며 한잔 술에 모두 얼큰해졌다. 이경재 신부는 술을 입에 대지는 않았지만 분위기를 끌고 가는 데는 귀신이었다.

"내가 말이야, 우리 고향 서흥에서 초등학교만 다니고 서울에 올라와 가지고…" 하면서 모든 사람의 관심을 한데 모으기도 했고, "고향 어른인 노기남 대주교님이 꽤나 힘든 말년을 보내고 계셔서…" 하면서 서울대교구의 재정적 어려움을 은근히 내비치면서 화제를 이끌어 갔다.

그러면서 "한평생 절친하게 지내는 신부가 양화진에 절두산 성지를 축성하려는데…" 하면서 이번에 좀 도와줬으면 좋겠다는 뜻을 밝히기도 했다. 우리는 울며 겨자 먹기로 신부님의 뜻을 받들어 나는 미화 100달러, 홍성철 참사관은 200달러를 그 자리에서 헌납했다. 우리가 들어 있는 포토맥타워 한 달 아파트 월세가 150달러인걸 보면 꽤나 큰돈을 헌금한 셈이었다.

한잔 술에 얼큰해진 우리 모두는 돈을 몇 푼 신부님에게 수탈당했지만 오랜만에 고향 생각을 하며 즐거운 한때를 보냈다.

신부님이 좀 일찍 잠을 청하는 습관 때문에 손님들이 다 물러간 후 우리는 재빠르게 안방 침대에 새 홑이불(sheet)을 깔아드리고 밖으로 나와 식탁을 정리하고 거실에 자리를 깔고 피곤한 하루를 꿈속에서 보냈다. 이날 모였던 '황치'들은 귀국 후에는 모두 성라자로마을 원장 이경재 신부가 이끌어가던 라자로돕기에 앞장서기도 했다.

　　미국의 수도 워싱턴에서의 생활은 생각보다 단조로운 편이었다. 그리고 동료 특파원들과의 만남은 서울에서는 상상도 할 수 없을 만큼 가까웠고 재미있었다. 특히 한국일보의 라이벌이어야 할 조선일보 특파원이 새로 부임해 옴에 따라 우리들의 만남은 하나의 가족 모임 같았다. 일본에 오래 근무하다가 미국으로 온 김윤환 특파원은 위트와 유머가 넘치는 성격으로 특파원 사회에 새로운 바람을 일으키기도 했다.

　　주로 그 집 아니면 우리 집에서 포커(poker) 카드놀이로 밤늦게까지 재미나게 놀기도 했다. 한번은 백악관과 미 국무부에서 나온 기삿거리를 국제전화로 한국일보 외신부로 부르고 있는데, 포커 딜러를 하던 김윤환 특파원이 소리소리 질렀다.

　　"야, 데이비드, 그 기사 좀 있다가 조선일보한테도 불러 줘. 내 대신 …."

　　"아니 이 친구가 정신이 나갔나? 날더러 라이벌 신문한테 기사까지 불러 달라니 …."

　　그게 그때의 워싱턴 분위기였다.

　　밤 12시쯤 가까워지면 김윤환의 부인은 어느새 일본식 우동으로 밤참을 잘 준비했고, 일본서 오래 살았던 경험으로 꽤나 상냥했다.

그래서 모두들 편안하게 생각했다.

우리 집에서 밤늦게까지 모임을 할 때면 주로 비빔밥이나 갈비탕 같은 것을 준비하면서 일본 식료품가게에서 사다가 담근 호배추 김치를 내놓으면 모두들 그냥 맛있다고 했다. 그때만 해도 한국식당은 물론 요즘 같은 식료품가게가 하나도 없었다. 어떻게 보면 이국땅에 살면서 낭만적인 동업자 생활을 한 셈이다.

오랫동안 미국의 유명한 AP통신 서울지국장을 지낸 진철수 선배는 결단을 내려 국내 유력지인 동아일보 편집부국장으로 옮겼다가 워싱턴으로 왔다. 자녀가 넷이나 되었기에 한국에 그대로 남아 있었다면 자녀교육에 엄청 신경을 써야 했다면서 미국 학교에 자유롭게 아이들을 보내서 참 다행이라고 했다.

물론 우리 집 근처에 사는 김성진 특파원도 두 아들(정환, 영환)이 아직 중학교에 진학할 나이가 아니라서 다행이라면서 한국과 달리 가정을 중심으로 움직이는 미국 사회를 한번 제대로 해부하는 글을 쓰고 싶다고 했다. 그러나 귀국 후 청와대 대변인, 문공부 장관 등을 잇달아 하는 바람에 글을 쓰기는커녕 기자들과 술만 마시다 세월 다 보냈다. 생각한 대로, 계획한 대로 다 실천한다면 인생은 얼마나 단조로울 것인가.

연세대 이한열 군과 내 막내아들

1987년 6월 9일 오후 5시 5분 한 청년의 시계가 멈췄다.

다음 날 열릴 '고문살인 은폐 규탄 및 호헌철폐 국민대회'의 출정식을 교내에서 마친 1천여 명의 연세대 학생들은 오후 4시쯤 학교 정문까지 행진했다. 이때부터 '직선제 쟁취' 등의 구호를 외치는 학생들과 그들을 막아선 전투경찰 사이에 치열한 공방이 이어졌다.

여느 날처럼 터질 때가 되자 결국 경찰의 최루탄이 날아왔다. 오후 5시쯤 되자 푸른색의 경영학과 셔츠를 입은 연세대 학생이 최루탄에 맞아 쓰러졌다. 최루탄을 피해 교내로 뛰어가던 학생의 뒤통수에 깡통탄이 터지며 얼굴과 코에서 피가 쏟아졌다. 그리고 쓰러진 젊은이는 다시 일어나지 못했다. 이한열 군이었다.

세브란스병원으로 옮기는 동안 의식을 완전히 잃지 않았던 젊은이는 한 시간 후 '내일 시청 앞에 가야 하는데 …' 라는 말만 남겼다. 그리고 27일 후인 7월 5일 스물두 살의 나이로 세상을 떠났다.

병원 밖에는 이한열 군의 동료, 친구들, 지도교수 등이 그를 밤낮으로 지켰다. 세브란스병원에 마련된 한열의 빈소는 이튿날 새벽 학생회관 1층 로비로 옮겨 설치되었다. 나흘간 약 8만 명의 조문객이 빈소를 찾았다.

그동안 한열의 친구들은 조를 짜서 밤샘 지킴이를 했고 영정 앞에는 노태우, 김대중, 김영삼 등 대통령이 되겠다는 사람들의 조화가 앞다투어 놓였다.

나는 다른 데가 아닌 연세대 모교에서 이런 끔찍한 일이 일어났다는 사실에 울분을 풀 길 없어 힘든 하루하루를 지내고 있었다. 그런데 하루는 민정당 노태우 대통령 후보한테 연락이 왔다. 나의 고교 후배인 이병기 보좌관이 와서 노태우 총재께서 나를 좀 보겠다고 했다. 내가 두 번씩이나 국회 외무위원장으로 봉사하는 동안 노태우 대표는 착실한 외무위원이었다.

노태우 후보는 나를 보자 약간 언짢은 표정으로 꾸짖었다.

"이봐, 봉 위원장! 아이들을 어떻게 교육시켰길래 그 모양이야?"

"무슨 말씀인지 … ?"

"무슨 말씀은 무슨 …"

그 참, 내용인즉 이런 것이었다. 모든 유력 대선주자들이나 저명 인사들의 조화가 이한열의 빈소에 즐비하게 다 있는데 하필 자신의 조화만 그때 자리를 지켰던 학생들이 들고 나가 갈기갈기 찢어 버렸다는 것이며, 거기에 이한열과 동급생인 내 아들이 있었다는 것이었다.

나는 도대체 내 아들이 거기 있었는지 누구 아들이 거기 있는지 전혀 알지도 못했고 또 알 필요도 없었기에, 말하자면 우리 아이가 거기서 뭘 했는지 알 수도 없는 노릇이었는데 무슨 말을 할 수조차 없었다.

나중에 안 일이지만 우리 집 아이는 한열 군과 동급생이었고 동아리들이 조를 짜서 마침 밤샘하는 중이어서 그냥 거기에 있었는데, 누군가 하필 '봉두완이 아들이 거기 있었다'고 대표께 보고한 것이었다. 우리 집 아이는 그날도 동아리들과 함께 자리를 지키고 있었던 모양이었다.

우리 집 아이는 내가 용산에서 국회의원을 하는 동안 용산에 있는 오산고를 다니면서 교회 활동도 열심이었다. 오산고 졸업반 때는 전교 1, 2등을 다투는 수재형 젊은이였다. 나는 그때 오산고 육성회장이었고 저 유명한 함석헌 선생은 동창회장이었다.

오산고는 8·15 해방 전부터 조만식 선생을 떠올리게 하는 학교로서 주로 이북에서 내려온 피란민들의 후예들이 다니는 학교처럼 알려졌고 그게 자랑이고 자부심이었다.

대학 입학을 앞두고 집안에 좀 힘든 일이 일어났다. 그것은 우리 아이가 졸업을 앞두고 느닷없이 가톨릭신학대에 가서 사제의 길을 걷겠다는 엄청난 폭탄선언을 하는 바람에 나는 하마터면 뒤로 넘어질 뻔했다.

그 연유는 간단했다. 온 누리가 존경하는 서울대교구장 김수환 추기경님이 학부모들 앞에서 불편한 심기를 드러냈을 때였다.

"아니, 도대체 우리 공동체 안에는 자녀들을 죄다 서울대, 연·고대만 보내고 좀 똑똑한 녀석들은 신학교에 안 보내니 … ."

그런데 성당 일에 한동안 매달리다시피 한 우리 집 막내는 추기경님의 말씀에 마음이 움직였는지 느닷없이 가톨릭신학대에 가겠다고 했다. 나는 일단 그 소리에 충격을 받았다. 그러자 내 동생들은 큰형인 나의 마음을 헤아릴 겸, 대학입시를 앞둔 영식을 위하고 맏형인 나를 위로해 줄 겸 모두 제주도로 가자고 했다. 그래서 우리 제주도로 여행을 갔다.

하얏트호텔에서 며칠 동안 우리 모두는 오랜만에 신나는 시간을 함께 보냈다. 그리고 똑똑한 내 둘째 동생(경기고, 서울대 출신)의 제안에 따라 다음과 같이 하기로 결의했다.

즉, 대학입시 성적이 300점 만점이면 추기경님 말씀대로 신학교 가서 우수한 성적으로 사제가 되어 열심히 한 끝에 주교품까지 바라보는 '사제의 길'을 가라는 것이고, 만일 300점을 못 맞으면 본인이 원하는 대학으로 진학하라는 내용의 구두계약 같은 것이었다.

우리 모두는 술잔을 높이 들고 '위하여!'를 외치며 이에 동의했다. 그러고 나서 얼마 후 학교 당국에 의하면 300점에서 4점 부족한 최우수 졸업생으로 발표되어 이북 출신인 고등학교 교장선생님의 추천으로 무조건 서울대에 입학원서를 내게 되었다. 나는 우울한 마음을 달랠 길 없고 걱정도 태산 같아서 며칠 동안 혼자서 술잔만 기울이며 씁쓸한 나날을 지냈다.

그러다가 하늘의 뜻인지 나하고 꽤나 가까운 모교 연세대 총장과 맞닥뜨리게 되었는데 우리 아들이 전교에서 1, 2등 하는 수재인데 교장선생님이 학교의 명예를 위해 우리 아이를 서울대에 보내기로 했다고 하자, 앉은 자리에서 펄쩍 뛰는 것이었다.

"아니, 이봐요, 봉두완 동문! 그게 말이나 되는 소리야? 아니, 그렇게 공부 잘하는 놈을 당연히 모교에 보내야지. 서울대는, 무슨 쓸데없이 서울대야!"

가만히 생각해 보니 일리가 있는 말이었다.

'아하, 맞아. 맞아, 알겠다.'

나는 혼잣말로 중얼거리며 차선의 대책을 세우기로 마음먹었다.

'내가 서울에서 지역구 국회의원을 하면서 좀 가깝게 지내던 서울시 교육감에게 부탁하여 해결해 보면 어떨까?' 그래서 나는 경기여고 교장으로 인기가 높았던 교육감을 찾아가 자초지종을 말하고 도움을 청했다. 그랬더니 교육감은 역시 현명한 해답을 내놓았다.

"아 그거야, 뭐 부모가 졸업한 대학에 아이가 가겠다는데 교장이 너무 일방적으로 그러면 되겠어요?"

역시 훌륭한 교육감은 별 문제가 아니라는 식으로 말하면서 자기한테 맡기라며 친절까지 베풀었다. 어떻게 해결했는지는 몰라도 교장선생님으로부터 얼마 후 연락이 왔다.

"봉 의원님이 우리 학교 육성회장으로 한 일도 많고, 또 우리 생각에도 영식이가 호랑이 아닌 독수리가 되어 국가와 민족의 … ."

씨도 안 먹히는 언사를 내뱉으며 승낙하는 것이었다.

그래서 우리 집 막내는 신촌 독수리들이 다니는 나의 모교에 입학하게 된 것이다. 고교 졸업 때의 성적이 워낙 좋았던 터라 장학금까지 받게 되어 돈 없어 날개를 제대로 펴지 못하는 힘든 독수리에게 장학금도 주게 되었다.

그러다가 대학 2학년 되던 해에 같은 학년의 이한열 최루탄 사망

사건이 일어났던 것이다.

영식은 대학 졸업 후 그 유명한 유펜(University of Pennsylvania)으로 가서 열심히 공부한 끝에 정치학 박사학위를 땄다. 그리고는 얼마 후 아무 계획이나 사전 통보도 없이 서울에 나타났다.

나는 그 힘든 박사학위를 용케 취득하고 나타난 아이를 보고 너무 기뻐서 무엇부터 해 줘야 할지 몰라 쩔쩔매고 있었다.

그런데 우리 집 막내는 폭탄선언을 하는 것이었다.

"아빠, 저 논산에 가려고요."

"그래? 왜? 누가 입대하냐?"

"아니요, 제가 입대하려고요!"

"그게 무슨 소리야, 무엇 때문에?"

나는 소스라치게 놀랐다. 그러면서 따져 물었다.

"야, 넌 나이가 지금 몇 살이냐? 박사까지 딴 녀석이 무엇 때문에 난데없이 논산훈련소에 간다고."

그러나 우리 집 막내는 막무가내였다. 영식은 내가 특파원 때 미국에서 태어났기 때문에 일단 미국 시민이었다. 그런데도 무슨 연유에서인지 한국에서 군 생활을 마치겠다는 결의에 차 있었다.

나중에 안 일이지만 당시 한국에서는 김대중 대 이회창 후보의 대통령 선거가 벌어지고 있었다. 그런데 김대업이라는 인물이 나타나 이 후보의 아들이 군복무를 안 했다고 폭로하여 특히 여성 유권자들의 마음을 흔들며 큰 화제가 되었다. 미국서 그걸 지켜보고 있던 젊은이가 불의를 참지 못하고 고국으로 돌아와 논산행을 결행한 모양이었다.

    내가 1968년에 워싱턴에서 돌아와 TBC-TV 앵커맨으로 활약하고 있을 때, 우리 집 영감님(아버지 봉석연)은 서대문구 역촌동 한구석 허허벌판에 아담한 집을 한 채 지었다. 그때 함께 집을 지은 사람이 바로 오성환 대법관으로 이회창 총재와 고교 동창이고 내 친구 이한동 총리와 판사직을 같이한 양반이었다. 아이들끼리도 꽤나 친하게 지냈다.

    그런데 우리 집 아이는 김대업 사건의 내용도 제대로 모른 채 이회창 후보의 아들이 여기 아프다, 저기 아프다는 핑계로 군에 입대 안 했다는 김대업의 근거 없는 모함을 그대로 믿고 스스로 모든 걸 포기하고 한국군에 입대하기로 마음먹었던 것이다. 결국 김대업 사건은 순전히 허위조작으로 판별이 났지만 어쩌면 이회창 후보의 낙선에도 꽤나 영향을 미쳤다고 보는 사람도 많았다.

    어쨌거나 우리 집 아이가 '봉씨' 성을 달고 논산훈련소에 입대하자 제일 놀란 사람은 별 둘 달고 논산훈련소장을 하고 있던 나의 지인이었다.

    나이가 27살이나 되고 미국 시민이고 정치학 박사까지 딴 녀석이 '봉씨' 성을 달고 입대했으니 그럴 만도 했다. 가톨릭 신자인 논산훈련소장이 육군 중령 때 마침 나와 함께 가톨릭 '꾸르실료' 교육을 진행하고 있었는데 나는 그때 봉사원이었고 그 사람은 3박 4일 동안의 교육훈련생이었다.

봉영식이 봉두완 회장의 아들임이 확인되자 훈련소장은 참모들에게 명령했다.

"그 봉 회장 아들이란 녀석 말이야 … 열아홉, 스무 살 청년들한테 둘러싸여 힘들어 하던데 가끔 좀 쉬게 해 줘."

그래서 영식 훈련병은 가끔 식당에서 15분 동안 배식을 담당하며 쉴 수 있는 기회와 혜택을 누릴 수 있었다. 나중에 훈련 중 가장 힘들었던 게 뭐냐고 물었더니 '힘들지는 않았지만 가끔 나와 동갑인 우리 중대장님이 우리 모두를 앉혀 놓고 오늘의 한반도 정세와 국제정치를 열이 나서 설명할 때는 나는 눈이 마주치지 않도록 고개를 푹 숙이고 있었어요' 하고 대답했다.

그리고 훈련을 마치고 서로 헤어질 때 내무반의 열아홉, 스무 살의 동기들이 "형, 형" 하며 따라다니다가 막상 헤어지려니 모두 슬픔에 잠겨 울고불고 하던 때가 제일 괴로웠다고 영식은 회고했다.

그러다가 몇 년이 흘러 제대날짜가 다가오자 이 역전의 용사는 같은 내부반의 어린 후배들과 함께 그리운 한강성당을 찾아왔다. 아주 근엄하고 엄격한 우리 집 막내는 후배 사병들 앞에서 대대장급 선임처럼 행동했다.

"야, 너희들. 이리 와 인사해."

"예, 알겠습니다."

"그리고 미사가 끝나면 다 같이 점심식사를 하러 갈 텐데 어데 혼자 왔다 갔다 하지 말고 이 자리로 와 있어!"

"예, 알겠습니다."

나의 막내아들 봉영식(연세대 통일연구원 수석연구위원)이
조 바이든 미 대통령과 윤석열 대통령 간의 '한미 정상회담'에
관해 논평하고 있다 (2022.5.20.).

하도 엄하게 명령도 하고 사병들이 쩔쩔매는 모습을 보고 내가 말
했다.

"너 어떻게 같은 졸병들끼리 그리 엄하게 하냐?"

"아빠, 제가 비록 제대를 얼마 앞둔 사병이지만 실제 육군 중령쯤
에 해당합니다. 저도 처음 군대 갔을 땐 꼭 저랬습니다. 군대에서는
계급이 말하는 거죠 뭐."

'와, 우리 아들 장군 됐으면 큰일 날 뻔했네.'

나는 혼자 중얼거렸다.

오늘도 미국의 바이든 대통령이 방한하여 얼마 전에 정권을 잡은
윤석열 대통령과 처음 만나 인사하고 평택에 있는 삼성 공장으로 함
께 가고 이튿날 한미 정상회담을 통해 무너진 한미 동맹관계를 복원
하는 모습을 TV에 나와 조목조목 이론정연하게 해설하는 '우리 집

막내' 봉영식 박사의 모습을 보면서 '역시 앵커맨 봉두완의 아들은 어딘가 좀 다르구나' 하고 중얼거리며 피곤한 잠자리에 들었다.

청와대 사랑방에서 결혼식을 | 생활개혁실천협의회

우리나라 봄이나 가을처럼 결혼시즌이 찾아오면 사랑과 결혼 앞에서 고민하는 젊은이가 한둘이 아니다.

집도 절도 없는 젊은이들은 특히 코로나 팬데믹 때 말할 수 없는 고민과 고통을 겪지 않은 경우가 거의 찾아보기 힘들 만큼 정신적으로 꽤나 흔들렸다.

말하자면 코로나하고 싸우는 것보다도 사랑하는 사람과 싸우는 게 더 힘들었다. 그리고 싸우다 보면 '에그, 저런 거랑 평생을 같이 살아야 하나…' 하고 순간적으로 회의를 느낄 때도 있었다.

하지만 그게 다가 아니다.

누구나 한 번은 싸우다 마음잡고 결혼을 다짐할 때 오히려 더 큰 파도처럼 밀려오는 문제는 예단, 예물, 결혼식장에서 웨딩촬영까지….이게 다 돈 들어갈 일인데 그게 진짜 문제였다.

그래서 자칫 신혼여행 가서 전선이 확대되는 경우까지 생긴다. 인생의 막바지에 이르러 평생 서로 사랑하고 아끼며 나름대로 잘살았다고 생각하면서도 젊은 인생의 시련기는 아직도 뇌리에 아련히 자리 잡고 있는 일종의 트라우마다. 그러나 그 트라우마가 때로는 그리울 때가 있다. 나이가 들면 젊은 날의 일들은 좋든 나쁘든 그리워지는 모양이다.

6·25 전쟁의 처절한 시련기에서 세계 10대 경제강국으로 발돋움

하는 과정에서 우리 모두는 크고 작은 나름대로의 시련과 고난을 겪으면서 이제 온 세계가 부러워하는 선진국 대열에 올라섰다. 그러나 있는 자와 없는 자, 잘사는 사람과 못사는 사람 사이에 놓여 있는 눈에 안 보이는 괴리를 아직도 우리 마음속에 그대로 간직하고 있을 뿐이다.

그중 가장 직접적인 영향을 주는 게 어쩌면 젊은이들의 결혼관, 있는 자와 없는 자 간의 정신적 갈등, 나아가 이른바 고위층과 하위층의 괴리 등이 아직도 우리 주변에 맴돌고 있는 걸 보면 한 마디로 우리의 생활을 개혁해야겠다는 생각이 절실했다. 그래서 생겨난 것이 민간단체들이 참여하는 '생활개혁실천협의회'라고 할 수 있다.

이세중 대한변호사협회 회장과 손봉호 서울대 교수 등이 주축이 되어 생활개혁의 불길이 삽시간에 번졌다. "우리 사회 일각에 만연한 이기적이고 낭비적인 소비형태가 국민의 건전한 생활기풍을 왜곡하고 나아가 우리 경제의 활력을 잠식하고 있다"면서 시민 사회의 모든 지혜와 역량을 결집해 생활 전반에 걸친 낭비요인을 제거하자는 개혁운동이 일어난 것이다. 한국YMCA전국연맹, 소비자문제를 연구하는 시민의 모임, 대한주부클럽연합회, 환경운동연합, 한국신문협회 등 각계를 대표하는 37개 단체가 대거 참여하여 이 같은 시민운동을 일으킨 것이다.

'생개협' 창립대회에 나온 손학규 보건복지부 장관은 축사를 통해 "자기 과시적인 호화 사치 성향의 혼·상례가 사회 전반으로 확산되고 있다면서 모든 단체가 힘을 모아 사치와 낭비 풍조를 배격하고 검소한 가정 문화를 정착시켜 나가자"고 말했다.

이에 따라 생개협은 우선 신문·방송사 중에 맨 먼저 찬동을 표시한 조선일보와 제휴하기로 합의한 끝에 일단 정부 각 부처 장·차관들로 하여금 될 수 있는 대로 자녀들 결혼식을 간소하게 치르도록 종용하고 청첩장도 돌리지 않도록 했다. 그게 단시일 안에 놀랄 만큼의 효과를 보였다.

네덜란드에서 유학 중에 결혼한 손봉호 교수나 워싱턴에서 결혼한 나는 서로 만날 때마다 하는 소리가 거의 똑같았다. 손 교수가 귀국 후에도 네덜란드에서 신혼 시절에 쓰던 커피 잔을 지금도 잘 쓰고 있다고 자랑할 때마다 나도 미국에서 특파원 생활할 때 쓰던 물건을 아직도 버리지 못하고 그냥 쓰고 있다는 식으로 서로 자랑하곤 했다.

우리는 결혼선물로 5달러쯤 하는 촛대나 부엌에서 쓰는 10달러 이하의 선물 등을 아직까지 소중히 간직하고 있다며 우쭐거리곤 했다. 우리 모두는 자녀 결혼식도 몇몇 가까운 친구나 친인척만 30명쯤 초대한 채 간략한 혼배를 치렀다는 식으로 목청을 높였다. 가진 사람들의 눈에는 우리가 바보처럼 보이기도 했을 것이다.

나의 경우만 하더라도 맨 먼저 결혼한 우리 딸 미미(美美)는 미국 컬럼비아대 대학원 때 교내 채플에서 내 친구 5명을 비롯해 모두 30명의 하객을 모신 가운데 미국 신부님의 혼배성사로 간단하게 치렀

컬럼비아대 성당에서 학교 교목신부님 주례로 치른 딸 봉미미의 혼배성사(1994년).
미미의 결혼식 또한 간소하게 치러졌다.

다. 그 당시만 해도 내 고등학교 동기동창만 해도 22명이나 거기에 살았는데 어찌나 완강히 저항하는지 내가 꼼짝없이 손들고 말았다. '이게 아빠가 결혼하는 거야?' 하면서 완강히 저항하는 바람에 자기가 잘 아는 나의 가까운 친구네 집만 초청한 끝에 혼례를 치렀다.

그래서 뉴욕에서 의사 생활하는 이철 박사, 공군에서 군의관 (flight surgeon) 하다가 온 이효빈 박사, 그리고 캐나다 정부에서 근무하고 있는 어찬훈 내외, 멀리 LA로부터 날아온 이진구(전 코리아 그레이하운드 사장) 내외 등이었는데, 제일 앞자리에 앉은 현홍주 유엔대사는 내가 국회 외무위원장 때 함께 일한 동료였다.

그리고 신문사에 다니는 우리 집 큰아이도 예외는 아니어서 자기가 경기고 동창회장 때 함께했던 몇 명과 친인척을 포함하여 모두 28명만 초청된 가운데 내가 회장으로 있던 나환우촌 성라자로마을에서 영세 신부님(진성만 베드로 초대 서강대 이사장)과 김화태(성라자로마을 원장) 공동집전으로 간소하게 잘 치렀다. 성라자로마을에서의 결혼식은 지금 생각해도 엄청나게 의미가 있는 행사였다.

그때 나는 대한적십자사 부총재였는데 일체 아무한테도 알리지 않았기 때문에 적십자사 사무총장을 비롯한 간부들은 엉뚱하게 내가 다니는 한강성당으로 몰려갔으나 허탕치고 말았다. 물론 성당 사람들도 나중에 온통 야단들이어서 내가 하는 수 없이 나중에 가까이에 있는 중국집에서 크게 한턱내기도 했다.

이처럼 우리나라에서 뭔가 좀 새롭게 시도하다 보면 자칫 엉뚱한 결과나 쓸데없는 오해를 불러일으킬 공산이 크다. 특히 신문사와 공동으로 '호화사치 결혼식'을 자제하는 캠페인을 벌이다 보면 제발에 도끼를 찍는 결과도 초래하곤 했다.

한번은 말수가 적은 조선일보 변용식 편집국장이 하소연조로 한마디 했다.

"봉 선배! 호화사치 결혼식을 자제하자는 시민운동 취지는 좋은데, 우선 회사 내에서부터 오해 같은 게 생겨서 좀 힘들긴 해요⋯."

매년 새로 들어오는 견습기자들이 툭하면 청첩장을 들고 오는데 이걸 그냥 모른 척할 수 없는 노릇이고, 그렇다고 자기가 나서서 결혼 축의금을 주지 말자고 느닷없이 떠들어대기도 그렇고 이래저래 좀 힘들다는 것이었다. 맞는 말이었다.

세상이 갑자기 무슨 쿠데타가 일어나 온통 우리 사회가 천변만화(千變萬化) 되는 것도 아니고 공연히 사내 분란만 일으키는 것 같아 좀 힘들다는 것이었다.

한번은 국무총리를 지낸 저명인사가 갑자기 좀 보자고 해서 만났다. 무슨 부탁이 있다며 자초지종을 말하면서 호소했다.

자기가 내각에 함께 있던 어떤 장관이 아들을 장가보내는데 문제가 생겼다는 것이었다. 내용인즉, 장관 내외는 엄청 조심에 조심을 다하면서 아들 장가를 보내려는데 일이 터졌다는 내용이었다.

전혀 자기와는 상관없이 충직한 총무과장이 혼자 알아서 여기저기 전화와 팩스로 '우리 장관님 아들이 결혼한다'면서 결혼식 날짜, 장소, 축의금 보낼 곳 등을 자기 딴에는 지극히 한정된 백 명 이내의 인사들에게 통보하고 있었는데 느닷없이 생활개혁실천협의회 봉사원한테 걸렸다는 내용이었다. 그때 나는 차례로 맡는 '생개협' 의장이었다. 그래서 나와 가까운 전직 국무총리는 나의 도움을 요청하게 되었던 것이다.

그 이튿날 별로 친하지도 않은 그 신랑 아버지가 나를 만나기 위해 찾아오겠다고 했다. 나는 단호히 거절했다. 그리고 신문이나 방송에 공개하지 않도록 할 테니 결혼식이나 잘 치르라고 일렀다.

그리고 몇 달 후 우연히 그 신랑 아버지는 나를 멀리서 보자마자 얼굴을 돌리고 인사도 없이 그냥 지나쳐 가는 것이었다. 나는 좀 언짢은 생각이 들었지만 오죽했으면 저 사람이 저럴까 하고 스스로 마음을 다지면서 씁쓸한 하루를 보냈다.

온 집안이 나서서 화려하고 아름다운 혼인식을 올리려는데 아무 관계도 없는 시민단체가 나서서 이래라저래라 방해만 하는 꼴을 참기란 참 힘든 일임엔 틀림없다. 그리고 천신만고 끝에 정부의 요직에 올라 딱 한 번 온 집안의 경사를 깨끗하게 치르려고 하는데 이렇게 아무 상관도 없는 사람들이 나서서 방해한다는 것은 아무리 생각해도 도저히 이해할 수 없는 일임엔 틀림없었다.

그래서 생각해 낸 것이 돈 없고 힘없는 젊은이들에게 우리 생개협이 한번 나서서 청와대 안에 있는 빈 공간에서 작은 결혼식을 치르게 하는 방법을 강구하는 일이었다.

생개협 실무를 총괄하는 사무총장(신산철 목사)이 나서서 정부 담

당부서(여성가족부)와 청와대 실무진과 협의 끝에 이를 실행에 옮기
게 되었다.

결혼식장은 청와대 사랑채 —

작지만 특별한 결혼식을 바라는 예비 신랑 신부들

하객은 100명 내외, 혼례비용은 부모님 지원 없이 예비부부가 스스로
마련해야.

신랑 신부가 사진촬영 메이크업 드레스 준비

하객 식사장소 미리 알아봐야. 혼인 당일 주차대수는 총 4대

예식은 5~7월, 9~11월까지 첫째 주 토요일과 일요일(1일 2회. 예식
시간 11시, 14시) 총 2회 4시간의 예비부부 교육

접수 — 신청동기를 적은 간단한 사연, 결혼비용, 결혼일자, 준비과정
등을 A4 1장 내외로 작성하여 담당자 메일 smallwedding@korea. kr
로 보내야.

만약 예식 대상자로 선정된다면, 사회 저명인사의 무료 주례로 연계
받을 수 있다.

이렇게 잘 나가다가 은근슬쩍 자취를 감춘 지 오래다. 다만 아쉬
울 뿐이다.

작은 결혼식에는 수많은 하객도, 틀에 박힌 식순도 없다. 결혼식
장소도 이렇게 청와대나 웨딩홀이 아닌 자택이나 미술관, 해변이나
카페, 숲, 놀이터 등 제한이 없다. 대부분 시간제약이 없는 공간을

선택하니, 온전히 행복만 누리면 되는 것이다.

　이런 아름다운 결혼식이 사라진 것을 나는 무척 섭섭하게 생각하고 있다. 그리고 여기서 한마디.

　나의 결혼생활 60년은 하나의 '싸우며 건설하자!'는 1960, 70년대의 우리 정부의 모토(motto)를 닮았다고 말하고 싶다. 생전 모르는 남녀가 어쩌다가 서로 만나 이 길고도 짧은 한평생을 함께 걸어왔다는 것은 어쩌면 기적과 같은 일이 아닐 수 없다.

　윤형준 신부님의 말씀이 다시 생각난다.

　"야, 너도 천주교 덕 보는 줄 알아라!"

　"천주교 덕? 아니 천주교 덕이라니 무슨 덕?"

—14장—

영원한 우방 미국

풀브라이트 장학금

미국 의회는 상원의원 100명, 하원의원 435명 등 모두 535명으로 구성되어 있는데 언제나 우리에게 낯익은 의원들은 주로 원내총무단이나 외교위원회에서 활동하는 의원들이다. 그 가운데에서도 내가 젊었을 때부터 관심을 가졌던 의원은 미 상원 외교위원장 풀브라이트(J. William Fulbright)이다. 처음에 풀브라이트는 1942년 제2차 세계대전 중에 민주당 하원의원으로 정계에 진출해 나중에는 상원 외교위원장(1959~1974)까지 지냈다. 그는 '풀브라이트법'을 발의하여 미국과 외국 간의 학자 교환 프로그램을 만들었는데 아직도 잘 운영되고 있으니 우리가 보기에는 기적과 같다.

나는 1960년대 워싱턴 특파원을 하면서 풀브라이트 위원장의 활동을 유심히 눈여겨보았다. 사람 자체가 무던하고, 클린턴 대통령이 자란 아칸소(Arkansas)라는 시골 출신인데도 국제문제에 매우 해박하고 열정이 있었다.

같은 민주당의 케네디(John F. Kennedy) 대통령이 쿠바를 침공하려 하자 완강히 반대했고, 그 뒤를 이어 집권한 존슨 대통령으로 하여금 베트남에서 철수하도록 강력하게 밀고 나가는 바람에 일약 국민들의 영웅이 되기도 했다. 그는 해박한 진보 정치인이었다.

풀브라이트 위원장은 사람을 대할 때도 무슨 대학교수가 학생을 만난 것처럼 정중했고, 남의 말을 열심히 듣는 정치인으로 이름나 있었다. 나는 풀브라이트의 사람됨에 상당히 깊은 인상을 받았다.

내가 11대, 12대 국회 외무위원장을 하면서 무엇보다 하고 싶은 일은 바로 이 풀브라이트처럼, 어떻게 하면 세계 모든 나라의 젊은이들과 우리나라 청소년들을 하나가 되도록 할 수 있을까 하는 꿈을 이루는 것이었다.

우리가 워낙 정치적으로나 경제적으로 취약한 면이 많았기 때문에 우선 미국과의 연계를 통해 될 수 있는 대로 많은 젊은이들에게 미국의 의회정치를 터득할 수 있는 특전을 줄 수는 없을까 고민을 많이 했다. 다행히 국회 외무위원회는 국가 원로급 여야 지도자들로 구성되어 있기 때문에 모두들 내가 생각하는 계획에 두말없이 찬성하며 밀어 주었다. 맨 처음 우리가 시도한 것은 외무위원들이 추천한 대학생들을 미 의회에 보내 약 3개월간 단기 훈련(인턴) 시키는 일이었다.

국회 외무위원장 시절, 벤 길먼 미 하원 외교위원장과 환담.

다행히 상대방 하원 외교위원장 벤 길먼(Benjamin A. Gilman)은 뉴욕주 출신 의원으로 내가 TBC 앵커맨 때 1972년 의회에 진출한 후 30년 동안 외무위원회 터줏대감 노릇을 한 노련한 정치인이었다. 내가 우리 젊은이들과 미국의 신세대 간의 교류가 절실하다는 데 전적으로 동의하면서 처음부터 끝까지 정성껏 도와주었다.

오늘에 와서 그때의 일을 회고해 보면 일단 보람을 느끼곤 한다. 왜냐하면 그때 제 1회 미 의회 인턴으로 갔던 학생이 얼마 전에 우리 외교부의 하와이 총영사까지 지냈으니 그때의 풀브라이트 정신이 면면히 흐르고 있다는 데 자부심을 느끼지 않을 수가 없다.

그때도 우리가 10여 명의 대학생들을 미국에 보내면 자기네들도 하버드대 학생 등 똑똑한 젊은이들을 뽑아 한국에 보내곤 했다. 한국 측에서나 미국 측에서도 똑같이 모든 비용을 의회에서 부담하고 대학생들이 의원실에서 인턴 하는 동안 시간적 여유를 보아 관광도 시키고 개인 집에서 숙식하도록 마련해 주었다. 그래도 여러 가지로 불편한 점이 많아 힘들긴 했지만 젊은이들에게는 결코 잊지 못할 기념비적인 교류였음엔 틀림없다.

미국에는 풀브라이트위원회(Fulbright Commission)가 있어서 전 세계 수혜자에게 장학금을 지원하고 있고, 국내에서는 '한미교육위원단'이 그런 일을 해 오고 있다.

어쨌든 1980년대에 시작한 이런 교류프로그램이 큰 빛을 발휘하지는 못했지만 정부 차원에서 미국의 평화봉사단과 같은 것을 본떠 해외파견을 계속한다는 것은 참으로 대견한 일이 아닐 수 없다.

그 밖에도 우리 정부, 특히 외교부에서 해외공관장으로 파견했던 무수한 외교관들이 임기를 마치고 돌아오면 아직도 일할 나이에 느닷없이 실업자가 되는 현실에 외무부 출입기자였던 나는 아연실색하지 않을 수 없었다. 그래서 정부 요로를 찾아다니며 읍소했다.

우리나라가 오늘 세계 10대 경제강국이 된 데에는 이들 외교관들의 숨은 공로가 이만저만이 아닌데, 그 나라를 잘 알고 그 나라를 좋아하는 이 외교관들을 그냥 썩힌다는 것은 국가적으로도 큰 손실이 아닐 수 없었다.

그래서 11대, 12대 국회에서는 정부의 특단의 조치에 따라 그들을 해당 기업에 최소한 3년 동안 고문으로 발탁하여 자문에 응하도록 했다. 예를 들면 아프리카 오지의 카메룬이나 남미 볼리비아나

페루 같은 나라에서 다년간 복무하다 돌아온 외교관이 정년퇴직하고 실업자가 되는 안타까운 실정을 어찌 그대로 내버려둘 수가 있느냐는 게 나의 순수한 생각이었다. 외교관들은 모두 좋아했다.

하지만 정부 내의 타 부처에 항상 밀리는 외교부에서는 13대 국회 때부터는 이런 특단의 프로젝트가 흐지부지되어 유명무실하게 되는 것을 방관할 수밖에 없었고, 아무도 관심을 갖는 정치 지도자도 없게 되자 그냥 사라지고 말았다. 참으로 답답하기 이를 데 없었다.

그나마 잠깐이나마 언론계에 몸담았다가 외교계로 진출한 유종하(柳宗夏), 이상옥 장관 같은 인재들은 그나마 외교부의 기능을 업그레이드하는 데 열정을 다한 주인공들이라고 할 수 있다. 그때 외무부 예산도 오랜만에 대폭 늘어났다.

선진국이 된 나라의 위상에 비해 외교부의 역할이나 활동범주는 아직 후진국 수준을 겨우 넘어섰을 뿐 앞으로 어느 정권이 들어서든 외교부의 기능과 역할에 관해 새로운 진단이 필요하다고 나는 생각한다.

나는 항상 우리나라가 분단된 상황에서 생존할 수 있는 방법은 국가의 이미지를 제고하고 해외로 진출하는 것이라고 믿고 있다. 그러기 위해서는 무엇보다 국제적으로 통용되는 언어를 어려서부터 터득하는 것이 기본적이며 성공의 첩경이라고 생각했다.

나의 청소년기의 경험으로 봐서 영어와 같은 국제 통용어는 일찍 배울수록 도움이 된다. 스웨덴, 노르웨이, 덴마크, 스위스 같은 세계적인 선진국에 가보면 아이들이 일상생활에서부터 영어를 사용하는 걸 볼 수 있다.

1970년대 TBC 앵커맨 때는 특집으로 그런 국제적 상황을 취재하여 방영하기도 했고 또 정부 당국에 호소하기도 했다. 우리처럼 영토가 캐나다, 중국, 인도의 45분의 1밖에 안 되는 분단국가에서 선진국 대열에 끼어 먹고살기 위해서는 온 누리와 소통할 수 있는 수단인 영어를 될 수 있는 대로 많은 국민이 터득하고 사용하는 게 시급하다고 느꼈다. 아니나 다를까 느닷없이 닥쳐 온 컴퓨터시대의 화두는 역시 영어였다.

지금도 미국에 가면, 나이가 좀 든 교포들이 현지인 이상으로 영어를 제대로 구사하는 걸 볼 수 있는 반면, 미국에 30년 이상을 살면서도 영어를 모르는데도 '조금도 불편함이 없다'고 말하는 교포들도 가끔 보게 된다. 그런데 그건 좀 듣기에 어색하다. 어불성설이다. 영어를 쓰는 나라에서 영어를 말하지 않고 모국어로만 의사소통을 하게 되면 생활이 꽤나 번거롭고 협소해질 수밖에 없다.

가능하면 미국에 가기 전에 영어부터 조금씩 배우고, 미국에 가서는 정식으로 배우는 게 좋다. 나중에 시간 나면 배워야지 하다가 자칫 기회를 놓칠 수도 있기 때문이다.

한미클럽

2000년 들어 한미관계는 국제정치의 소용돌이 속에서 요동치고 있었다. 몇몇 생각이 깊은 전·현직 워싱턴 특파원들은 미국 조야의 움직임과 미국 국민의 생각, 특히 동맹국 한국을 보는 눈이 어떻게 달라지는지를 예의주시하지 않을 수 없었다. 그래서 아무래도 시간적 여유가 있고 또 1960년대 케네디, 존슨 대통령 당시 워싱턴에서 활동한 내가 좀 나서서 '우정의 가교'를 만드는 데 앞장서게 된 것이다.

요즘 젊은이들은 "옛날 어른들은 마주 앉기만 하면 늘 '우리가 어렸을 때는 …', '우리가 6·25를 겪을 때는 …' 하고 말을 꺼낸다"며 세대 차이를 이야기하는데, 이 말은 선·후배 언론인들 사이에도 성립될 수 있다. 그래서 워싱턴 특파원을 다녀온 전·현직 언론인들이 선후배 간에 나이차가 좀 있더라도 마음을 열고 시간을 쪼개 나라 사랑하는 마음으로 '한미 간의 모든 문제'를 놓고 이야기하고 실천하는 친목·연구 모임을 갖기로 한 것이다.

그동안에는 없던 일이었다. 우선 신문사 입사경력으로 보아 이승만 대통령 때 자유당 정권 취재기자였던 내가 앞장서고 그런 다음 현존하는 언론사 중심으로 몇몇 전·현직 언론인들이 한데 모이기 시작해 2008년 외교부 산하의 비영리 사단법인으로 한미클럽을 만들었다.

동아일보 남찬순 논설위원(총무), 한국일보 이상석 부사장(총

무), 조선일보 김창기 편집국장, 중앙일보 한남규 부사장과 문창극
주필, 한국일보 김수종 주필, 서울신문 이경형 주필, 경향신문 김
학순 논설주간, 연합뉴스 박정찬 사장, 세계일보 황병선 편집국장,
KBS 김인규 사장, MBC 김상균 사장과 이인용 앵커, SBS 이정식
사장 등이 핵심 멤버들이었다.

이 자리를 빌려 특히 그동안 한미관계의 복원과 증진을 위해, 그
리고 한미클럽 이사장인 나를 위해 기꺼이 총무 역할을 맡아 수고해
준 나의 천주교 대자 남찬순(南贊淳) 박사와 나의 마음의 고향인 한
국일보의 재건을 위해 애써온 이상석(李相石) 전 부회장의 노고에
대해 깊은 고마움을 표하고 싶다. 모두가 참 훌륭한 언론계 후배들
이다. 이들은 나름대로 한미 간의 이해증진과 동맹강화에 기여하고
자 열심히 뛰었다. 서울서, 워싱턴에 가서 ….

한국이 맞닥뜨리고 있는 현실과 한미 간에 놓여 있는 모든 문제를
토크쇼나 심포지엄 형식으로 논의했다. 처음에는 내가 동창회장(한
국)으로 있고 나의 막내아들이 조교수로 있던 미국 아메리칸대의 루
이스 굿맨(Louis Goodman) 국제대학장을 비롯하여 몇몇 교수진, 학
생들과 어울려 몇 차례 진행하다가, 몇 해 지나고부터 판을 넓혔다.
워싱턴 시내에 있는 연구소(KEI) 강당에서 미국 조야의 인사들과 주
고받기식 토론과 대화를 진행하는 형식으로 '한미클럽' 심포지엄을
가졌다. 하와이에 있는 미 태평양사령부(사령관: 해리 해리스 전 주한
미국대사)에 찾아가 사령관의 브리핑, 질의응답 세션을 갖기도 했다.

워싱턴 세미나에서 전직 하원의장 토마스 폴리(Thomas Foley),

상원 외교위원장 리처드 루가(Richard G. Lugar) 등이 친절하게도 한미클럽 대담프로그램에 직접 참여하여 한미 간에 놓여 있는 정치 경제적 이슈에 관해 열띤 토론 분위기를 조성하기도 했다.

여기에서 한 가지 지적하고 싶은 것은 우리 전·현직 워싱턴 특파원들이 한미 간 현안 문제들을 격의 없이 제기하고 토론하고 해결방안을 모색하는 이 자그마한 노력이 결과적으로 눈에 보이지 않는 엄청난 효과를 나타냈다는 사실이다. 민주화된 한국의 언론과 언론인이 미국 정계나 일반 시민들에게 직·간접적으로 미치는 영향력은 상상을 초월한다는 사실을 우리는 간과하면 안 된다. 미국 정계 인사들이 한반도 문제를 얘기할 때는 무엇보다도 한국 언론인들의 의견을 경청하기 때문이다.

2018년 선배들로부터 한미클럽의 연구·친목과제를 넘겨받은 이강덕 KBS 실장(한미클럽 현 회장), 강인선 대통령실 전 대변인 등 새로운 일꾼들은 '한미저널'까지 출판하며 활발하게 활동하고 있다. '한미저널'은 2019년 1월부터 계간으로 발행되고 있다. 한미클럽은 2016년부터 매년 한국 기자를 선정해 오버도퍼상을 주고 있다. 《두 개의 한국》(The Two Koreas. 1997)의 저자인 전 워싱턴포스트(Washington Post)의 돈 오버도퍼(Don Oberdorfer) 기자는 1980년대 초 신부 복장으로 안기부 요원을 속이고 입국해 김대중 씨를 단독 인터뷰한 사람이다. 그는 남북한 정세에 대해 많은 기사와 글을 남겨 후배 기자들로부터 존경을 받았다.

지난 14년간 한반도 주변에 큰 이슈가 생길 때마다 서울에서 열린 '한미클럽' 주최 심포지엄은 주로 한미관계와 한반도 주변 정세에 밝은 학자들이나 전문가들을 초청하여 토론 형식으로 진행됐다.

예를 들면 저명한 학자 중에 보통 달변이 아닌 연세대 문정인 교수(나중에 세종연구소 이사장) 그리고 고려대 현인택 교수(나중에 통일부 장관) 등이 언론인들이 지켜보는 가운데 서로 마주보며 열띤 토론을 전개하는 식의 세미나는 언제나 그 내용이 풍부하여 신문·방송에 시의적절하게 기사로 보도됐다.

특히 매년 12월 초순에는 수년 동안 언제나 변함없이 '미국 고향을 떠나 한반도에 주둔하며 고생하고 있는' 주한미군 장병들을 위로하고 격려하기 위해 서울시내 롯데호텔 볼룸에서 700여 명의 국내외 참석자들과 함께 '한미 우호증진을 위한 연말 파티'(Friendship Night)를 열어 우리들의 고마움을 전달했다. 아마 모르긴 해도 우리 워싱턴 특파원 출신들처럼 이렇게 엄청난 '한미 우호의 밤' 행사를 오랫동안 한 번도 빠짐없이 치른 예는 찾아보기 힘들 것이다.

파티에 참석한 주한미군 장병 중에는 '내가 이번에 한미클럽 망년회에서 재수 좋게 대한항공 미주 왕복표를 추첨해서 뽑는 바람에 부대로부터 특별휴가를 받았어요, 엄마!'라고 미국 본토에 있는 가족에게 편지를 적어 보낸 장병도 있다. 또 미 8군사령관은 어쩌다가 행운의 추첨에서 당첨된 대형 삼성TV 한 대를 8군사령부 메인홀 휴게실에 자기 이름으로 기증했다며 나를 껴안고 감사하며 즐거워하기도 했다.

롯데호텔에서 열린 '한미 우호의 밤 행사(2009.12.).
700여 명의 참석자들 앞에서 케이크를 함께 커팅하며 축하했다.

이렇게 매년 연말에 진행하는 한미클럽 파티에는 언제나 한미클럽 운영위원들이 나서서 고교, 대학 동창관계가 있는 대한항공, 아시아나 항공 임원들로부터 항공권 티켓 협찬을 받았다(예: 대한항공 사장-고교 후배, 아시아나항공 사장-대학 후배), 내가 워싱턴 특파원 때부터 알고 지내던 이건희 삼성 회장 등은 항상 기쁜 마음으로 주한미군 위문행사에 협찬해 줬다.

참석한 미군들은 참 순진한 모습이었다. 주로 파티에 참석한 주한미군 부인들이 추첨한 상품 당첨자를 호명할 때, 당첨된 미군 장병들은 환호성을 울리며 기뻐하는 모습이 마치 유치원 아동과 같았다. 그뿐만 아니라 한 번도 빠짐없이 찾아와 주한미군 모범장병들을 위문해 온 유명한 성악가 김동규(바리톤, 연세대 교수)는 답답한 공간에 갇혀만 있던 장병들에게 보약 같은 노래를 선물했다.

미군 장병들이 고향을 떠나 하루 저녁 흥겨운 시간을 갖는 것만으로도 우리로서는 보기만 해도 흐뭇한 일이 아닐 수 없었다. 특별히 기록할 것은 다른 사람이 아닌 무서운 필력을 가진 기자들이, 언론인들이 나서서 주한미군들을 위문했다는 사실이다. 이것은 좀 코페르니쿠스적 발상의 전환을 가져온 해프닝이 아니었나 생각되기도 했다.

물론 식전 행사로는 언제나 회장인 내가 나서서 장병들의 노고를 치하하는 인사를 하고, 이어서 주한미군사령관(빈센트 브룩스 대장)이나 미8군사령관(버나드 샴포 중장, 토머스 밴달 중장) 등에게 한미클럽 이름으로 감사장이나 감사패를 증정했다. 그리고 한미 두 나라 간의 우호증진과 한반도 주변정세의 오늘과 내일을 말하는 우리 정부 외교부 장관들(박동진, 유명환, 김성환, 한승주, 공로명, 윤병세 장관 등)의 간단한 축하연설 등으로 2시간 동안의 한미클럽 연례행사를 마무리했다.

참석한 모든 손님들께 값은 비교적 싸지만 맛 좋다는 포도주(red wine) 한 병씩을 한미클럽 이름으로 성탄절 선물로 증정한 것은 보기 드문 제스처라고 할 수 있다. 우선 700여 명의 한미 두 나라 참석자들은 생전 처음 언론인(신문, 방송 기자)한테 성탄선물을 받았다는 사실이다. 언론인들한테 비판받거나 욕먹거나 푸대접받았던 기억은 있지만 '세상에! 기자들한테 선물까지 받아? 원, 세상에 …'.

새로운 모든 참석자들이 한결같은 목소리로, "아니, 정말 이거 희한하네. 기자들한테 평생 혼쭐이 난 기억은 있는데 이렇게 선물 받기는 처음이네! 원, 세상에 …. 오래 살고 봐야겠다"며 우스갯소리를 하기도 했다.

한미클럽 이름으로
버나드 샴포 미8군
사령관에게 감사장 수여
(2015년).

미국 하와이에서
빈센트 브룩스
사령관과 함께(2016년).

사단법인 한미클럽이 어려운 환경과 여건 속에서 나름대로 많은 일을 한 끝에 우리 모두는 현역으로 뛰고 있는 언론계 후배들에게 우리들의 역할을 넘겨줄 때가 되었다고 느꼈다. 그래서 세월이 흐르고 기반도 생기고 일도 많이 한 끝에 이제는 젊은 후배들에게 모든 것을 넘겨주고 뒤에서 보살펴 주며 일할 기회를 주기로 했다.

우리 초창기 임원들은 모두 '한미클럽 자문위원'으로 등록했다. 세월이 흘러 정권이 바뀌고 반미감정의 파고도 드높은 속에서 새로운 한미클럽 임원들은 약간의 어려움을 겪기도 했고, 여러 차례 힘든 경우도 극복하면서 한미 간의 친선과 이해증진을 위한 다양한 작업을 지금까지 잘 해오고 있다.

이제 새로운 정권이 들어서자마자 미국의 대통령이 방한하여 한미동맹을 다짐하는 제스처를 하는 것을 볼 때 우리들의 새로운 진용이 발 벗고 나서서 한미 간의 이해증진과 우호관계를 복원할 때가 다시 왔다고 나는 믿고 있다.

우리가 계속해야 할 일은 아직도 우리 한반도의 현실을 잘 모르는 미국 조야의 일꾼들에게 우리나라는 너무나 오랜 세월 남북이 갈라져 있고, 북한의 위협은 상존하지만 같은 민족으로서 우리가 절대로 북한 주민들을 외면할 수는 없다는 사실을 주지시키는 것이다. 그 책임과 의무를 잊어서는 안 될 것이다. 다행히 윤석열 대통령의 새로운 정부가 한미관계의 복원은 물론, 북한 동포의 삶의 질 향상에 어느 정권보다 깊은 관심을 갖는 데 대해 나는 큰 관심을 갖고 있다.

미국은 군인을 존경하는 나라다

한미클럽 행사를 하면서 만나 본 주한 미군 장병들은 한결같이 군인으로서의 품위와 기강을 유지하려는 자세가 몸에 배어 있는 것 같았다. 기념품을 주어도 그 비용이 꼭 얼마인가를 묻고 정해진 금액을 넘으면 강력히 사양했다. 그래서 한미클럽이 주는 기념품은 그야말로 기념품에 지나지 않지만 감사하게 받는 모습은 무척 인상 깊었다.

주한미군 2사단장을 하다가 나중에 8군사령관으로 진급한 내 친구 토머스 밴달 장군은 파티가 끝나 부대로 돌아가려는데 운전병이 "장군님, 한미클럽 회장이 모두에게 선물하는 와인 안 받아오셨나요?" 하니까, "아, 그래? 그럼 내가 지금 금방 올라가서 가져올게" 했다는 소리를 들었다.

만약 우리 군의 운전병이 사단장에게 "한미클럽에서 선물하는 와인 안 가져오셨나요?" 했다면 아마 혼쭐이 났을 거라고 나는 생각했다. "야, 임마, 거기서 선물 준다면 네가 알아서 가져와야지, 이런 ···." 틀림없는 기합 감이었다.

한미클럽 회원들이 평택 미군기지를 방문한 적이 있다. 점심식사 시간이었는데 주한미군사령관과 참모들이 사병들과 같은 자리에 앉아 우리를 대접했다. 뷔페식 음식도 별도로 갖다 주는 사병이 없고 같이 줄을 서서 가져왔다. 그럼에도 군대의 위계질서는 미국군이 한국군보다 더 허술하다는 소리를 들어본 적이 없다. 뭐, 따지고 속내를 보면 미군들의 병영생활도 '빠따'(야구방망이)나 원산폭격 같은 우리군의 과거 원시적인 기강잡기 체벌들이 있기는 할 것이다. 그러나 체벌보다는 계급 강등이나 감봉 같은 것으로 군기를 세우는 경우가 많은 것 같다.

미국의 강인하고 절도 있는 군대 문화의 바탕은 근본적으로 어디서부터 유래된 것일까.

워싱턴 DC의 링컨기념관 앞에는 한국전쟁 추모공원이 있다. 이 공원에는 미군병사 19명이 판초(우의)를 입고 전투대형으로 행군하는 조형물이 있다. 인천상륙작전 당시 비를 맞으며 돌진하는 병사들을 기리는 작품이라고 한다. 또 여기에는 한국전 때 전사한 미군장병과 카투사 등 약 4만 3천 명의 이름을 새긴 추모의 벽도 있다. 이런 한국공원을 만드는 데는 한국정부의 노력도 있었겠지만 참전용사들을 존경하고 대우하는 미국의 전통이 크게 반영됐을 것이다. 그렇지 않으면 어떻게 바로 백악관 앞 넓은 공원에 이 같은 추모공원이 들어설 수 있었을까.

우리는 한때 인천에 멀쩡히 세워져 있는 맥아더 장군의 동상마저 철거하자는 바람이 불었다. 일부 인사들은 장군의 동상 앞에서 점령군 철수하라는 구호를 외치며 데모를 하기도 했다. 도대체 맥아더 장군이 무슨 잘못을 했다는 건가. 6·25 때 한국군을 이끌고 북한군에 대항한 백선엽 장군도 느닷없이 척결의 대상으로 삼고 폄훼한 사람들이 있었다. 그들은 6·25의 참상을 알고나 있는지, 전선에 나

한국전쟁 추모공원에서 미군 병사가 인천상륙작전 당시
행군하는 장면을 묘사한 한국전 참전용사 기념비.

선 용맹한 병사들의 희생정신을 한 번이라도 생각해 본 적이 있는지
…. 미국인들은 한국전 때 장진호 영웅으로 유명한 스티븐 옴스테
드 해병대 예비역 중장이나 인천상륙작전과 서울수복작전에서 활약
한 윌리엄 웨버 예비역 육군대령 같은 군인들을 잊지 않고 있다. 이
들은 최근 모두 하느님 품으로 갔지만 한국전의 영웅으로 영원히 남
아 있는 것이다. 한미클럽 행사 때 미군 장병들이 태극기와 성조기
가 나란히 있는 단상을 보며 경례를 할 때는 우리의 한국전 영웅들
이 생각나 잠시 숙연해지기도 했었다.

　미국은 나라를 위해 목숨을 바치면 영예로운 영웅으로 기록할 뿐
만 아니라 남겨진 가족들이 어려움 없이 살 수 있도록 최선을 다해
준다. 미국 대통령 취임식에는 항상 전쟁영웅들의 유가족이 참석한

한국전쟁 때 장진호 전투에서 활약한
스티븐 옴스테드 중장.

다. 대통령은 전사자의 이름을 호명하며 유가족들을 소개한다. 유
가족들은 눈물을 글썽이며 취임하는 대통령과 참석자들의 기립 박
수를 받는다. 이런 장면은 대통령이 의회에서 연두교서를 발표할 때
도 볼 수 있다. 얼마나 감동적인 장면인가.

　미국은 세계 곳곳 전투에 참전하다 전사한 군인의 유해를 찾아 본
국으로 이송하는 데에 상상할 수 없을 정도로 많은 비용을 지불하고
있다. 미국이 오랜 세월이 흘렀어도 유해를 찾는 일을 지속하면서
전사자들을 극진히 모시는 모습은 전 세계인들에게 깊은 감명을 주
는 것은 물론 최강대국으로서의 면모를 과시하고 있는 것이다.

　이처럼 미국의 전사자에 대한 각별한 예우가 장병들로 하여금 국
가에 대한 군은 신뢰감을 형성시킴으로써 국가의 부름이 있으면 기

꺼이 달려가 용감하게 싸우게 하는 원동력이 된다. 또한 이것은 미국의 저력으로 승화해 아메리카의 위대함을 나타내는 징표가 되기도 한다. 그래서 미국의 군인들은 전쟁에 참전해 싸우다 죽는 것을 두려움의 대상이 아니라 자랑스러움으로 여기게 된다. 미국의 군 장병들은 자신이 자유주의를 수호하다 이국땅 어느 지역에서 목숨을 바치더라도 국가와 국민은 반드시, 그리고 끝까지 군인의 명예를 책임지고 지켜준다는 믿음을 갖게 된다. 그래서 미국의 군대는 용감하고 희생정신이 강한 군대로 인정받고 있다.

미국의 국가를 한번 되새겨 보자.

우리나라의 〈애국가〉는 차분하고 안정되고 우리가 아닌 하느님의 사랑과 보호로 한민족의 영원한 행복과 번영을 바란다.

그러나 미국의 국가는 200여 년 전에 영국 식민지에서 일탈하여 독립을 쟁취한 합중국답게 마치 우리가 6·25 때 부른 유호 작사, 박시춘 작곡의 〈전우야 잘 자라〉("전우의 시체를 넘고 넘어 앞으로 앞으로, 낙동강아 잘 있거라 우리는 전진한다 …"로 이어지는 가사가 친숙한 노래)와 엇비슷한 전쟁송(頌)이다. 그러니 미국인들은 일상생활에서 마치 전투가를 부르며 사는 민족과 같다.

'O, Say Can you see …'

"오 그대는 보이는가, 이른 새벽 여명 사이로 어제 황혼의 미광 속에서 우리가 그토록 자랑스럽게 환호했던 널찍한 띠와 빛나는 별들이 새겨진 저 깃발이 치열한 전투 중에서도 우리가 사수한 성벽 위에서 당당히 나부끼고 있는 것이 포탄의 붉은 섬광과 창공에서 작렬하는 포탄이 밤새 우리의 깃발이 휘날린 증거다."

처음 내가 미국 국가를 접했을 때 '이 사람들이 국가는 없고 전투가만 있나?' 하는 의구심을 저버릴 수가 없었다. 하지만 오랜 세월 미국에서 생활하는 동안 나는 때때로 무슨 일이 일어났을 때 미국인들이 표범처럼 덤벼들며 사태를 장악하고 미국의 성조기를 앞세워 싸워 나가는 모습을 보면서 아하, 역시 신생국 미국답구나 하는 것을 여러 번 보고 느낄 수 있었다.

보라. 미국은 2001년 9월 뉴욕의 무역센터빌딩을 폭파한 9·11 주범 오사마 빈라덴을 10년 동안 추적, 2011년 파키스탄 산속에서 찾아 보복했다. 그로부터 또 11년이 지난 2022년 7월 혼자 카불의 은신처 발코니에 나와 있던 빈라덴의 후계자 아이만 알자와히리를 드론 공격으로 핀셋으로 집어내듯 제거했다. 이번에도 바이든 대통령은 생중계된 TV연설을 통해 "미국 국민에게 위협이 되는 인물은 끝까지 찾아 제거하겠다"는 결의를 분명히 했다.

또 다른 예로는 일본의 하와이 진주만 공격에 대한 보복, 즉 일본의 나가사키(長崎)에 원자탄을 투하하여 전쟁을 종식시킨 일이었다. 군국주의 일본은 이에 무릎 꿇고 '무조건 항복'했다. 미 국방부 앞에 있는 이오섬(硫黃島)의 해병 6용사 성조기 게양 조형물은 미국인들의 가슴속에 살아 있는 자존심과 명예의 상징이다.

어떤 이들은 물었다. 어찌하여 독일의 히틀러처럼 악랄하게 무차별 공격을 해온 독일에는 원자탄을 투하하지 않고 일본에만 원자탄을 투하했는가? 동양권을 무시하고 역차별한 게 아닌가? 하고 의아해 하는 사람도 있었다. 그러나 이에 대한 대답은 간단했다. "독일은 미국 본토를 침공하지 않았다. 그런데 일본은 미국 국토에 대한 기습공격을 감행했다"는 게 그 답이었다.

말하자면 서부 활극에서 보듯이 '나는 먼저 총을 쏘지 않는다. 뒤에서는 안 쏜다. 그러나 나의 등 뒤에서 쏘거나 내가 기르는 개를 아무 죄 없이 쏘아 죽인다면 그에 대한 보복은 끝까지 간다'는 기본 철학 같은 게 있다. 그게 미국이며, 미국인들의 사고방식임을 나는 워싱턴 생활에서 뼈저리게 터득했다.

지금 우리는 엄청난 홍역을 치르고 있다. 기후 재앙에다가 코로나가 지구촌을 휩쓸고 있다. 여기에다 참 어리석은 인간들은 아이들처럼 무모한 전쟁놀이를 하고 있다. 신냉전시대의 도래? 강대국 간의 치열한 패권경쟁? 과거에는 민주주의와 공산주의의 이데올로기 대립이 그 핵심이었는데 지금은 민주국가와 독재국가라는 통치방식의 새로운 지도가 그려지고 있다. 지구는 망가지고 있는데 권력욕에 불타고 있는 권위주의자들이 창궐하고 있으니. 쯧쯧 ….

미국은 자유민주주의를 최고의 가치로 내세우며 그 선봉에 서겠다고 강조한다. 봉두완이 바라보는 오늘의 세계는 구름이 잔뜩 끼여 있지만 그러나 가야 할 길은 분명하다. 자유민주주의 말고는 다른 대안이 있을 수 없다. 미국은 우리의 영원한 우방이다.

또 다른 기록들

그는 누구인가?

최인호 (소설가)

월요일 아침 여덟 시.

더듬거리고 덤벙대는 음성으로 우리를 기분 좋게 해주는 그는 과연 누구인가?

"차선을 지킵시다, 질서를 지킵시다, 전진합시다, 효도합시다, 이웃을 사랑합시다, 마누라를 아낍시다, 문단속을 잘 합시다, 거 정치 좀 잘 하시오, 국회를 빨리 열어야 되겠습니다. …"

우리의 시대는 언제고 밤이어서는 안 되고 아침이어야 한다고 더듬는 이 사나이는 누구인가?

때로는 독침을 품고 일상의 가시를 내뱉는 귀에 익은 음성, 힘찬 목소리의 주인공.

"봉두완 씨요? 그 사람 한국방송사상 처음으로 등장한 더듬거리는 기자죠. 그러면서도 가장 인기 있는 뉴스 캐스터죠."

그는 봉두완이다.

"… 〈뉴스전망대〉를 흐르는 오늘의 세계, 인생도 유유히 흐르는 강물과도 같습니다. TBC 〈뉴스전망대〉에서 바라본 오늘의 세계…
별 볼일 없습니다."

한참 신나게 뉴스보도와 해설을 하다가 끝날 때는 꼭 한마디 곁들여 귀에 콕 와 박히는 말을 던지는 봉두완. 그는 시작이 좋아서 끝이 좋은 방송으로 성공한 사나이다.

그의 방송을 들을 때 뒤가 구린 강자는 가슴이 뜨끔하고, 맨날 당하고만 사는 서민들의 가슴은 천연 소다수를 마신 것처럼 속이 후련하다. …

"… 잇달아 일어나는 각종 사고로 찌든 사람의 마음에 또 다른 충격을 안겨 주는 것이 있습니다. 몇 안 되는 몰지각한 인사들의 배신 행위를 보는 일입니다. 정부의 높은 자리를 차고앉았다가 감투만 떨어지면 돌아서서 딴소리를 하고, 개인의 부귀영화를 위해서는 서슴지 않고 양심에 먹칠을 하는 사이비 애국자와 가짜 망명객이 있는 한 진정한 애국정신에 불타는 서민층은 바라볼 데가 없습니다. 높은 데 있는 양반들 … 정말 정신 차려 주십시오. 이 어려운 때 딴 생각 말고 힘 좀 합쳐 봅시다. …"

그는 서민들의 목에 걸린 가시를 빼내 주고 등덜미의 스트레스를 풀어 준다. 독설로, 풍자와 유머로, 때로는 정직하고 담담하게 시정의 문제를 다루고 논평하는 봉두완. 그래서 그는 이미 우리의 친구이며 우리와 가장 가까운 곳에 있다.

"이른 아침 택시를 타는 손님은 으레 TBC 라디오를 틀라고 합니다. 〈뉴스전망대〉를 들으시려느냐고 물으면 '봉두완이 목소리를 듣고 싶다'는 거예요."

개인택시 운전사인 유종원 씨는 이렇게 말하고 있다.

봉두완에게 그 얘기를 했더니 또 더듬거린다.

"내 목소리를 안 들으면 하루 일이 안 되나?"

그는 덫에 걸린 서민들의 스트레스를 풀어 주는 겁 없는 뉴스 캐스터.

한국 방송계에 '새로운 음성'으로 등장해 '가장 인기 있는 앵커맨'이 된 파문을 던졌다.

또한 그는 치열한 경쟁시대에 들어선 네트워크 세계에다 앵커맨의 위치와 그 중요성을 강조했고, 논리가 아닌 직접화법으로 청취자들을 설득하는 데에 그의 힘이 있다.

시대가 낳은 행운아

앵커맨(Anchorman), 아직은 우리에게 생소한 말이다.

TV시대가 낳은 산물이지만, 아직 이 땅은 앵커맨이 자라기엔 자양분이 부족한 풍토. 이런 토양에 그가 나타난 것은 하나의 '사건'이었다.

기계적인 질문과 정중한 말씨와 말끔한 차림새로만 시청자 앞에 나설 수 있었던 무대 위에 그는 초대도 받지 않은 불청객처럼 뛰어

들었다. 대중의 앞에 선 것이 아니라 그는 아예 객석 가운데로 걸어 들어왔다.

와이셔츠 단추 하나를 풀어 놓은 것처럼, 자연스러운 자세로 그는 허물없는 친구와 이야기하듯 질문을 던짐으로써 기존의 방송 풍토에 최루탄을 퍼부었다.

"경박하다."

"준비하지 않은 질문은 사회자에게 있을 수 없다."

"쇼맨십이 너무 많다."

"방송을 우습게 안다."

어깨에 힘주는 일부 방송인과 일부 권위주의자들은 봉두완을 비난했지만 그의 탈(脫) 권위의식은 대중들의 자존심을 불러일으켰다. 그래서 사람들은 그를 '시대가 낳은 행운아'라 부르기를 주저하지 않는다.

그렇다. 그는 지금 시대가 요구했던 바로 그 뉴스 캐스터요, 그는 지금 우리 TV시대가 필요로 하고 있는 '앵커맨'이다.

누구든지 '권위'라는 옷자락 한 꺼풀만 벗겨 보자.

대통령, 장관, 법관, 관리, 일류 배우, 종교인, 월급쟁이, 직공, 주부···.

모두 다 같은 모습이 나타난다. 그런데도 사람들은 그 알량한 권위의 펄럭이는 옷자락 때문에 겁먹고 아부하고 특정하게 대우해 주기를 주저하지 않는다.

그러므로 그가 날탕 모습으로 등장한 것은 고리타분한 고정관념

론자, 권위주의자들에게 반기를 들었다는 이야기가 된다.

결투를 신청하는 기사처럼 장갑 한 짝은 던진 형국이었다. 그런 뜻에서 처음에 그는 행운아였다기보다 도섭스럽고 위험하고 패기만 만한 도전자였다.

그런데 그 패기가 먹혔다.

"봉두완 씨는 젊어서 좋다. 목에 힘을 주지 않아서 좋다. 겁 없이 아무 소리나 마구 지껄이면서도 유머가 있어서 좋다. 새로운 각도에서 사물을 보려는 그의 가치관이 날카로워서 좋다. 봉두완 씨 음성을 듣고 학교에 가는 날 아침은 유난히 우리의 젊음이 자랑스럽다."

여대생 이수자 양은 그를 이렇게 평한다.

사실 방송가에 황야의 무법자처럼 나타난 그가 젊지 않을 수 없다. 탈권위주의를 내세운 그가 겁을 먹는다거나 할 말을 못 한다거나 하는 일은 절대로 있을 수 없다.

그러나 요즘 세상에 할 말 다 하려면 풍자와 유머라는 무기를 사용하지 않고는 힘들다. 현명한 그가 그걸 모를 리 없다. 그래서 그는 큰 매스컴센터의 논평위원으로서는 어째 좀 너무하다 싶을 만큼 경박한 제스처도 스스럼없이 해냈던 것이다. 풍자를 서민 대상으로 쉽게 풀이하려니 재치 있는 우스갯소리를 곁들이지 않을 수 없었다.

그는 때로 당시의 상황으로 보아 자신이 코미디언처럼 되지 않을 수 없었던 것에 대해 전혀 변명하지 않는다.

그러나 그는 누구 앞에서나 기자정신의 절대성을 강조하며 기도하는 마음으로 뛴다는 것을 자랑스럽게 내세운다. 그러면서 그는 하느님과 국민을 믿기 때문에 그 '빽'으로 살아간다고 떠들곤 한다.

상대방이 장관이건 총재이건 당수이건 법관이건 한 나라의 왕비이건, 그는 상대가 누구이건 오직 왕년의 기자정신을 발휘하는 것이다. 그의 독침에 쏘여 높은 분(?)이 당황할 때면 시청자의 가슴은 후련해진다. 목에 걸린 가시가 어느새 빠져나간 것이다. 그는 우리가 하고 싶은 말을 적절하게 대신해 준다.

"가끔 봉두완 씨는 어떤 사건에 연관된 특정인을 너무 아프게 하는 것 같다. 그의 독침에 쏘이면 재기불능이다"라고 어느 공무원이 말하는 걸 들었다.

"봉두완 씨는 가정문제나 여성문제에도 자상하다. 좋은 가정일 것이라고 상상해 본다."

주부 원화경 씨는 봉두완을 스스럼없이 이렇게 평한다.

솔직 담백한 독설가

고속촬영기의 필름처럼 재빠르게 회전하는 두뇌와 번뜩이는 자신의 재치를 그가 슬로비디오처럼 더듬거리며 말할 때 가히 그의 인기는 폭발적이다.

투정하듯, 불평하듯 던지는 그의 코멘트는 가히 우리의 가슴을 씻어내 준다.

좀 더 투정하시오! 좀 더 불평하시오! 우리의 친구, 봉두완 선생.

그가 이렇게 자기 개성을 심기까지에는 많은 노력과 시행착오와 에피소드가 있다.

많이 알려진 이야기지만 새삼 다시 상기해 본다. 몇 년 전의 일이다. 〈뉴스전망대〉에서 일요일에 밀려든 인파를 보도하다가, "일요일에 창경원 가는 것은 촌놈이나 하는 일이죠" 했다.

너무 쉽게 애교처럼 내뱉은 말이 그만 화근이 되었다. 그는 그 방송이 나간 후, 수많은 '촌놈'으로부터 항의를 받고 할 수 없이 방송을 통해 사과하고, 방송윤리위원회의 견책을 받은 적이 있다.

"차선을 지킵시다."

"합승 거부라니 횡포가 너무 심하지 않습니까?"

언제나 그의 격려와 비판 대상에 있는 운전사들은 자기들에게 고까운 방송을 하면 그에게 몰려와 항의하기 일쑤다.

어떤 놈은 쥐도 새도 모르게 거액의 돈을 꿀꺽 꿀꺽 먹는데, 몇 푼 더 벌겠다고 대낮에 합승 좀 했기로서니 그게 뭐 횡포냐고 항의하는 데는 독설가인 그도 할 말을 잊는다. 그는 오직 선의의 대중 앞에서만 약한 서민이 된다(그는 오랫동안 가톨릭 기사사도회의 고문이었다).

한동안 떠들썩했던 현대아파트 사건 때는 이틀 동안 방송(저녁 TBC-TV 뉴스, 아침 8시 TBC 라디오 〈뉴스전망대〉)을 통해 얼마나 줄기차게 비판했던지 청와대에서 직접 나서 강력히 조치를 취하는 바람에 수많은 공직사회의 유력인사들이 불이익 처분을 받기도 했다.

주로 압구정동에 신축 중인 아파트를 정계, 관계, 언론계 중진들에게 사전 분양한 사건으로 대한민국 검찰이 그렇게도 힘들게 사건처리를 한 적도 없을 정도였다.

"나도 주었으면 안 받았을 자신이 없다"는 소리를 한 끝에 일부 도덕주의자들의 항의 섞인 충고를 받기도 했고, 좀 알아서 지껄이라는 비난도 받았다.

그러나 그는 이 사회에 흐르고 있는 의식의 단면 하나를 용케 핀셋으로 끄집어내, 대중의 식탁에 맛있는 메뉴로 올려놓은 것이다. 그것은 받음으로써 명사의 대열에 끼게 된다는 이 시대의 속물적 잠재의식을 향해 사실은 침을 뱉은 것이다.

받는 놈만 나쁜 것이 아니라 주는 놈이 더 나쁘다는 그의 논리가 그 부분에서 비약을 한 것이다.

그가 횡설수설, 되는 소리 안 되는 소리 마구 지껄이는 듯 보이는 그 이면에는 확고한 자기 생각과 긍지와 오만이 도사리고 있어서였다. 그는 자신감을 솔직, 정직이라는 무기로 스스럼없이 대중 앞에 마주선다. 그래서 그는 어느 누구보다 시민들과 가깝고 그들의 사랑을 받는다. 그가 방송하는 시간에 모든 TV와 라디오 채널이 거의 고정되다시피 하는 것만 보아도 알 수 있다.

시청자들은 거짓말을 하면 이내 알아챈다고 그는 웃는다. 그는 거짓말이 얼마나 들통 나기 쉬운 것이며 불필요한 것인가를 얄미울 만큼 잘 알고 있다.

신문사 견습기자에서부터 20여 년 언론계에 몸담아 오면서 그가 차근차근히 무언가를 쌓아 올리고, 클 수 있었던 것도 이러한 그의 솔직 담백하고, 있는 그대로의 생활철학 때문인 것 같다.

그는 한 번 약속하면 철저하게 지킨다. 그런 측면에서 그는 무서운 사람. 또한 그는 방송인답게 속전속결, 그에게서 "알아볼게", "내일 보자"는 말은 듣지 못한다. 선후배나 친구로부터 부탁을 받으면 그 자리에서 '예, 아니오'를 분명히 해 둔다.

"그래? 알아보고 곧 전화해 줄게."

그러면 그는 어김없이 잠시 후 전화로 가부를 알려준다.

'예스, 노'가 너무 분명해서 뒤가 구린 사람은 겁이 난다.

"봉두완 씨만큼 자기 직업에 자부심을 갖고 있는 사람도 드물 겁니다. TBC 내에서 항상 노는 것 같으면서도 일을 하고 있는 사람이 봉두완 씨죠. 의리가 대단한 것이 그의 인간적 매력이라면 상식적인 얘기를 상식이 아닌 스타일로 한다든가, 때로는 상식을 과감하게 타파하는 것은 방송인, 앵커맨으로서의 매력이라 할 수 있을 겁니다."

1년 가까이 그와 함께 지냈던 김재원〔월간 '여원'(女苑) 발행인〕 씨는 그를 이렇게 평한다.

상식을 과감하게 타파한 이야기는 그의 TV 첫 방송에서부터 시작된다.

TBC-TV의 유일한 사회교양 프로그램 〈안녕하십니까? 봉두완입니다!>의 첫 방영시간은 화창한 봄철의 일요일 아침. 그는 느긋하게 이야기를 꺼냈다.

"안녕하십니까? 봉두완입니다! 화창한 봄날입니다. 이 좋은 봄날, 왜 방 안에 앉아 텔레비전을 보고 계십니까? 여러분! 제발 TV를 끄십시오. 그리고 가족과 함께 밖으로 좀 나가시지 그래요⋯."

TV를 보던 사람들은 모두 벌떡 일어났다. 그리고 아침을 늦게 먹으면서 편안하게 누워 있던 사람들은 모두 웃었다. 그러면서 조금 전보다 더욱 관심을 가지고 화면을 바라보는 것이었다.

며칠 후 봉두완 앵커를 만난 민주당 대변인은 반농담조로 항의하는 것이었다.

"아니, 오랜만에 집에서 모처럼 좀 쉬다 TV를 켰는데 갑자기 일요일 아침부터 TV를 왜 켰느냐고 하시는 바람에 후다닥 이불 걷어차고 일어났어요. 터져 나오는 웃음을 참을 수 없어서 그냥 냉수 한 컵을 확 들이마셨습니다!"

이 프로그램의 첫 회를 본 사람은 웬만한 사정이 아니면 그다음 시간에도 그 TBC-TV 채널을 끄고 밖으로 나가라는 그의 충고(?)를 거부하고 TV 앞에 앉는다. 봉두완을 만나기 위해서다.

봉두완 앞에서 '사우나독'에 앉아 있는 것처럼 땀 흘리는 사람을 보면서 우리는 자신도 모르게 속 시원해짐을 맛본다.

저렇게 말해도 괜찮을까? 때로는 오해받을 수 있는 말도 서슴지 않고 내뱉는 그지만 친구나 어려운 처지에 있는 사람에겐 계산 없이 도와준다.

강자에게 강하고 약자에게 약한 그는 스스로 대중의 친구가 되려고 애쓴다. 그는 아무리 높은 사람이 그를 찾더라도 그 시간에 친구와의 약속이 있으면 서슴지 않고 거절한다. 신의가 없는 사회일수록 더욱 의리를 가져야 한다는 것이 그의 신념이기 때문이다.

그래서 대중은 그가 '우리의 한 사람'이라고 생각한다.

그는 특파원으로 있을 때 워싱턴에서 결혼했다(1964년 12월). 맞벌이로 시작한 '실과 바늘의 악장(樂章)'은 그를 가정적인 남편으로 만드는 기초가 되었다.

"나는 가족을 위해 일한다. 가정이 편안하지 않고는 사회에 나와 충분히 일할 수 없다."

그는 자신이 가정적임을 선언한다.

한국적 보수주의로 가정에서 군림하는 친구들에게 간혹 비난을 듣기도 하지만 그는 상관하지 않는다.

특파원 생활을 끝내고 귀국해서 잠시 이 가정 위주의 생활이 빗나갔을 때는 집안에서 개도 짖고 마누라도 짖어서 골치가 아팠다며 그는 큰 소리로 웃는다. 자고로 능력 있는 자는 져서 이기는 법이라며 가정에서야말로 져서 이겨야 한다고 강조한다.

그러나 그가 이렇듯 유달리 '가정적인 가장'이 된 것은 그의 뼈아픈 체험에서 나온 것이다.

그는 6·25 때인 경복고 2학년 때 어머니를 여의고, 4형제 중의 장남으로 동생들을 거느렸다.

빈대떡을 부쳐도 온 동네가 모두 나누어 먹을 양으로 장만할 정도로 손이 컸던 여장부 어머니가 세상을 떠났을 때, 그는 홀아버지의 의논 상대와 동생들의 어머니 역할을 맡아야 했다. 한번은 아버지가 동생들의 양말을 깁던 모습은 지금도 그의 콧날을 시큰하게 한다.

영원한 고향이라는 어머니를 사춘기에 잃었을 뿐만 아니라 그는 고향을 이북(황해도)에 둔 실향민.

황해도 수안 산골 출신인 그는 8·15 해방 이듬해 38선을 넘어 월남했다. 양쪽 할아버지가 오래전에 면장을 지낸 터라 온 가족은 공민권을 박탈당했고, 그러자 그는 어린 나이에 어머니 손을 잡고 천신만고 끝에 탈북한 '삼팔따라지'이다.

그런 이유에서인지 그는 반공의식이 남달리 강하고, 무슨 일이 있어도 나라가 무너질 만큼 무조건 반발해서는 안 된다고 말한다. 그러면서 그는 국가의식이나 애국의 뜻은 거창한 구호를 외치며 나서는 데에 있는 것이 아니라, 국민 각자가 자기 분수에 맞게 성실하게 노력하며 사는 것이라고 강조한다.

그는 거의 주말마다 별다른 일이 없으면 아이들을 데리고 용인 천주교 묘소에 있는 부모님 산소에 간다. '내가 죽으면 그렇게 하라'는 무언의 훈시라며 웃지만, 실상은 2남 1녀 아이들에게 '효도'라는 것이 무엇인가를 가르치는 것이다. 아니, 부모 앞에 서서 자기 자신을 되돌아볼 시간이 갖고 싶어 그러는지도 모른다.

세 자녀들은 이 세상에서 자기의 아빠가 최고라고 생각한다.

두 아들의 꿈은 이다음에 커서 신문기자-해설위원-앵커맨이 되는 것이고, 외동딸은 이다음에 아빠 같은 마음씨 좋은 남편을 만나 현모양처가 되는 것이 소망이다. 그리고 부인 김옥선 안젤라(이화여대 비서학과 강사) 여사는 좋은 남편을 만난 것을 하느님께 감사드릴 만큼 남편을 믿고 사랑한다.

그가 얼마나 안으로 밖으로 인기관리를 잘했는가는 이것만 봐도 충분하다. 그런 뜻에서 그에게 쇼맨십이 있는 것은 확실한 것 같은데 이 쇼맨십이란 게 억지 춘향으로 만들어낸 게 아니고 솔직 담백, 그리고 있는 그대로의 생활에서 얻어진 것이다.

그가 생활에서 지키는 성실이란 이른 새벽에 일어나서 테니스를 치고 마당을 쓰는 일이다. 방송국에 나가서는 세련되지 못한 음성으로 "전진합시다!" 어쩌구 외치고 마음에 맞는 친구들과 어울려 부담 없는 점심을 나누고 후배 기자들을 챙기는 일 등등인데… 이 모든 것이 그의 뉴스원이 되기도 한다.

그는 적십자맨이다. 1953년 부산 피란시절 제 1회 청소년적십자사 단원으로 활동한 것이 인연이 되어 평생 적십자 봉사활동을 해왔다. 그는 또 한센병 환우를 돕는 라자로돕기에도 앞장서고 있고 가톨릭 장애인걷기운동 같은 봉사활동을 하고 있다.

'남을 도우면서 살아야 한다'라는 생활신조를 실천하기 위해 아이들의 이름으로 장학금을 만들기도 하고, 그 밖에도 몇몇 남모르는 숨은 일을 하고 있는데 굳이 말하려 하지 않는다.

"세상에 알려지면 이미 순수하게 남을 돕는 게 아닙니다!"

그는 그러면서 가톨릭 사제가 남을 돕는 것을 자랑하더냐며 더 이상 묻지 말기를 부탁한다. 개신교 학교(연세대)에 다닐 때 천주교를 믿게 된 그는 종교의 영향을 많이 받고 있는 성싶다.

허점과 시행착오는 일개 방송국의 논평위원이 밀어제치기에는 너무나도 엄청난 것이었다. 그 흔들거리지도 않는 시커멓고 큰 바윗덩어리에다 계속해서 계란을 던져야 하나? 던져 봤자 팔만 아프지만 안 던질 수도 없는 노릇이었다. 때때로 나는 그 무시무시한 바윗덩어리가 굴러 나를 한꺼번에 덮칠 것 같은 환상에 사로잡히곤 했지만 이제 와서 마이크 앞에서의 말 더듬는 버릇을 고칠 생각은 없다.

그는 어느 글에서 이렇게 쓰고 있다. 어느 사회나 다 그렇지만 그가 몸담고 있는 언론계에도 바윗덩어리 같은 모순은 있다. 그는 그 모순을 조금이라도 깨뜨리고자 바위에 계란 던지기식이나마 계속해서 던졌고 앞으로도 그럴 것이다.

언론인 봉두완은 그것을 위해 때로는 점잖지 못하다는 야유도 감수한다.

"뭐 잘난 게 있어? 정곡을 꼬집지도 못하고 그저 웃기려고만 들면서 … 잘못 풀렸지. 봉두완은 잘못 풀린 케이스야."

"신문기자 시절에는 그래도 곧잘 글을 쓰더니, 원 마이크를 잡고는 영 버렸더군. 지성인을 대표한다는 자가 고무신짝 상대로 말장난이나 찍찍 하고 밥맛없다니까."

일부 권위주의자들은 그를 이렇게 깔아뭉개지만 그는 허허 웃는다. 그 사람들의 말이 일리가 있다고도 말한다. 자기에게 그런 치기스러움도 있다며 주제 파악에 달관한 태도를 보인다. 그러면서 그는 자기 스타일대로 방송을 진행해 나간다.

"처음부터 뜻이 이뤄지는 건 아닙니다. 제일 중요한 게 뭔지 아십니까? 그건 계속한다는 것입니다."

그는 지금까지 쓰는 기자로, 말하는 기자로 22년간을 일했지만, 항상 시작하는 자세로 '계속하겠다'를 부르짖는다. 또 환갑이 넘어서까지 이 일을 계속하겠다고 다짐한다.

뉴스를 대중에게 알리는 운반책으로서 '앵커맨'이란 말이 생겼지만, 그 앵커맨은 신문의 논설위원처럼 논평을 곁들여 대중에게 올바르게 전해 줘야 한다. 그뿐 아니라 앵커맨은 잘못된 정책을 적절하게 꼬집어 정부 시책에 반영시키고, 올바르게 되어 가도록 깨우치는 일도 겸해야만 한다.

'하나의 동일한 메시지를 전달할 때, 이것을 대중에게 어떻게 운반해 주며 소화시켜 줄 것인가'에 관한 방법론은 바로 앵커맨이 연구할 과제다. 아울러 '무엇이냐?'보다 '누가 어떻게?'의 TV 뉴스 제시 방법에서 대중은 새로운 질서를 찾고 있다. 집단, 사회 속의 개인과 개인의 존재를 형성하는 주변의 유기적 관계가 복잡다단해질수록 개인은 집단에게 생명을 주입하고 집단은 개인에게 의미를 이식하려 한다.

이런 이율배반성에 따른 마찰과 불균형은 개체의 심리적 긴장과 불안을 조성하며, 개체는 이로부터 다시 평형을 유지하려는 보상체를 찾는다. 그 대상이 바로 TV의 앵커맨이다.

몇몇 PD(프로듀서), 그를 신임하는 방송사 사장은 봉두완을 '한국의 월터 크롱카이트'라 지칭한다. 그래서 그의 별명은 '봉카이트'. 그러나 그가 한국의 월터 크롱카이트가 되기에는 한국 TV역사나 그 구조 자체가 아직도 미비한 게 사실.

우선 우리의 현 실정처럼 취재, 선택, 배열, 편집 등이 분리되어서는 가능하지 않다. 미 CBS-News의 크롱카이트 경우 취재권, 그리고 발표권이 전적으로 그 자신에게 있다. 그러한 권한을 가진 앵커맨이 브라운관에 나타났을 때 그는 돌연 노기를 띠거나 때로는 유머와 위트로 시청자를 향해 돌진할 수 있는 것이다.

만약 그가 현상학적인 주위 환경을 파악하지 못하고 누군가가 추켜세워 주는 '한국의 크롱카이트, 한국의 앵커맨 1호'라는 호칭에 영웅심리를 발동하여 정말 크롱카이트식으로 방송한다면 무사하게 하루인들 논평위원으로 지탱할 수 있을까. 그는 이러한 현상을 정확하게도 잘 파악하고 있으며 얄미울 만큼 요리조리 잘 피해서 방송하고 있다.

따리 붙이고 타협을 하는 것이 아니라, 문제가 심각할 것은 은근슬쩍 피해 가거나 날씨 이야기나 연탄 이야기 등을 섞어 슬쩍 삼천포로 빠져나간다.

"큰 기업체에 속해 있는 방송사니까 할 수 없지요 뭐 …."

그는 자기 자리에서 더 행세하지 못함을 못내 섭섭해 한다. 이런 측면에서 손익계산서를 따진다면 그는 서글픈 직업인.

한국적인 앵커맨으로

직업을 고민하기 시작하면 밑도 끝도 없다.

나는 누구일까?

민중의 대변자? 기업의 대변자? TBC의 대변자?

그는 고개를 젓는다.

그렇게 질문하면 이것도 저것도 모두 아니라는 생각이 든다. 그래서 그는 회의하는 문제는 포기해 버린다. 주어진 영향권 안에서 무엇인가 기여할 수 있는 바를 알지 않으면 안 되는 것이다. 그는 이러한 신념을 갖고 있다.

"나는 언제나 소비자(듣는 사람)에게 도움이 되는 상품(뉴스)을 주기 위해 품질관리를 철저히 할 것과 항상 그것을 위해 뛸 것이다. …"

한국적 측면에서 샌드위치 직업인인 뉴스 캐스터는 이기주의자들인 시청자에게 보다 질 좋은 상품을 주기 위해 목 내놓는 것도 불사해야 하지만 월급으로 살아가야 하는 샐러리맨으로서는 쉽지 않은 일. 그래서인지 그는 비교적 후환이 없는 가정 이야기, 날씨, 정신생활면에 관한 이야기를 많이 한다. 그 위에 그는 '기여한다'는 측면에서 '민원비서실' 역할도 많이 한다. 방송을 해 서민들의 생활에 도움이 되는 것이면 그는 더듬거리며 쏘아대는 것을 주저하지 않는다.

"혼자 뛸 때는 일등 하는데, 여럿이 함께 뛸 때는 2등도 하고 꼴찌도 하게 되지요."

방송가에 앵커맨 시대의 막이 오른 지금으로서는 외로운 투쟁이 아닐 수 없다. 언제나 개척자는 외로운 법이고 자칫 희생이라는 징검다리만 놓아 줄 뿐이다.

종점도 모르는 채 달리기 시작한 기차가 어느덧 정상 궤도에 올랐다. 그가 원하는 새로운 경지는 앵커맨과 시청자가 화합하는 단계. 그는 그러기 위해 써 놓은 것을 읽기보다 다양하고 과감하게 말을 던진다.

정치적 과도기에 정신없이 뛰어들어 황야의 무법자처럼 좌충우돌했다. 정신없이 뛰어든 만큼 정신없이 쫓겨날 뻔도 했다. 그러나 그는 비바람을 견디어 냈다. 동료와의 불화가 빚은 촌극 한 토막.

그를 몹시 시샘하는 동료가, 그가 선택한 방송보도 자료 하나를 직권으로 갑자기 빼버렸다. 5분짜리 인터뷰 프로그램이었는데 갑자기 펑크가 나서 그 시간을 채울 일이 막막했다. 겨우 외신 몇 토막으로 메우긴 했으나 나머지는 막연해서 할 수 없이 공백을 남겼다. 거의 아무도 모르는 그 사실을 그의 동료는 고위층에 과장해서 일러바쳤다. 그 간부는 봉두완 앵커와 대학 동문이었을 뿐만 아니라 중앙일보·TBC 쪽으로 오기 전에 다른 언론사에서 함께 일했던 친구였다.

그런데 어쩐 일인지 그 친구는 그 사실을 과장해서 일러바치는 바람에 엉뚱하게도 징계위원회에 회부되고 동료와의 갈등이 싫어서 봉두완은 그 자리에 해명하러 나가지 않았다. 간부들은 모두가 일방적인 지적사항에 분개하여 중앙일보 사상 초유의 중징계로 '봉두완에게 방송중단 처분'을 내리는 무기정직 처분을 내리고 말았다.

당시 TBC 라디오는 특히 서해방송(전북), 전일방송(전남)에 생중계되고 있었는데 … 갑자기 봉두완의 목소리가 들리지 않게 되자 광주 전일방송 김남중 회장이 이병철 회장과 오찬 하는 자리에서 "광주 시민들이 온통 난리났다"고 고해 바쳤다. 불호령이 떨어졌다. 당장 봉두완이를 불러다 방송시키라는 엄명이었다.

한편 봉두완 앵커는 오히려 '잘 되었다'는 생각으로 오랫동안 함께 즐기지 못한 자녀들과 주말 용인농장에 놀러 갈 생각을 하고 있었다. 물론 얼마동안은 회사를 나오지 말라는 명령이 떨어졌지만 그는 매일 더 정확히 회사에 나갔다.

TBC 방송 김덕보 사장은 불호령을 내렸다.

"이봐, 봉카이트! 징계기간 회사에 나오지 말라는데 왜 밤낮 나오나?"

"아니, 떡보 형님, 내가 갑자기 갈 데가 어데 있어요? 여기 와서 친구들한테 전화 좀 거는 게 그리 못마땅하세요?"

"야 임마, 너 중징계 받은 거 몰라? 그리고 회사 내에서 날더러 형님이라고 부르지 마!"

황해도 고향 선배에다 중앙청 과장, 국장을 지내다 TBC로 영입된 김 사장은 봉두완 출입기자는 물론 모든 언론인들의 '형님'으로 통했다. 마음이 너그럽고 친화력이 대단한 직업관료였다. 중앙 매스컴 대외협력 및 홍보책임자로 '상무'직으로 발탁했다가 나중에 대표이사 사장으로 승진한 터였다.

김 사장은 커피를 마시며 간곡하게 당부했다.

"야, 너 그러면 조용히 네 방에서 자중하고 있어 … 알겠나?"

그러다가 이병철 회장의 호통 한마디로 '중징계'는 바람과 함께 사라지고 '당장 아침 출근길에 방송되는 〈뉴스전망대〉부터 시작하라'는 엄명이 떨어졌다.

"이봐, 그건 그렇고 월요일부터 당장 방송 다시 시작해!"

떡보 형님은 소리소리 질렀다.

"안 돼요, 떡보 형님, 당장은 안 돼요. 아이들하고 모처럼 어디 놀러가기로 해서요 … ."

"야, 이놈의 자식아 … 뭐가 어째?"

이 일이 있은 후 결국 사필귀정(事必歸正)으로 불화를 빚어낸 그 친구는 방송국을 떠나고 미국으로 이민 가고 말았다.

철학자 소크라테스가 위대한 것은 독약을 마시면서도 자기 소리를 냈기 때문이라고 한다. 그리고 예수 그리스도는 수천 년 앞을 내다보았기 때문에 유태인을 당황케 하고, 로마 총독 빌라도를 두려움에 떨게 했다고 한다. 빌라도는 로마에 보낸 보고서에서 젊은 예수가 의젓하게 걸어 들어오는 것을 보는 순간 몸이 떨렸다고 했다.

"진실과 예견이 앵커맨을 살아남게 합니다."

앵커맨 봉두완은 그런 비유 끝에 결론을 맺는다.

아직은 계속만 있을 뿐

그는 한때 의사가 되려 했고 가톨릭 사제가 될 꿈을 친구들과 함께 꾼 적이 있었다. 하지만 아무것도 안 하길 잘했다고 말한다.

그는 지금 하고 있는 일 — 대한민국 초대 앵커맨이라는 자부심에 대만족이다. 이렇게 되기 위하여 그는 얼마나 많은 시간을 이리 뛰고 저리 뛰며 뉴스의 현장을 누비며 좌충우돌했는지 모른다. 쓰는 기자로 출발하여 말하는 기자가 되는 것이 뉴스 앵커맨으로서의 정규 코스라면 봉두완은 그 코스대로 밟아 온 정통파다. 그래서인지 그는 두꺼비가 파리 잡아먹듯이 뉴스를 뚝딱 뚝딱 잡아먹는 기자 센스와 정곡을 찌르는 비판의식을 겸비하고 있다.

갑작스레 막대한 소득이 생긴 훈련되지 않은 자에 의해, 사회의 부조리와 악순환은 계속된다고 그는 역설한다.

"나의 자리는 월급을 많이 줘야 하는 자리입니다. 그래야 나는 돈 앞에 눈 하나 까딱하지 않고 논평하고 비판할 수 있을 테니까요."

가난한 자의 편에서 당당히 일할 수 있기 위해 그는 먹고살기에 충분한 돈이 있어야 한다고 한다. 사실 지금 그는 먹고살기에 충분한 돈이 없는 게 아니다. 그래서 그는 돈에 구애받지 않고 일한다.

정치인이나 관료에게 점심이나 촌지를 얻어먹지 않은 것으로 유명한 그는 보다 과격하게 그들의 잘못을 지적할 수 있다.

"상대가 누구이건 잘못을 저지르면 충고하고 비판할 수 있는 입장이라는 점에서 나의 자리는 숭고하고 존경할 만한 자리임에 틀림없다."

《뉴스전망대》(졸저), 1980.5.

국회의원 안 한다더니

대담자 - 윤호미 (조선일보 문화부 차장)

선거철을 앞두고 현역 국회의원을 인터뷰한다는 것은 당사자에게 엄청난 선거운동을 해 주는 격이 아닐까? 아니면 한판 토론을 벌여 마치 기자가 정견 발표장의 다른 경쟁후보처럼 그의 진면목을 여지 없이 여러 각도에서 파헤치는 구실을 할 수도 있지 않은가?

여러모로 생각해 봤다.

2시간 넘게 국회 외무위원장 봉두완을 인터뷰하고 나오면서 결론은 역시 행정관리와는 달리 정치인은 신문이건 잡지이건 인터뷰에 나서는 것 자체가 자신에게 도움이 된다는 것을 다시 확인했을 뿐이다. 질문과 관계없이 거의 맹신적이라 할 정도의 낙관론과 자기 자랑을 거침없이 펴는 봉두완 의원의 경우 더욱 그렇다.

정계에 들어간 봉두완 씨는 이 인터뷰에서 예전처럼 농담을 하지 않았다. TBC 앵커맨 시절 방송에서 그렇게 아무렇게나 앞뒤 생각지 않고 말을 던졌었다는 기억을 갖고 있는데 …. 그런데 그 사이 그는 말을 무척 선택해서 그리고 상투적으로 쫙 연설조로 쓰는 정치인으로 변해 있었다.

지나치다 싶을 정도의 선전을 표정 하나 안 바꾸면서 일부러 남을 웃기게 하려는 듯 했으나, 그것도 사실 인터뷰의 재미를 잃게 했다. 그가 너무 대담을 의식하지 않나 하는 생각을 불러 일으켰다.

아무튼 봉두완 의원을 택해 인터뷰를 하게 된 것은, 도대체 요즘 국회의원들은 무슨 생각을 하며 어떻게 지내는지 물어보고 싶어서였고 이왕이면 왕년에 인기 있었던 사람, 게다가 신참 정치인이라 함부로 할 얘기가 많을 것이라는 두 가지 점 때문이다.

윤호미(이하 윤) 봉두완 의원께선 '내가 앵커맨이면 그만이지 국회의원 할 생각은 없다'고 늘 말해 왔고, 《뉴스전망대》라는 책에까지 쓰신 적이 있습니다. 그런데 어떻게 국회의원이 되셨어요?

봉두완(이하 봉) 옛날 사람끼리 옛날식으로 옛날 정치를 했으면 아마 정치판에 뛰어들지 않았을 겁니다. 구시대 때 정치 참여하라고 유혹이 없었던 것도 아니지만 그때는 내가 자유당 말기 때부터 시작한 기자생활을 죽을 때까지 할 생각이었지요. 그런데 아시다시피 1980년 11월 30일 내가 몸담았던 TBC가 신군부에 의해 KBS로 강제 통합되는 바람에 … 어쩔 겁니까? 마이크가 있는 여의도로 가야죠. 그래서 11대 국회의원 선거 때 유권자들에게 울부짖으며 호소했죠. "마이크를 돌려주세요. 저에게 마이크를 … ! 마이크가 있는 여의도로 보내 주세요!" 하며 눈물로 호소했더니 … 어떤 유권자가 다가오더니 "걱정 마. 내가 여의도로 보내 줄 테니" 하시더라고요, 그래서 내가 그분 손을 꼭 잡고 눈물 흘리며 "감사합니다. 감사합니다"를 연발했죠.

윤   지난 1977년이었던가요. 《안녕하십니까? 봉두완입니다!》란 책을 내셨는데요. 그때 저는 그 책을 보고 '아하, 출마할 생각이 있구나' 예상했지요. (웃음) 신문기자로, 방송 앵커로 쓴 책 속에 예를 들면 박정희 대통령하고 같이 있는 사진을, 조그맣게 저쪽 한구석에 들어간 것까지 석 장, 넉 장씩 실었더군요. 그걸 보고 '아, 봉두완 씨가 드디어 정치 쪽으로 마음을 쏟고 있는구나' 속으로 그렇게 생각했죠, 뭐.

봉   정치부 기자 출신으로 정치담당 논평위원이었으니까 정치 색깔이 좀 있다거나 정치적 함축성이 있는 행위나 어휘를 많이 구사했던 건 사실이죠. 나는 정치부 기자로 자유당 말기에 기자생활을 시작했습니다. 그러면서 정권이 네 번이나 바뀌는 걸 봤습니다. 이승만 박사의 자유당, 허정 내각, 장면의 민주당 정권 그리고 5·16 군사혁명, 그 후 공화당 정권이 붕괴되는 걸 봤으니까 정치부 기자로서는 대단한 거죠. 다른 데 취직했다면 이 엄청난 정치적 변화를 직접 보지 못했을 겁니다.

22년 동안 기자생활하면서 '왜 저렇게 처리할까?' 하는 식으로 의

구심을 갖고 많이 비판했죠. 자연히 글을 쓸 때나 방송할 때 다분히 정치 비판적인 기사나 해설을 많이 쏟아냈죠.

윤   글쎄요. 그런 정치 지향성이 다 기회만 닿으면 국회로 가겠다는 식과 통하는 경우를 주변에서 많이 봐 왔습니다. 그러니까 봉 의원께선 언제부터 국회의원 해 보겠다는 생각을 가지셨나요?

봉   이상하게도 그런 생각은 없었어요. TBC 앵커맨 11년 하는 동안 남들에 비해 집주인(삼성 이병철 회장)한테 대접을 잘 받은 셈이에요. 1969년 가을 한국일보에서 중앙일보로 옮기고 나서 첫날부터 출퇴근 차를 줬어요. 조건은 출근 때 부장들을 좀 태우고 오라는 거예요. 그때 함께 출근한 친구들은 TV 편성부장 홍두표, 중앙일보 문화부장 최종률 등이었어요. TV 앵커맨으로 좀 깃발 날리게 되니까 일본제(슈퍼살롱 구형 차)로 바꿔 주더라고요. 게다가 중앙일보 주필 방 옆에 똑같은 방도 마련해 주고요. 또 돈도 많이 주고요 … 하하하. 그러니 그 당시 내가 뭐 꼭 국회의원 같은 걸 해 봐야겠다는 생각이 있을 리가 만무했죠. 결국 TBC가 KBS에 강제 통폐합되는 바람에 … 참 너무나 잘못한 짓이에요, 시대에 역행하는 ….

윤   그러니까 TBC방송국이 없어지는 바람에 정치하게 되었다고 설명하시려는 거죠?

446

봉　아니 그보다도 좀 변명 같지만 이상하게도 저는 어렸을 땐 그냥 의사가 되겠다고 굳게 다짐하고 있었어요. 내가 집안에 장남으로 태어났는데 … 어릴 때 꽤 많이 앓았어요. 아이들이 저보고 '요와무시'(弱虫. 약골)라고 놀리기도 했고 …. 황해도 수안 산골에는 트럭이 일주일에 서너 번 다닐 정도로 벽촌이었는데 … 생선이라곤 며칠 전부터 소금에 잔뜩 절인 고등어 같은 게 함경도 원산 같은 데서 왔지요. 우리 집사람은 함경북도 나진이라는 해안에 살아서 싱싱한 생선만 먹었지, 그렇게 소금에 절인 거 먹어 본 적이 없다는 거예요.

하여간 우리 착한 어머니는 나한테 주사 놓으러 오는 의사(공의) 선생님을 어찌나 존경하고 부러워하는지 자나 깨나 '우리 두완이는 의사를 시켜야 …' 하고 바라셨는데, 내가 6·25를 겪으며 고등학교 졸업할 때쯤에 돌아가신 어머니 말씀이 쨍쨍 귓가에 남아 영향을 주더라고요.

그때 친한 친구 다섯 명이 다 의과대학을 지망하는 바람에 나는 부족한 걸 알면서도 친구 따라 강남 간다고 의예과 입학시험을 치렀지요. 나만 떨어졌어요. 수학 문제를 하나도 제대로 못 풀었어요. 나중에 수학이 없는 문과에 가니까 펄펄 나는 걸 가지고 말입니다.

윤　문과엔 언제 가셨는데요?

봉　3년 뒤에요. 낙선을 두 번이나 하고 세 번째 당선된 셈이죠. … (웃음) 그래서 이건 자랑은 아니지만 그 당시 대학 다니면서 4

년 동안 줄곧 아르바이트한 유일한 학생이라는 '훈장'을 가슴에 달고 다니게 되었습니다. 이상하게도 나는 그때 영문타이프를 꽤 잘 쳤어요. 그래서 영문과 동창인 전 조선일보 기자 안종익(나중에 대표이사) 군과 함께 자조장학회에서 교수님들이 인쇄물 교재를 갖다 주시면 하루 종일 타자를 쳐서 등사해 드리는 일이라든가, 여름방학 때마다 지금 서소문 중앙일보 자리에 있던 기독교 아동복리회(CCF: Christian Children's Fun)라는 데서 전쟁고아들의 편지를 번역, 타자 쳐서 미국에 있는 양부모들에게 보내는 일인데 … 고아원에 있는 아이들은 고무신 한 켤레를 돌아가면서 신고 사진 찍어 감사 편지와 함께 보내는 거예요.

졸업하기 전에는 캠퍼스 신문 '연세춘추' 기자로 뛰면서 쥐꼬리만 한 용돈이 생기는 날이면 늙은 늑대들(6 · 25 때문에 학교를 늦게 다녔거나 군복무 끝에 복학한 친구, 시간강사 등)이 몰려와 신촌로터리에 있는 단골집(드럼통에 불 피워 소 내장, 허파, 간 등을 구워먹는 막걸리 집)에 몰려가 거금을 탕진하기 일쑤였죠. 편집국장은 나의 경복중 동창인 노양환(우신사 사장), 함께 뛰던 친구들은 최기준(성공회 이사장), 경복고 후배인 유경환(시인), 이동건(국제로타리 총재), 김우식(노무현 대통령 비서실장, 연세대 총장) 등이었는데 이제 와서 보니까 모두 참 성실한 인간들이었어요.

그러다 졸업 전에 신문기자 시험(동화통신)을 쳤는데 거기에는 수학시험이 없어서 모두 7명이 합격한 데 제가 꼈어요. 내가 경찰 출입기자 땐 1957년 노양환 군과 정외과를 함께 졸업한 이만섭 기자가 있었고, 나중에 나는 한국일보로, 이만섭 형은 동아일보로 옮겼는데 우연치 않게 내가 11대, 12대 국회 외무위원장 땐 이만섭(정외과, 국회의장), 박정수(정외과, 외무부 장관), 오세응(정외과, 정무장관) 등이 모두 외무위원들이어서 참 좋았어요.

윤 많은 사람들이 봉두완 씨 하면 옛날(1970년대) TBC 앵커맨으로 기억합니다. 무엇보다 그 으스스한 유신시대 때 온 국민들에게 속 시원하게 딱 부러지게 그러면서도 때때로 웃게 만들었다는 점에서 아주 미쳐 돌아가는 사람도 많았고, 또 아주 극단적으로 싫어하는 사람도 있었죠. 그러면 국회의원이 되고 나서 옛날에 그 시원하게 청량제 역할 하던, 웃겨 주던 대민 서비스랄까요, 그런 일이라도 하셨나요? 하셨다면 무슨 일인지 좀….

봉 초선의원으로 어느 정당의 대변인을 한다는 게 그리 흔치는 않은 일이었지요. 예를 들면 1961년 5 · 16 직후 야당인 신민당 대변인이 김대중 전 대통령이었는데… 그때 그 양반이 천신만고 끝에 국회의원에 당선되고 얼마 후에 5 · 16 쿠데타가 일어나는 바람에 그냥 지리멸렬한 야당의 대변인 노릇을 꽤 멋지게 한 셈이고, 집권 여당인 민주공화당 초대 대변인은 서인석 선배(한국일보 정치부장 대우)가 바로 엊그제까지 내가 따라다니면서 장면 총리실 출입기자를 했어요. 5 · 16이 나니까 갑자기 이 양반이 행방불명이 됐어요. 어데 가셨는지 파출소에 신고할 수도 없고 … 그랬더니 나중에 보니까 김종필 중앙정보부장이 창당하던 민주공화당 밀봉교육에 끌려갔더라고요. 또 한 분은 나중에 길재호 사무총장 밑에서 사무차장 하던 문창탁 기자(상공일보)도 사라지고 … 다른 선배들 — 국방부 출입기자, 경제부장들은 하루아침에 혁명군이 들이닥쳐 모두 잡아가 행방불명되었고 …. 나는 갑자기 전쟁고아처럼 여기저기 서인석 선배 행방을 찾느라 고생했고 ….

본래 미국 UPI통신 특파원이었다가 한국일보 장기영 사주가 난데없이 "이봐, 서인석 씨! 우리 한국일보로 출근하시오!" 하는 바람에 붙들려 정치부장 대우로 중앙청을 출입하게 된 거예요. 하루 종일 따라다니면서 커피, 담배 심부름해도 한 마디 말도 없고 … 신문 보며 줄담배 피우다 보면 항상 담뱃재가 고개 숙이고 떨어질 때쯤이면 내가 날름 가서 신문지에도 털어줘도 그 흔한 고맙다는 말 한 마디 하지 않는 벙어리 형님이 집권당이 대변인이라고? 잘들 한다 ….

그러나 야당의 김대중 대변인이 그 달변으로 사람의 혼을 빼놓는데 반해 집권당인 공화당 대변인 서인석의 입에서는 하루 종일 가야한 마디도 쓸 만한 내용이 거의 없었어요. 다만 중대한 선거철이 다가오자 야당의 온갖 정치공세에 맞서 서인석 대변인은 야당의 허위공세에 정면승부를 하며, "그것은 마타도어 작전이다!" 하고 일갈하는 바람에 사태가 역전되기도 했어요. 모두들 '마타도어'가 뭐야? 하며 이리 뛰고 저리 뛰고 했으니까요. 한 마디로 상황을 역전시키는 지장(智將)이었지요. 그런 대변인을 요즘은 찾아볼 수 없어요.

윤　아마 모르긴 해도 욕도 많이 먹었을 거예요 … 제대로 국민을 대변하지 못했다고 ⋯.

봉　제가 무슨 대변을 제대로 했겠어요? 1979년 12·12 이후에
일단의 하나회 중심 세력들이 정변을 일으켜 정권을 잡았는데 그게
어떻게 온 국민의 마음을 흐뭇하게 할 수 있겠어요. 겉으로는 5·16
때처럼 온 국민의 열화와 같은 지지(항상 80~90%)로 시작하여 얼
마 후에는 인기가 땅에 떨어지는 법인데 ⋯ 느닷없이 통행금지를 없
앤다거나, 학생들 교복자유화를 한다든가 물가를 잡는다든가 거의
독재정권에서나 할 수 있는 잠재적 조치들인데 ⋯ 그것은 항상 집권
초기에만 있는 현상들이에요. 시간이 지나다 보면 국민들의 생활욕
구, 불만, 불평이 표면화되기 시작하는 거죠, 뭐.

　그래서 내가 집권당 대변인 때는 하나의 출발 시점이랄 수 있기
때문에 무지갯빛 꿈을 펼쳐 보이는 데 집중했죠 뭐. 출입기자가 44
명이었는데 각사에서 출중한 일급기자들이 당을 출입했어요, 예를
들면 동아일보의 출입기자 1진은 박기정(전남일보 사장), 그다음은
이도성, 민병욱, 이낙연(국무총리) 등이었는데 ⋯ 어쩐 일인지 내가
1년 후 대변인직을 떠날 때 모두의 이름으로 나에게 '감사패'를 전달
할 때 나는 후배들 앞에서 감격의 눈물을 보이기도 했죠. 내 후임으
로 온 내 친구 김용태(조선일보 편집국장, 청와대 비서실장)는 기자들
에게 "야, 너그들 나한테는 아무것도 안 주나?" 하면서 웃기기도 했
지요.

윤　당 대표보다도 대변인 역할이 더 힘들 때도 있겠죠 뭐.

봉　그렇죠. 당이 국민의 뜻에 어긋나 옆길로 갈 때는 내가 당내 야당으로서 물줄기를 다시 돌려서 제대로 흐르도록 최대한의 노력과 기지를 발휘해야 하고, 기자 한 사람 한 사람에게 접근하여 국가 발전의 기틀을 잡고 나아가는 집권당의 기본 철학이랄까, 정책을 알기 쉽게 받아먹기 쉽게 설득하게 되면 서로 신뢰 구축이 가능했죠.

그래서 아침 일찍부터 기자들의 전화받는 게 일이었습니다. 하루는 일찍 일어나 화장실에 들어앉아 신문을 읽고 있는데 조선일보 정치부 주돈식 기자가 전화했어요. 때마침 중학교 다니는 우리 집 막내(미국 대학 조교수)가 "대변인 좀 바꿔 줘!" 하니까 한다는 소리가 "지금 대변인께서 대변인실에 계시는데요" 해서 모두 웃긴 적이 있습니다. 하루 종일 전화받는 게 일이죠 뭐.

윤　당 대변인하랴 지구당 관리하랴 좀 바빴겠어요….

봉　아닌 게 아니라 서울 용산·마포(93만 명) 지구당 위원장인지라 할 일도 엄청 많았어요. 지난 30여 년 동안 야당만 뽑은 지역에서 '새로운 서울'이라는 기치를 높이 들고 모든 걸 새롭게 하려니 무척 힘들었지요. 한 가지만 예를 들자면 마포구 염리동 산동네를 아침 출근길에 돌아다니는데 사람들이 한 줄로 쭉 서서 기다리는 거예요. 알아보니 그 동네 공중화장실이 하나 있는데 16명이나 차례를 기다리는 참혹한 현장이었어요. 그 광경을 목격하고는 눈시울이 뜨거워져서 밤낮 국가와 민족의 백년대계를 외칠 게 아니라 이 동네

화장실부터 개설해야겠다고 마음먹었죠. 오늘의 용산·마포는 상상을 초월할 정도로 재개발되었어요.

윤　그게 봉두완 의원 때문일까요? 올림픽 때문일까요?

봉　겹쳤지요. 내가 국회의원, 지구당 위원장으로 힘 좀 쓰긴 썼죠. 과거처럼 야당만 있었으면 좀 어려웠을 겁니다. 솔직히 말하면 집권 여당에겐 어느 정도의 프리미엄이 있더라구요. 예를 들면 우리가 먹는 물 — 수도관 이거 저번에 처음으로 내가 종로·중구의 이종찬 의원(원내총무) 하고 협의해서 앞으로 3년 내에 전부 뜯어 고치기로 한다든가 …. 1908년에 서울에 수도시설을 갖춰서 1930년대에 한 번 고쳤고, 8·15 해방 후, 1960년대, 1970년대에 걸쳐 계속 고쳐오는 사업인데 이번에 예비비 지출, 또는 기채를 해서라도 완전히 실행하기로 ….

윤　수도관을 바꾼다는 계획은 … 글쎄요, 아직도 좀 어려운 문제로 되어 있지 않습니까?

봉　안 되는 걸 해야 그게 새 시대죠. 그래서 서울시장하고 싸움도 많이 했어요.

윤　흔히 요즘 국회의원들은 할 일이 별로 없다고들 이야기하는

데 봉 의원은 국회의원 하는 재미가 있었나 보죠?

봉 난 재미있어요. 나는 뭐든지 재미있게 해요. 기자생활도, 앵커맨 노릇도 …. 사실 국회의원은 자유직업 중에 최고로 우대받는 유일한 직업이라면 직업입니다. 그리고 어차피 국민이 뽑아 준 '민의의 대변자'이기 때문에 자긍심도 갖게 되고. 또 전국최다득표(16만 표)를 했기 때문에 … 사람이 100m 달리기에서 1등 해도 기분 좋은데 선거를 통해서 당선되고 국민이 보는 앞에서 금배지를 달고 열심히 뛴다는 것은 정말 일생일대에 보람찬 일입니다(요즘처럼 일생일대에 국민의 지탄을 받는 경우와는 달리).

윤 어떻게 뜁니까? 민의의 대변자로 뛰는 것이 지구당에 나가서 일하는 것 정도인가요?

봉 좀 전에도 수도, 화장실 이야기를 했습니다만, 우리 둘레에 있는 많은 사람들은 안타까운 일들이 많습니다. 모두들 어데다 좀 호소를 해야 하는데, 관료사회의 분위기에 막혀 답답한 일을 호소할 데가 없어요. 하지만 자기 손으로 뽑은 국회의원에게 찾아가면 일단 되든 안 되든 인간적으로 대접도 받고 또 잘하면 답답한 일이 해결되는 경우도 있고 해서 지구당 사무실은 동네 동사무소 찾아가는 것만큼 수월해요. 아까도 수도 얘기를 했지만 조그마한 일 하나라도 해결했을 때 정말 더없는 기쁨, 희열을 만끽하게 되죠.

앵커맨이었다면 그런 일을 방송으로 비판하고 독촉하는 정도였겠지만 국회의원은 항상 유권자를 의식하기 때문에 … 좋든 싫든 국민의 편에 서야 하지요. "우리 인생에서 잘 산다는 게 어떻게 사는 거냐?" 묻는다면 대답은 간단해요. 인생에 보람을 느껴야 해요.

무엇보다 미국의 빌 게이츠가 세계에서 두 번째로 돈이 많다고들 하지만 가만히 보세요. 자기 아이들에게는 전 재산의 0.01%만 주겠다는 것 아닙니까? 한국서 그런 소리 하면 미쳤다고 할 거예요. 우리는 아직 부정하게 비정상적으로 돈을 벌어 재벌이 되는 경우를 많이 보는데, 거의 모두들 잘났거나 못났거나 자녀들에게 유산으로 남기고 사회의 물의를 빚고 반성도 못 하고 국가나 겨레를 위해 무슨 조그마한 일이라도 보람 있는 일을 하는 경우가 흔치 않은 게 사실입니다.

왜 그럴까요? 국가와 민족에 대한 애국·애족 개념이 없는 거죠. 뭐, 나라는 망하더라도 나만 살면 된다는 의식이 강한 거죠. 그러면 미국 같은 나라는 우리와 뭐가 다르냐? 우선 국가관이 다르다고 볼 수 있습니다. 200여 년 전에 독립할 때 그 엄청난 희생과 피와 땀을 흘려 이룩한 나라를 사랑하는 정신이 아직도 면면히 흐르고 있음을 볼 수 있습니다. 그래서 그들의 국가도 우리 〈애국가〉처럼 "동해물과 백두산이 …" 정적으로 흐르지 않고 무슨 전쟁터의 군가(軍歌) 같아요. "오, 모두 볼 수 있는가! 이른 새벽녘에 아직도 저 피와 땀이 흥건한 언덕에 찢어진 성조기가 휘날리고 …."

미국은 항상 나라를 앞세워 국민들을 설득하고 돈이 있거나 없거나 모두 한결같이 잘살고 평등하게 살고 나누며 살고 나라를 위해 싸운 용사들에게는 최대한을 보답을 하고⋯ 근데 우리는 8·15 이후 6·25 때나 지금까지 '빽'을 써야 된다는 잠재의식이 팽배하여 공정한 대접을 받지 못한다는 의식을 버리지 못하고 있어요. 왜냐하면 애비를 잘 만나서 온갖 부정한 짓을 다 해서 재벌이 됐다 하더라도 못난 아들딸이 무조건 이어받아 사람 내려다보고 온갖 부정과 부조리 속에 사회에 증오와 괴리감을 던져 주는 못된 짓을 이어가는 판국이니 국민들이 어떻게 행복하겠어요? 오히려 빌 게이츠 같은 사람이 미쳤다고 보는 거죠.

윤　동네 사람들 주례는 안 서고 미국이나 외국에만 자주 나간다고들 하던데⋯. 왜 뽑아 준 사람들한테 보답은 안 하시는 겁니까?

봉　보답을 안 하는 건 아닙니다. 누구든 주례 서 달라고 하면 안 서 준 적 없습니다. 내가 과거 앵커맨 때부터 주례는 절대 안 선다는 기본신념을 지켜 나갈 뿐입니다. 지역을 맡게 되니까 안타까운 사람들을 많이 봐요. 특히 아이들 결혼 주례 서 달라는 건 한 번도 '노' 한 적 없었어요. 주로 지구당 부위원장이나 사무국장이 나서서 주례를 꼭 서 줍니다. 그리고 때때로 함께 국회에 진출한 야당 의원한테도 부탁해서 주례를 서 드리도록 합니다. 나는 2남 1녀를 길러 결혼시켰지만 매번 30명의 하객만 초대한 끝에 성당에서 혼배미사를 올렸습니다. 큰아이는 내가 봉사하고 있는 나환자촌 성라자로마을에서 가까운 친지 친척 30명만 초청하여 1958년에 나를 영세 주신 진성만 베드로 신부와 성라자로마을 원장 김화태 신부 공동 집전으로 혼배미사를 치렀고, 우리 딸도 미국에서 컬럼비아대 채플에서 30명만 초대하여 엄숙하게 치렀습니다. 그때 혼배미사 집전한 신부님은 현재 9·11 사태 때 무너진 터에 남아있는 성베드로 성당 주임으로 깃발 날리고 있습니다.

저 자신도 한국일보 워싱턴 특파원 때 성토마스 성당에서 1964년 겨울에 30명만 초청하여 혼배성사를 했고, 결혼 준비는 나의 고등학교 동창인 이성호 형이 처음부터 언론계 선배인 김성진 특파원과 함께해 줬지요. 지금도 그래서 사단법인 생활개혁실천협의회 의장(손봉호 교수, 이세중 변호사 등과 함께)으로 '호화사치 결혼은 통일이 될 때까지 삼가자'는 국민운동을 조선일보와 함께하고 있습니다.

월간조선, 1984년 5월호

'돈 안 되는 일'로 오늘도 바쁜
66세 현역 봉두완

이근미 (월간조선 객원기자)

신문기자, 방송 진행자, 국회의원, 교수….

　남들은 한 가지도 갖기 힘든 직업을 네 가지나 거친 봉두완 씨. 그는 지금 교수로, 방송 진행자로 바쁜 가운데서도 돈 한 푼 생기지 않는 5개 봉사단체를 맡아 동분서주하고 있다. '돈 안 되는 일'을 '돈을 써 가면서' 열심히 하고 있는 그를 만나보았다.

영원한 현역

"66세 현역 봉두완입니다."

　봉두완 씨는 소탈하게 웃으며 자신이 현역이라는 것을 강조했다. 그는 단순한 현역이 아니다. 올해 말까지 스케줄이 잡혀 있는 대단히 바쁜 현역이다. 세기말 스케줄은 12월 26일 요르단 왕의 초청에 응하는 것. 고(故) 후세인 국왕이 통치할 때 대통령 특사로 요르단에 간 적이 있는 그는 미국 베이커 국무장관을 비롯한 세계 여러 명사들과 함께 보은(報恩)의 초청을 받았다.

취재 요청을 하고 나서 며칠 후에야 겨우 한 시간을 할애받았는데, 인터뷰 당일 얘기가 길어지자 계속 전화가 걸려왔다. 다음 약속은 관훈클럽 멤버 중에 퇴출된 전직 기자들을 만나는 일이라고 했다. 자신보다 어린(?) 나이에 언론계를 그만둔 그들을 한 달이면 두세 번 만나서 식사를 한다는데 그날도 밥 사러 나가야 한다는 것이었다.

두 번째 인터뷰는 SBS 표준FM 〈봉두완의 SBS 전망대〉 방송이 끝나고 광운대로 가는 차 안에서 그의 아침식사인 샌드위치 반쪽을 얻어먹으며 40분간 이어졌다.

66세에 너무 바빠 아침밥을 먹을 시간이 없다는 사실은 충분히 부러움을 살 만하다. 평생직장 개념이 무너지면서 젊은 나이에 출근하지 못하는 사람이 수두룩한 세상 아닌가. 봉두완 씨 친구 중에 99%는 현직에서 은퇴했으며 나머지 1%는 자영업자라고 한다.

일곱 가지 일 동시 진행

그의 공식 직함은 광운대 신문방송학과 정교수. 미국 아메리칸대 대학원 신문방송학 석사과정 수료가 최종학력인 그는 1993년 광운대 교수로 초빙되었다. 지난해 중요보직을 맡기지 않겠다는 약조를 받아낸 뒤 정교수 임명을 받았다고 한다. 언론 경력을 인정받아 남들은 돈을 써도 되기 힘든 교수가 된 데 대해 "교수까지 되고 보니 내가 알짜만 빼먹는 얌체라는 느낌이 든다"고 말했다.

66세 현역의 하루는 오전 5시부터 시작된다. SBS 표준FM에서 오전 6시 30분부터 두 시간 방송되는 〈봉두완의 SBS 전망대〉 진행을 위해 5시에 일어나서 간단히 준비한 다음 5시 30분 SBS로 향한다. 방송국에서 PD와 작가와 마주 앉아 뉴스를 훑어보면서 오프닝을 무엇으로 할 것인지 논의한다. 방송 임박해서 뉴스가 터져 나올 때는 작가뿐만 아니라 진행자와 PD도 원고를 쓴다. 그날 아침 동티모르 뉴스가 급박하게 타전(打電)되어 스튜디오에 들어가서 급하게 원고를 썼다고 한다.

방송이 끝난 뒤 시간 여유가 있으면 방송국 식당에서 아침식사를 하지만 수업이 있는 날은 차를 타고 이동하면서 샌드위치로 때운다. 오전에 강의를 몰아서 하고 오후에는 그가 소속되어 있는 각종 단체를 두루 돌면서 업무를 본다. 저녁에는 각종 모임에 참석하거나 각계각층의 인사들을 만난다. 그가 집으로 돌아가는 시각은 대개 밤 10시. 일요일도 성당에 나가 여러 행사에 참석하느라 쉴 수가 없다. 그의 일주일은 그야말로 요즘 잘나가는 연예인 못지않게 숨 가쁘다.

그는 현재 성라자로마을돕기회장(1990년부터), 천주교 서울대교구 한민족복음화추진회장(1991년부터), 남북한 장애인걷기운동본부 고문(1992년부터), 대한적십자사 부총재(1998년부터), 대한적십자사 청소년 위원장(1998년부터)을 맡고 있다.

대한적십자사는 행사가 많아 거의 매일 들러야 하는데 8월과 9월은 유난히 바빴다. 경기도 북부에서 물난리가 났을 때 적십자사가 주도적으로 수재민들을 도왔으며, 9월 9일 동서화합을 위한 경상도-전라도 혈액교환 행사 때문에 전북 남원에 다녀오는 등 분주했기 때문이다.

봉두완 씨가 5개 단체 일 중 가장 심혈을 기울이는 것은 한민족복음화추진회 사업이다. 황해도 수안 출생인 그는 경기도 파주에 까치방이라는 '기도의 집'을 마련해 매달 통일기원 미사를 드리고 있는데 성금을 보내주는 회원이 4천여 명에 이른다. 통일이 될 때까지 계속 미사를 드리며 통일관련 사업을 펼쳐나갈 예정이라고 한다.

성라자로마을을 돕기 위해 매년 5월 예술의전당에서 '그대있음에'라는 제목의 음악회를 열고 있으며 4월에는 장애인을 위한 행사가 집중적으로 열린다. 행사가 있을 때뿐만 아니라 수시로 이 단체도 점검해야 한다. 여러 가지 일을 어떻게 잘 처리하느냐는 질문에 그는 이렇게 대답한다.

"맨 처음 기자로 사회생활을 시작해서인지 내 인생을 돌아보면 늘 뛰는 생활이었어요. 체질이 되어서인지 바쁜 생활이 즐겁습니다."

눈코 뜰 새 없이 바쁘게 뛰지만 5개 단체에서 단 한 푼의 수입도 생기지 않는다. 오히려 각 단체마다 매달 1백만 원 이상의 운영비가 든다고 한다.

"방송 해서 번 돈으로 쓰는 거죠. 단체뿐만 아니라 여기저기 돈 쓸 일이 많은데, 신기하게도 방송하면 꼭 그만큼의 돈이 나와요. 그래서 즐겁게 쓰고 있죠."

"다시 태어나도 기자가 되고 싶다"

그날 낮에도 혈액 나누기 행사 관련 회의를 하고 난 뒤 식사비로 20만 원을 썼다고 한다. 돈을 쓰는 일이 아깝지 않느냐고 묻자 오히려 즐겁다고 말한다. 공식적인 단체의 모임뿐만 아니라 자신과 연관이 있었던 사람들과 주기적으로 만나 그들에게 밥을 산다. 66세 현역인 자신보다 나이 많은 현역 선배가 없어 자신이 돈을 내는 건 당연하다며 언론계에서는 후배가 돈 내는 법이 없다고 일러 준다.

"돈은 쓴 만큼 들어옵니다. 내가 아니더라도 내 아들에게 올 수도 있죠. 남을 위해서 돈을 써 보세요. 정말 즐겁습니다."

지난번 괌 비행기 추락사고로 4천 4백억 원이라는 엄청난 재산을 남기고 죽은 인천의 부호가 바로 자신의 친구라고 전한다.

"그 많은 돈 쓰지도 못하고 죽었잖아요. 지금 내 친구 중에 현역으로 일하는 사람이 몇 있는데 다들 작은 기업체를 운영하고 있죠. 그 사람들은 맨날 돈 벌 궁리로 걱정이 많아요. 그 친구들은 나만 만나면 돈을 너무 많이 쓰지 말라고 충고합니다. 사람들이 그 친구보다 내가 열 살은 젊어 보인다고 해요. 그 친구는 돈 번다고 골치 아프고 나는 돈 쓰느라 즐거우니 당연히 내가 젊어 보이겠지요. 돈 버는 사람과 돈 쓰는 사람, 누가 더 행복할까요?"

실제로 그는 50대 중반 정도로 보이는 데다 활력이 넘친다. 17년 동안 테니스로 체력을 단련했다는데 요즘은 일주일에 한 번 정도 골프를 친다고 한다. 하루 종일 열심히 달리는 것이 건강비결이라고 전한다.

그는 취재에 앞서 직접 작성한 이력서를 건네주었는데, 이력이 화려하고 다양했다. 다양한 이력 중에 직업의 개념을 가진 것이 대략 네 가지였다. 신문기자, 방송 진행자, 국회의원, 대학교수. 평생을 살면서 네 가지의 직업, 그것도 각각의 전문성을 갖춘 직업을 갖기란 쉬운 일이 아니다. 가장 먼저 시작한 신문기자직에 대해 그는 이렇게 얘기한다.

"내가 의도하고 가진 직업이었죠. 나는 기자로 계속 나갈 생각이었습니다. 신문기자 이외의 일들은 나의 의도와 상관없이 이루어진 일입니다. 나는 운명이라는 것을 믿는데 여러 가지 일을 하게 된 것은 운명이지요. 기자생활 22년 했는데 다시 태어나도 기자가 되고 싶어요. 돈 받으면서 즐겁게 일할 수 있는 게 바로 기자직이죠. 특파원으로 나가서 외국생활도 했고 다양한 경험을 했으니 얼마나 좋아요.

방송기자는 우연한 기회에 하게 되었죠. 1969년도에 중앙일보 논설위원 일을 하고 있는데 동양방송 논평위원을 같이 시키는 거예요. 제가 방송을 잘할 것 같아 시킨 게 아니라 같은 회사니까 경비를 절약하려고 두 가지를 동시에 시킨 거지요. 첫 방송하는 날 10분간 고개를 한 번도 안 들어서 아내가 창피해서 혼났다고 말하더군요. 실수할까 봐 원고에서 눈을 뗄 수가 없었던 거죠."

봉두완 씨는 자신의 발음이 완벽하지 않기 때문에 방송 적격자가 아니라고 겸손해 한다. 그는 연세대 영문과 2학년 때 전국영어웅변

대회에서 1등을 해서 이승만 대통령에게서 상을 받았다. 그 일로 영어를 잘한다는 인정을 받아 특파원으로 나갔고 또 방송 진행을 맡으면서 모르는 사람이 없을 정도로 유명한 기자가 되었다며 운이 좋았다고 말했다. 그는 한국 최초의 앵커맨 기록을 갖고 있다.

"특파원 시절, 미국 앵커맨들을 눈여겨봤던 게 도움이 되었죠. TBC-TV 저녁종합뉴스를 진행할 때 단순히 뉴스를 읽는 것에서 벗어나 리드 멘트를 직접 쓰고 논평을 하면서 뉴스 진행을 이끌었죠. 남들에게 자신의 의견을 얘기해도 잘 듣지 않는 세상입니다. 내 프로그램에서 나의 의견을 개진하면 많은 사람이 듣습니다. 방송진행은 많은 사람에게 영향력을 끼친다는 의미에서 대단히 멋지고 중요한 일입니다."

공천 탈락 앞두고 출마 포기

정치인 봉두완에 대한 생각이 궁금했다. 그는 1981년 11대 총선에서 전국최다득표라는 기록을 세우며 국회에 입성했고, 12대 총선에서 재선되었다. 11대와 12대에 외무위원장을 지내면서 활발하게 활동했지만, 13대 때 공천에서 제외될 거라는 소식을 듣고 출마포기를 선언한 뒤 1988년 정치권을 떠났다. 그에게 정치한 것을 후회하지 않느냐고 물었다.

"기자, 앵커, 국회의원, 교수. 어느 일도 후회하지 않습니다. 무슨 일이든 정성을 다했고, 다하고 있기 때문이죠."

그는 1980년 전두환 정권이 들어선 뒤 국회의원 공천 제의가 왔을 때 좋아서 받아들였다고 한다. 나라가 불안정했기 때문에 안정을 추구하는 사람들을 위해 할 일이 있을 거라고 생각했기 때문이다. 하지만 국민의 사랑을 받지 못한 5공화국에서 국민들의 따가운 눈총을 받으며 국회의원직을 수행하기란 그리 쉬운 일이 아니었다. 12대 국회의원 선거 때는 유세장에서 연설을 못 할 정도로 야유와 난동이 벌어졌다. 유세가 끝나고 나서 돌아갈 때 그는 "난폭한 군중 속을 목숨을 내놓다시피 하며 뚫고 나갔다"고 한다. 군중들을 뚫고 나갈 때 어느 대학생이 그를 잡고 이렇게 울부짖었다고 한다.

"선배님, 왜 군인들을 따라다니면서 우리를 실망시키세요?"

그는 수백 명의 젊은이들을 두려운 눈으로 쳐다본 후 그들 사이를 빠져 나와 선거캠프로 빌려 쓰던 여관방에서 문을 잠그고 실컷 울었다. '국회의원을 하는 일이 나쁜 일일까? 나는 과연 국민에게 등을 돌리고 있는 것일까?' 하는 생각을 하면서 심한 갈등과 회의를 느꼈다고 한다.

지역구에 있는 그의 사무실에 대학생들이 돌과 화염병을 던지고 명동성당 기도회에 참석했다가 젊은이들로부터 돌과 달걀 세례를 받기도 했다. 무엇보다도 가슴 답답했던 것은 천주교 신자로서 성당 모임에 참가한 그에게 같은 신자들이 "표밭 다지러 왔느냐"고 말할 때였다고 한다.

그런 가운데 그는 여당 속에서 야당 한다는 심정으로 직언을 했다고 한다. 1987년 6월 10일 노태우 씨가 민정당 대통령 후보로 지명

된 뒤 국민들의 항의가 거세지자 노태우 후보에게 "직선제를 받아들이고 김대중 씨도 풀어줘야 한다, 언론 자유를 100% 허용해야 한다"며 민주화를 건의했다고 한다. 그와 함께 민정당 당직자 대회에서 당을 민주적으로 운영하고 군사문화를 배격하여 문민정치를 하자고 말했다. 노태우 후보에게 민정당 지도부에 있는 군 출신들을 일선에서 물러나게 하자는 건의도 했다.

배신감으로 팔다리 마비

이러한 일련의 돌출 발언 때문에 그는 당내 군부세력의 미움을 사게 되었다고 한다. 얼마 후 13대 국회의원 후보 공천에서 제외된다는 사실을 알았을 때 충격과 배신감으로 한동안 치를 떨었다고 한다.

봉두완 씨는 TBC 앵커 시절부터 TBC와 자매부대인 9사단의 노태우 사단장과 친분이 있었다. 국회 외무위원장이었을 때 외무위원이었던 노태우 의원과 토요일마다 테니스를 함께 칠 만큼 친밀한 사이였다. 대통령 후보가 결정되기에 앞서 열린 민정당 당원대회에서 1만여 명의 당원들 앞에서 "노태우를 다음 지도자로 모시자"고 외친 사람이 바로 봉두완 씨였다. 외무위원장 시절 유학성, 이종찬, 이춘구, 김학준, 최병렬, 현홍주 의원을 외무위원으로 영입해 이들과 함께 '노태우 대통령 만들기' 작업도 했다고 한다.

그런 자신을 공천에서 탈락시킨다는 얘기를 듣고 김병일(한민족복음화추진본부 지도 신부) 신부를 찾아가 억장이 무너지는 심정을 토로했다. 그때 김 신부는 그에게 이런 말을 들려주었다.

"지금 당신의 모습은 마치 진흙탕에서 싸우다 나온 개같이 진흙투성이고 피투성이야. 그런데 뭘 먹겠다고 또 그 진흙탕에 기어들어가겠다는 거야? 하느님 사업이나 해봐요. 아직 해가 있을 때….."

봉두완 씨는 김 신부의 충고에 따라 정치에 대한 미련을 버리고 공천자 발표 사흘 전에 정치에서 손을 떼겠다고 선언했다. 용기 있게 출마 포기 선언을 했지만 그는 3개월간 배신감과 무기력감으로 팔다리가 마비되는 고통을 겪었다고 한다.

"8년 동안 맨날 사람 만나느라 바빴는데 정치를 그만두니 날 찾는 사람이 하나도 없더군요. 감투도 수입도 없는 실업자 신세가 된 겁니다. 하다못해 자동차도 반납하고 없었죠. 국회의원이 되는 것을 대령에서 준장이 되는 것에 비유하는데, 서른네 가지가 바뀐다고 합니다. 국회의원이 되면 사회적으로 대접이 달라집니다. 공천에서 탈락되면 국회의원으로서 누리던 권력과 부귀영화를 하루아침에 다 잃기 때문에 모든 게 끝장났다는 느낌이 들고 앞이 캄캄해집니다. 그 충격과 배신감을 극복하지 못하고 시름시름 앓다가 일찍 죽는 사람도 있고, 실어증에 걸리거나 쓰러져 식물인간이 되는 사람도 있을 정도죠.

아마 나도 신앙이 아니었으면 죽었을지 모릅니다. 처음에는 분노와 스트레스로 견딜 수가 없더군요. 3개월 동안 집 안에서 문 잠그고 열심히 기도하면서 마음을 안정시키려고 애썼습니다. 3개월쯤 지나니까 한 발 뒤에서 보게 되더군요. 그러고 나니 세상 일이 아무

것도 아니라는 생각이 들었습니다. 돌이켜보니 내가 그때 노태우 대통령하고 친하니까 나중에 큰 자리 하나 얻을 수 있을 거라는 욕심이 있었던 것 같아요. 욕심이 있으니까 그렇게 된 거겠죠."

기도로 분을 삭였다고는 하나 그는 그때 받은 배신감과 충격이 지금도 마음 한구석에 앙금으로 남아 있을지도 모른다고 덧붙였다. 그 앙금을 풀기 위해, 못다 한 꿈을 위해 다시 정치 일선에 나설 생각이 없느냐는 질문에 그는 단호히 고개를 가로저었다. 김대중 대통령으로부터 대통령 당선 이전에 두 번 제의가 있었다고 한다. 당시 광운대에 출강한 지도 얼마 되지 않았고 이미 여러 단체의 일을 맡은 상태여서 "모양이 좋지 못하다"는 이유를 들어 정중하게 거절했다고 한다.

그런 일도 있고 해서 김대중 대통령 당선 후 열린 1998년 1월 18일 '국민과의 대화' TV 대담프로그램의 사회를 맡았고 1998년 2월 14일 대통령을 위한 천주교 기도모임을 마련했다고 한다. 명동성당에서 김대중 대통령과 한나라당 이회창 총재를 초청해 김수환 추기경님 집전으로 기도회를 열었는데 서로 화합해서 나라 발전을 위해 일해 달라는 취지와 달리 그날 저녁부터 여야가 싸웠다며 웃었다. 그날 기도회가 끝난 뒤 김대중 대통령이 봉두완 씨에게 자신의 요청을 물리친 데 대해 "애증(愛憎)이 엇갈린다"고 말했다고 한다.

그는 정치에서 손을 뗀 뒤 정치인과 일체 만나지 않는다고 전한다. 전직 국회의원 모임인 헌정회에도 참석하지 않고 또 민정당 출신 모임인 민우회(民友會)에도 가입하지 않았다. 자녀들이 결혼할 때도 예전의 정치 동지들을 초청하지 않았다는데 정치인 중에서 만나는 사람은 17년간 기도를 같이하고 있는 박정수 전 외무부 장관과 이태섭 자민련 의원을 비롯한 몇몇 기도 친구들뿐이라고 한다.

나중에 자신을 '팽'(烹)시킨 이유가 5공(共)과 6공(共)을 차별화하기 위해서였다는 얘기를 어렴풋이 들었다고 한다. 지금 그는 그 누구도 원망하지 않고 천주교 신자답게 모든 것을 "내 탓이오"라고 말한다.

"정치하다 죽는 것보다 남을 돕다가 죽고 싶다"

그는 출마를 포기한 뒤 3개월 정도 칩거하다가 두 학기 동안 미국 메릴랜드대에 객원교수로 출강했다. 예전 아메리칸대에 다닐 때 알고 지낸 교수가 그의 처지를 알고 마음을 달래라며 초청했던 것.

1989년 귀국한 그는 다시 방송인으로 돌아왔다. 그동안 MBC 〈여성시대〉, MBC 〈전국 패트롤 봉두완입니다〉를 거쳐 SBS 〈봉두완의 SBS 전망대〉를 맡고 있는데 공중파 방송 3사의 라디오 시사프로그램을 두루 섭렵한 셈이다.

방송 재개와 한국 천주교 북한선교후원회장도 맡아 사회봉사 활동도 시작했다. 그는 1994년에 우리나라 최초로 세계 66개국의 6백만 천주교 평신도 대표인 세계꾸르실료협의회(OMCC) 회장직에 올라 지난 5월 30일까지 5년간 직을 수행했다.

그는 1995년도에 서울시장 선거 때 자민련 후보로 이름이 오르내

포르투갈 파티마 성지에서 개최된 세계 천주교 꾸르실료 대회에
세계꾸르실료협의회(OMCC) 의장으로 참석. 지도신부 출신 주교님, 후임 OMCC 의장과 함께.

렸는데 자신에게 사전에 의사를 타진한 적이 없다고 한다. 그의 의사와 상관없이 여기저기 자신의 이름이 거론되는 것에 대해 그는 그다지 신경 쓰지 않는다. 새로운 인물을 영입한다는 얘기가 있을 때면 어떤 생각이 드느냐는 질문에 대해 마음 한구석에 남아 있을지도 모를 욕심이 솟아오르지 못할 정도로 바쁘게 사는 데 주력하고 있다고 답한다.

"내가 바쁘지 않았다면 어떻게 되었을지 나도 잘 모르겠어요. 내가 50대라면 다시 한번 생각해볼 수도 있겠지요. 60대는 언제 어디서 죽느냐 하는 걸 생각해야 할 때라고 생각합니다. 정치하다가 죽는 것보다 나환자 돕다가, 장애인하고 같이 걷다가 죽는 게 더 낫다고 생각해요. 남을 돕다가 죽고 싶습니다."

그는 그동안 방송 일을 하면서 아내에게 한 번도 돈을 갖다 주지 않았다고 한다. TBC 앵커맨 시절에는 그냥 넘어갔던 아내가 KBS에서 일할 때 "돈 구경 좀 하자"고 채근했다. 지금도 방송으로 버는 돈은 각종 단체 운영비로 소요되기 때문에 집에 가져갈 게 없다고 한다. 그렇다고 교수 월급을 아내에게 다 갖다 주는 것도 아니다. 그 돈은 미래를 대비해 저축하고 있다는데 구체적으로 무엇을 위한 대비책인지 궁금했다.

"여기저기 활동하다 보면 자연히 빚을 지게 됩니다. 나중에 목돈을 갚아야 할 일이 생길 때 쓰기 위해 모은 거죠."

현재 봉두완 씨의 재산은 서해안인 충남 태안군 연포에 있는 땅 1백 평이 전부다. 그것도 재테크를 위해 사놓은 것이 아니라 중앙일보 재직시절 전 직원에게 배분된 땅으로 땅값이 형편없다고 한다. 집은 아내 이름으로 되어 있다.

가진 돈이 별로 없는 그가 가톨릭대 발전기금으로 1억 원을 내놓겠다고 했을 때 한 신부가 제발 5천만 원만 내라고 통사정했다고 한다. 1996년 성심여대와 가톨릭의대, 가톨릭신학대가 합쳐 가톨릭대로 출발할 때 김수환 추기경님이 가톨릭대 발전후원회 이사장, 이회창 한나라당 총재가 후원회 회장, 봉두완 씨가 운영위원장을 맡았다. 운영위원장의 임무는 발전기금 1천억 원을 마련하는 일이었다. 1996년부터 1998년까지 열심히 뛰었지만 1천억 원을 다 채우지 못해 아쉽다고 한다. 봉두완 씨는 당시 약정한 5천만 원을 아직 다 내지 못했다.

한나라당 반대로 방송 중단

그는 지난해 5월 31일 인기리에 방송되던 KBS 1라디오의 〈안녕하십니까 봉두완입니다〉의 1천 회 방송을 끝으로 방송 인생을 끝내려고 했다. 한나라당에서 '김대중 정권을 옹호하고 한나라당을 비판한다'는 이유로 두 번이나 '봉두완은 방송을 그만두라'는 취지의 성명을 내는 바람에 방송을 그만두었던 것이다.

"당시 김대중 대통령이 6개월간 허니문 기간이니 봐 달라는 것과 김종필 국무총리의 서리 꼬리를 떼 달라는 요청을 한나라당은 하나도 들어주지 않았어요. 1930년대 미국 경제공황 때 민주당 루스벨트 대통령이 당선되자 공화당에서는 120% 협조했죠. 여야가 힘을 합쳐서 경제의 어려움을 물리치고 1940년대 세계대전에 참여할 수 있었죠. 미국민의 저력을 보인 거죠.

당시 나는 한나라당에 대해 '지금은 도와줘라, 6개월 후에 쳐라'고 얘기했습니다. 한나라당에는 내가 민정당 때 정치를 함께했던 사람들이 많습니다. 내가 무슨 사심이 있어서 그런 얘기를 한 게 아닙니다. 나라가 어려우니 다 함께 마음을 합치자는 의미였죠. 그런데 한나라당 쪽에서 날더러 '배신감 느낀다. 김대중 편이냐?'며 말들이 많았죠."

한나라당에서 2번의 성명서가 나오고 내용증명까지 보내오자 1천 회를 채운 뒤 방송을 그만두었다. 〈안녕하십니까 봉두완입니다〉를 그만둔 시점을 5월 말로 정한 것은 괜스레 외압에 의해 그만두었다는 시비가 일지 않도록 하기 위해서였다고 한다. 당시 그는 세계 평신도 회장을 5년간 지낸 공로로 교황의 초청을 받았다.

청취율 광고 수주 1등

방송을 그만두었던 그가 다시 방송을 시작한 이유는 거창한 의도가 있어서가 아니라고 한다. SBS 박건삼(朴建三) 제작위원이 7개월간 끈질기게 방송 진행을 맡아 달라고 요청해 왔기 때문이다.

"참 끈질긴 사람이에요. 1997년에 김동길(金東吉) 선생이 SBS 라디오 진행을 맡은 것도 다 박건삼 씨 때문이에요. 허락하기 전까지는 김동길 선생 집 앞에서 한 발자국도 떼지 않겠다며 드러눕자 이틀 만에 항복했다잖아요. 나도 박 의원이 새벽마다 찾아와서 다시 하게 된 겁니다. 삼고초려(三顧草廬)를 하면서 모든 걸 같이 만들자고 제의해서 넘어간 거죠."

SBS 라디오는 현재 텔레비전에서 분리되어 독립채산제로 운영되기 때문에 광고 수주에 많은 신경을 쓰고 있다. 현재 〈봉두완의 SBS 전망대〉는 광고가 25개로 SBS 표준FM 프로그램 중에서 가장 많다. 지금도 몇 군데서 광고를 하겠다는 의사를 타진해 오고 있는 중이라고 한다. 66세 현역인 그가 상품성이 높은 진행자라는 의미이다.

"청취율에는 신경 쓰지 않아요. 어떤 사람이 듣느냐 하는 것이 중요하죠. 내 방송은 오피니언 리더들이 많이 듣습니다."

청취율에 신경 쓰지 않아도 동 시간대 시청률 조사에선 항상 1, 2위를 고수하고 있다. 얼마 전에 프레스센터 언론인 모임에 참석한 김종필 국무총리가 "내가 매일 듣는 줄 알면서 나를 맨날 비판하느냐?"고 말해 웃었다고 한다. 청취율이 높고 광고가 많은 이유에 대해 그는 이렇게 얘기한다.

"사람들이 전주비빔밥을 많이 먹는 이유는 돌솥에서 따끈따끈하게 데운 데다 집에서 먹는 것보다 더 맛있으니까 먹는 겁니다. 내가 뉴스를 잘 썹어서 먹기 좋게 넣어 주니까 재미있게 듣는 거예요. 내가 기자 출신이라는 게 강점이죠. 세상 돌아가는 걸 알고 얘기하니까 사람들이 신뢰하고 동감을 표시하는 거죠."

"오늘을 잘 살아라"

방송에서 그가 성공을 거둘 수 있었던 또 하나의 강점으로 누구나 알 수 있는 쉬운 낱말을 사용한 점을 들었다.

"라디오는 편안한 어휘를 구사해서 편안하게 들을 수 있도록 만들어야 성공할 수 있습니다. TBC에서 10년간 편안한 어투로 뉴스를 전했는데, 그때 인기를 얻어 오늘날까지 방송을 하게 되었죠."

그가 남을 돕는 일에 적극적으로 나서게 된 것은 경복고를 다닐 때 적십자 활동을 한 것이 계기가 되었다. 1953년 제1회 청소년적십자 단원이었던 그는 그때부터 남을 돕는 일에 관심이 많았다는데 1975년 대한적십자사 활동을 필두로 본격적으로 봉사활동을 시작했

474

다. 그는 만나는 사람마다 대한적십자에서 만든 시계를 주며 적십자 활동에 참여해 달라고 부탁한다.

그는 7가지 일을 하며 바쁘게 살다가도 문득 정치를 그만둔 것과 해방 직후 북한에서 월남한 것이 다행스럽다는 생각을 한다.

"정치를 계속했더라면 5·6공(共) 인사들처럼 감옥에 드나들었을지도 모를 일이죠. 또 지금처럼 열심히 남을 돕지 못했겠죠. 북한에 남아 있었다면 자유가 없는 생활을 했겠지요."

그는 '돈 안 되는 일'을 '돈 써 가며' 열심히 하는 이유를 이렇게 말했다.

"나는 66세에 현역으로 학생들을 가르치고 방송 진행을 하고 있습니다. 미국 CBS의 유명한 진행자 월터 크롱카이트도 65세에 그만두었죠. 얼마나 고마운 일입니까. 나에게 이렇게 좋은 기회를 마련해 준 이 사회를 위해 봉사하는 건 당연한 일이지요."

봉두완 씨의 가까운 친구들은 '코리아의 월터 크롱카이트'라는 의미에서 그를 '봉카이트'라고 부른다. 66세에도 현역으로 뛸 수 있는 비결을 알려 달라고 부탁했다.

"매일 매일을 열심히 살아야 합니다. 내일 잘 하겠다는 생각으로 오늘의 일을 미루기보다 오늘을 집중적으로 잘 살기 위해 노력하십시오."

월간조선, 1999년 11월호

봉두완 연보

봉두완(奉斗玩) 多爲 1934년 12월 8일, 황해도 수안(遂安) 출생

학력

1951~1954	경복고 졸업
1956~1960	연세대 영문과 학사
1963~1966	미국 아메리칸대 대학원 신문방송학 석사과정 수료

이력

1959~1962	동화통신사 기자(정치부)
1962~1968	한국일보 워싱턴 특파원
1968~1969	한국일보 외신부 차장
1969~1980	중앙일보 논설위원 겸 동양방송(TBC) 논평위원, TBC-TV 앵커맨
1970~2020	성라자로마을(나환우촌) 돕기 회장
1973	제28차 유엔총회 한국대표
1976~1978	관훈클럽 총무
1980	신군부의 TBC-TV 강제 통폐합에 따라 언론계를 떠남
1981	11대 국회의원 선거 당선 〔용산·마포, 전국최다득표(16만 표)〕
1981~1988	제11대, 12대 국회의원(용산·마포)
1981	서울태권도협회 회장
1981~1988	한·캐나다 의원 친선협회장

1983~1987	제11대, 12대 국회 외무위원장
1987~1995	가톨릭장애인걷기운동협의회 의장
1988~1989	미국 메릴랜드대 방문교수
1988~1994	대한적십자사 봉사회전국협의회 의장
1989~1996	천주교 북한선교후원회장
1993~1997	세계가톨릭꾸르실료협의회(OMCC) 의장
1993~1998	광운대 신문방송학과 교수(대우교수 특임교수 정교수)
1998~2001	대한적십자사 부총재
2000	남북적십자 이산가족 상봉단장(평양)
2002~2004	(사) 바른사회시민회의 의장
2005	교황 요한 바오로 2세 장례식 정부대표 조문사절(바티칸)
2005~2008	(사) 생활개혁실천협의회 의장
2006~2016	(사) 한미클럽 회장
2010~2014	미국 아메리칸대 한국동문회 회장
2015~	북한대학원대 석좌교수
2016~	(사) 한미클럽 명예회장

상 훈

대한민국 방송대상(해설 부문)

대한적십자 특별봉사상(은성) 훈장

성라자로마을(한센인)돕기 50년 특별봉사상

삼성 창업자 호암 이병철 자서전

호암자전

湖巖自傳

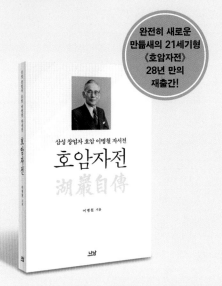

**삼성 창업자 호암 이병철이 육성으로 말하는 삼성,
그 창업과 경영의 위대한 서사! 한국 현대 경제사와 맥을 같이하는
글로벌 삼성신화의 서장을 목격하다!**

이 책에는 호암 이병철의 진솔한 회고가 담담한 목소리로 기록되어 있다.
방황하던 청년기에 대한 솔직한 고백과 인간적인 번민부터 거대 기업을 세운
그의 날카로운 사업적 감각과 통찰력, 국가 경제를 염두에 둔 거시적 안목까지
모두 담겨 있다. 국가 발전과 미래를 염려하는 초(超)개인적 기업인의 진면목과
실패에 담대하라는 메시지는 오늘날의 독자들에게도 유효한 울림을 선사한다.

양장본 | 올컬러 | 440면 | 28,000원

TEL 031-955-4601
www.nanam.net

나남
nanam